全国监理工程师培训考试用书

建设工程投资控制

2019

中国建设监理协会　组织编写

中国建筑工业出版社

图书在版编目(CIP)数据

建设工程投资控制/中国建设监理协会组织编写. —北京：
中国建筑工业出版社,2013.12
全国监理工程师培训考试用书
ISBN 978-7-112-16251-2

Ⅰ. ①建… Ⅱ. ①中… Ⅲ. ①基本建设投资—控制—监理
工作—工程师—资格考试—自学参考资料 Ⅳ. ①F283

中国版本图书馆 CIP 数据核字(2013)第 305100 号

本书是在全国监理工程师培训考试教材《建设工程投资控制》(第三版)的基础上，根据新的考试大纲由中国建设监理协会组织编写。本次修订，按照《建设工程工程量清单计价规范》GB 50500—2013 及其他相关法规和标准，对建设工程投资构成及建设工程设计阶段的投资控制、建设工程招标阶段的投资控制、建设工程施工阶段的投资控制四大部分的内容进行了修订。

本书除作为全国监理工程师培训考试用书之外，还可作为建设工程监理单位、建设单位、勘察设计单位、施工单位和政府各级建设主管部门有关人员及大专院校工程管理、工程造价、土木工程类专业学生学习的参考书。

责任编辑：范业庶
责任设计：李志立
责任校对：刘梦然　党　蕾

全国监理工程师培训考试用书
建设工程投资控制
2019
中国建设监理协会　组织编写
*
中国建筑工业出版社出版、发行 (北京海淀三里河路9号)
各地新华书店、建筑书店经销
北京红光制版公司制版
北京市密东印刷有限公司印刷
*
开本：787×1092 毫米　1/16　印张：11¼　字数：280 千字
2014 年 1 月第四版　2020 年 3 月第二十二次印刷
定价：**35.00** 元
ISBN 978-7-112-16251-2
(32501)

全国监理工程师培训考试用书（第四版）

审 定 委 员 会

主　　任：吴慧娟

副　主　任：刘晓艳

审 定 人 员：商丽萍　修　璐

编 写 委 员 会

主　　编：刘伊生　温　健

副　主　编：黄文杰　王雪青　李清立　张守健　邓铁军

其他编写人员（以姓氏笔画排序）：

马　丛　田成钢　付晓明　朱本祥　刘长滨

刘洪兵　许远明　孙占国　李　伟　李明安

杨卫东　杨国强　何红锋　陆　霖　周　坚

郑大明　姜　军　姜树青　黄如宝　曹吉鸣

龚花强　谭大璐

序

自 1988 年我国在基本建设领域推行建设工程监理制度以来，工程监理引起全社会广泛关注和高度重视，在工程建设中发挥了重要作用，取得了显著成就，赢得了社会各界的普遍认可和支持。目前，我国工程监理行业已形成规模，拥有一支稳定的工程监理队伍，积累了丰富的工程监理实践经验，工程监理理论体系基本建立，监理法规及标准体系日益完善。25 年的工程监理实践证明，实施工程监理完全符合我国社会主义市场经济发展的需要。

新时期国民经济快速发展和工程建设管理体制深化改革对工程监理提出了更高要求，需要选拔大量的高水平监理人才以满足这种新的形势和要求。近年来，我国工程建设领域法规政策陆续出台，工程监理实践经验不断丰富，工程监理标准相继修订，原全国监理工程师培训考试教材中很多内容已不能适应新形势的要求，有必要进行全面修订。根据《全国监理工程师资格考试大纲》（第四版）的内容，中国建设监理协会组织行业专家完成了新版考试用书的修订工作。全套考试用书共 7 册，包括：《建设工程监理概论》、《建设工程合同管理》、《建设工程质量控制》、《建设工程投资控制》、《建设工程进度控制》、《建设工程监理案例分析》和《建设工程监理相关法规文件汇编》。

本套考试用书的主要特点：一是注重了法规政策及标准的全面性，全面阐释了与工程监理相关的法规、政策，系统反映了工程监理相关规范及合同。二是突出了监理工作内容的实用性，以工程监理实际操作为核心内容，重点阐述工程监理工作程序、内容、方法和手段，旨在提高监理人员实际工作能力。三是强化了科目之间的协调性，全套考试用书以工程监理与相关服务为主要框架，注重各科目内容的相互衔接和协调。四是兼顾了业务范围的前瞻性，本套考试用书中不仅介绍了工程监理相关服务内容和方法，而且介绍了一些工程项目管理最新研究成果。参加本套考试用书修订工作的单位有：同济大学、天津大学、北京交通大学、北京建筑大学、华北电力大学、哈尔滨工业大学、西北工业大学、湖南大学、重庆大学、四川大学、南开大学、浙江大学、上海市建设工程咨询行业协会、广东省建设监理协会、上海同济工程咨询有限公司、北京建工京精大房工程建设监理公司、京兴国际工程管理公司、北京方圆工程监理有限公司、上海市建设工程监理有限公司、广西华蓝工程咨询管理有限公司、深圳市建艺国际工程顾问有限公司、北海鑫诚建设监理有限责任公司，在此向参加修订工作的各位专家表示衷心地感谢。

本套考试用书既是监理工程师培训和考试的参考教材，也是其他从事工程建设管理工作人员以及大专院校相关专业学生的参考书。在本套考试用书修订过程中，虽经反复推敲核证，仍难免有不妥之处，诚望广大读者提出宝贵意见。

中国建设监理协会会长 郭允冲

2014 年 1 月于北京

前　言

　　本书是在全国监理工程师培训教材《建设工程投资控制》(第三版)的基础上，按照新的考试大纲编写的，内容包括建设工程监理实践的最新成果和新的国家有关法律法规及标准涉及投资控制的内容，尤其是《建设工程工程量清单计价规范》GB 50500—2013 和《建设工程监理规范》GB/T 50319—2013。教材强调了投资控制的共性和操作性。

　　本书经审定委员会审定，由王雪青(天津大学教授)主编，刘长滨(北京建筑大学教授)、田成钢(北京京精大房工程建设监理公司总经理)主审。全书共五章，第一、二、五章由王雪青教授编写，第三章第一节～第五节由许远明(重庆大学副教授)编写，第三章第六节、第四章由谭大璐(四川大学教授)编写。

　　本书在编写过程中参阅了不少专家学者的著作，在此表示衷心的感谢！

　　由于水平有限，本书难免存在不妥之处，请广大读者批评指正。

《建设工程投资控制》编写组

2019 年 1 月

目　　录

第一章　建设工程投资控制概述

第一节　建设工程项目投资的概念和特点

一、建设工程项目投资的概念

建设工程项目投资是指进行某项工程建设花费的全部费用。生产性建设工程项目总投资包括建设投资和铺底流动资金两部分；非生产性建设工程项目总投资则只包括建设投资。

建设投资，由设备及工器具购置费、建筑安装工程费、工程建设其他费用、预备费（包括基本预备费和涨价预备费）和建设期利息组成。

设备及工器具购置费，是指按照建设工程设计文件要求，建设单位（或其委托单位）购置或自制达到固定资产标准的设备和新、扩建项目配置的首套工器具及生产家具所需的费用。设备及工器具购置费由设备原价、工器具原价和运杂费（包括设备成套公司服务费）组成。在生产性建设工程中，设备及工器具投资主要表现为其他部门创造的价值向建设工程中的转移，但这部分投资是建设工程项目投资中的积极部分，它占项目投资比重的提高，意味着生产技术的进步和资本有机构成的提高。

建筑安装工程费，是指建设单位用于建筑和安装工程方面的投资，它由建筑工程费和安装工程费两部分组成。建筑工程费是指建设工程涉及范围内的建筑物、构筑物、场地平整、道路、室外管道铺设、大型土石方工程费用等。安装工程费是指主要生产、辅助生产、公用工程等单项工程中需要安装的机械设备、电器设备、专用设备、仪器仪表等设备的安装及配件工程费，以及工艺、供热、供水等各种管道、配件、闸门和供电外线安装工程费用等。

工程建设其他费用，是指未纳入以上两项的费用。根据设计文件要求和国家有关规定应由项目投资支付的、为保证工程建设顺利完成和交付使用后能够正常发挥效用而发生的一些费用。工程建设其他费用可分为三类：第一类是土地使用费，包括土地征用及迁移补偿费和土地使用权出让金；第二类是与项目建设有关的费用，包括建设单位管理费、勘察设计费、研究试验费、建设工程监理费等；第三类是与未来企业生产经营有关的费用，包括联合试运转费、生产准备费、办公和生活家具购置费等。

建设投资可分为静态投资部分和动态投资部分。静态投资部分由建筑安装工程费、设备及工器具购置费、工程建设其他费和基本预备费构成。动态投资部分，是指在建设期内，因建设期利息和国家新批准的税费、汇率、利率变动以及建设期价格变动引起的建设投资增加额，包括涨价预备费和建设期利息。

工程造价，一般是指一项工程预计开支或实际开支的全部固定资产投资费用，在这个意义上工程造价与建设投资的概念是一致的。因此，我们在讨论建设投资时，经常使用工程造价这个概念。需要指出的是，在实际应用中工程造价还有另一种含义，那就是指工程价格，即为建成一项工程，预计或实际在土地市场、设备市场、技术劳务市场以及承包市场等交易活动中所形成的建筑安装工程的价格和建设工程的总价格。

二、建设工程项目投资的特点

建设工程项目投资的特点是由建设工程项目的特点决定的。

(一)建设工程项目投资数额巨大

建设工程项目投资数额巨大，动辄上千万，数十亿。建设工程项目投资数额巨大的特点使它关系到国家、行业或地区的重大经济利益，对国计民生也会产生重大的影响。从这一点也说明了建设工程投资管理的重要意义。

(二)建设工程项目投资差异明显

每个建设工程项目都有其特定的用途、功能、规模，每项工程的结构、空间分割、设备配置和内外装饰都有不同的要求，工程内容和实物形态都有其差异性。同样的工程处于不同的地区或不同的时段在人工、材料、机械消耗上也有差异。所以，建设工程项目投资的差异十分明显。

(三)建设工程项目投资需单独计算

每个建设工程项目都有专门的用途，所以其结构、面积、造型和装饰也不尽相同。即使是用途相同的建设工程项目，技术水平、建筑等级和建筑标准也有所差别。建设工程项目还必须在结构、造型等方面适应项目所在地的气候、地质、水文等自然条件，这就使建设工程项目的实物形态千差万别。再加上不同地区构成投资费用的各种要素的差异，最终导致建设工程项目投资的千差万别。因此，建设工程项目只能通过特殊的程序(编制估算、概算、预算、合同价、结算价及最后确定竣工决算等)，就每个项目单独计算其投资。

(四)建设工程项目投资确定依据复杂

建设工程项目投资的确定依据繁多，关系复杂。在不同的建设阶段有不同的确定依据，且互为基础和指导，互相影响(图 1-1)。如预算定额是概算定额(指标)编制的基础，概算定额(指标)又是估算指标编制的基础；反过来，估算指标又控制概算定额(指标)的水平，概算定额(指标)又控制预算定额的水平。这些都说明了建设工程项目投资的确定依据复杂的特点。

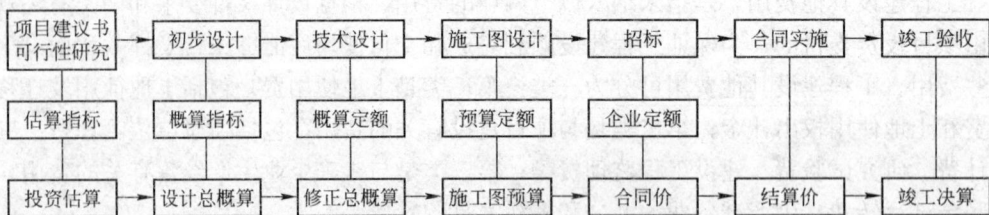

图 1-1 建设工程投资确定示意图

(五)建设工程项目投资确定层次繁多

凡是按照一个总体设计进行建设的各个单项工程汇集的总体即为一个建设工程项目。在建设工程项目中凡是具有独立的设计文件、竣工后可以独立发挥生产能力或工程效益的工程为单项工程，也可将它理解为具有独立存在意义的完整的工程项目。各单项工程又可分解为各个能独立施工的单位工程。考虑到组成单位工程的各部分是由不同工人用不同工具和材料完成的，又可以把单位工程进一步分解为分部工程。然后还可按照不同的施工方法、构造及规格，把分部工程更细致地分解为分项工程。此外，需分别计算分部分项工程投资、单位工程投资、单项工程投资，最后才能汇总形成建设工程项目投资。可见建设工程项目投资的确定层次繁多。

（六）建设工程项目投资需动态跟踪调整

每个建设工程项目从立项到竣工都有一个较长的建设期，在此期间都会出现一些不可预料的变化因素，对建设工程项目投资产生影响。如工程设计变更，设备、材料、人工价格变化，国家利率、汇率调整，因不可抗力出现或因承包方、发包方原因造成的索赔事件出现等，必然要引起建设工程项目投资的变动。所以，建设工程项目投资在整个建设期内都属于不确定的，需随时进行动态跟踪、调整，直至竣工决算后才能真正确定建设工程项目投资。

第二节　建设工程投资控制原理

所谓建设工程投资控制，就是在投资决策阶段、设计阶段、发包阶段、施工阶段以及竣工阶段，把建设工程投资控制在批准的投资限额以内，随时纠正发生的偏差，以保证项目投资管理目标的实现，以求在建设工程中能合理使用人力、物力、财力，取得较好的投资效益和社会效益。

一、投资控制的动态原理

投资控制是项目控制的主要内容之一。投资控制原理如图 1-2 所示。这种控制是动态的，并贯穿于项目建设的始终。

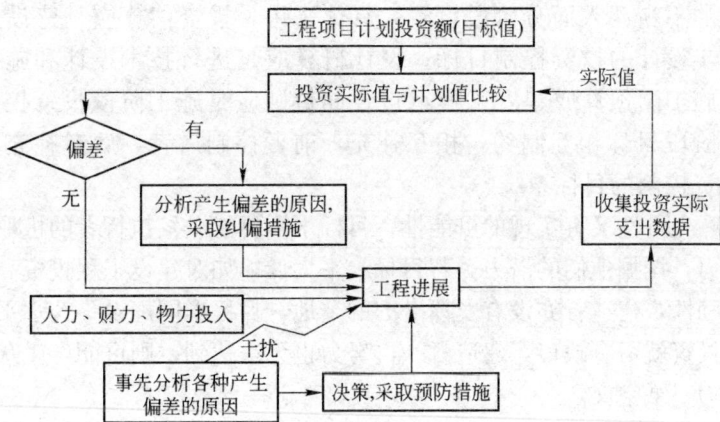

图 1-2　投资控制原理图

这个流程应每两周或一个月循环进行，图 1-2 表达的含义如下：

（1）项目投入，即把人力、物力、财力投入到项目实施中。

（2）在工程进展过程中，必定存在各种各样的干扰，如恶劣天气、设计出图不及时等。

（3）收集实际数据，即对项目进展情况进行评估。

（4）把投资目标的计划值与实际值进行比较。

（5）检查实际值与计划值有无偏差，如果没有偏差，则项目继续进展，继续投入人力、物力和财力等。

（6）如果有偏差，则需要分析产生偏差的原因，采取控制措施。

在这一动态控制过程中，应着重做好以下几项工作：

（1）对计划目标值的论证和分析。实践证明，由于各种主观和客观因素的制约，项目规划中的计划目标值有可能是难以实现或不尽合理的，需要在项目实施的过程中，或合理调整，或细化和精确化。只有项目目标是正确合理的，项目控制方能有效。

（2）及时对项目进展做出评估，即收集实际数据。没有实际数据的收集，就无法清楚项目的实际进展情况，更不可能判断是否存在偏差。因此，数据的及时、完整和正确是确定偏差的基础。

（3）进行项目计划值与实际值的比较，以判断是否存在偏差。这种比较同样也要求在项目规划阶段就应对数据体系进行统一的设计，以保证比较工作的效率和有效性。

（4）采取控制措施以确保投资控制目标的实现。

二、投资控制的目标

控制是为确保目标的实现而服务的，一个系统若没有目标，就不需要、也无法进行控制。目标的设置应是很严肃的，应有科学的依据。

工程项目建设过程是一个周期长、投入大的生产过程，建设者在一定时间内占有的经验知识是有限的，不但常常受到科学条件和技术条件的限制，而且也受到客观过程的发展及其表现程度的限制，因而不可能在工程建设伊始，就设置一个科学的、一成不变的投资控制目标，而只能设置一个大致的投资控制目标，这就是投资估算。随着工程建设实践、认识、再实践、再认识，投资控制目标一步步清晰、准确，这就是设计概算、施工图预算、承包合同价等。也就是说，投资控制目标的设置应是随着工程项目建设实践的不断深入而分阶段设置，具体来讲，投资估算应是建设工程设计方案选择和进行初步设计的投资控制目标；设计概算应是进行技术设计和施工图设计的投资控制目标；施工图预算或建安工程承包合同价则应是施工阶段投资控制的目标。有机联系的各个阶段目标相互制约，相互补充，前者控制后者，后者补充前者，共同组成建设工程投资控制的目标系统。

目标要既有先进性又有实现的可能性，目标水平要能激发执行者的进取心和充分发挥他们的工作能力，挖掘他们的潜力。若目标水平太低，如对建设工程投资高估冒算，则对建造者缺乏激励性，建造者亦没有发挥潜力的余地，目标形同虚设；若水平太高，如在建设工程立项时投资就留有缺口，建造者一再努力也无法达到，则可能产生灰心情绪，使工程投资控制成为一纸空文。

三、投资控制的重点

投资控制贯穿于项目建设的全过程，这一点是毫无疑义的，但是必须重点突出。图 1-3 是国外描述的不同建设阶段影响建设工程投资程度的坐标图，该图与我国情况大致是吻合的。从该图可看出，影响项目投资最大的阶段，是约占工程项目建设周期四分之一的技术设计结束前的工作阶段。在初步设计阶段，影响项目投资的可能性为 $75\%\sim95\%$；在技术设计阶段，影响项目投资的可能性为 $35\%\sim75\%$；在施工图设计阶段，影响项目投资的可能性则为 $5\%\sim35\%$。很显然，项目投资控制的重点在于施工以前的投资决策和设计阶段，而在项目做出投资决策后，控制项目投资的关键就在于设计。据西方一些国家分析，设计费一般只相当于建设工程全寿命费用的1％以下，但正是这少于1％的费用却基本决定了几乎全部随后的费用。由此可见，设计对整个建设工程的效益是何等重要。这里所说的建设工程全寿命费用包括建设投资和工程交付使用后的经常性开支费用(含经营费用、日常维护修理费用、使用期内大修理和局部更新费用)以及该项目使用期满后的报废拆除费用等。

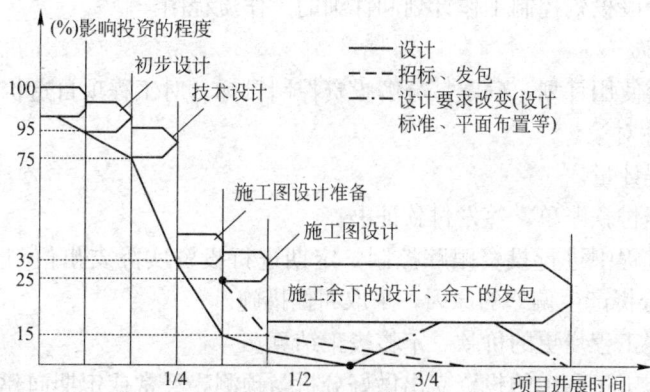

图 1-3　不同建设阶段影响建设项目投资程度的坐标图

四、投资控制的措施

为了有效地控制建设工程投资，应从组织、技术、经济、合同与信息管理等多方面采取措施。从组织上采取措施，包括明确项目组织结构，明确投资控制者及其任务，以使投资控制有专人负责，明确管理职能分工；从技术上采取措施，包括重视设计多方案选择，严格审查监督初步设计、技术设计、施工图设计、施工组织设计，深入技术领域研究节约投资的可能性；从经济上采取措施，包括动态地比较投资的实际值和计划值，严格审核各项费用支出，采取节约投资的奖励措施等。

应该看到，技术与经济相结合是控制投资最有效的手段。长期以来，在我国工程建设领域，技术与经济相分离。许多国外专家指出，中国工程技术人员的技术水平、工作能力、知识面，跟外国同行相比，几乎不分上下，但他们缺乏经济观念。国外的技术人员时刻考虑如何降低工程投资，但中国技术人员则把它看成与己无关的财会人员的职责。而财会、概预算人员的主要责任是根据财务制度办事，他们往往不熟悉工程知识，也较少了解工程进展中的各种关系和问题，往往单纯地从财务制度角度审核费用开支，难以有效地控制工程投资。为此，当前迫切需要解决的是以提高项目投资效益为目的，在工程建设过程中把技术与经济有机结合，要通过技术比较、经济分析和效果评价，正确处理技术先进与经济合理两者之间的对立统一关系，力求在技术先进条件下的经济合理，在经济合理基础上的技术先进，把控制工程项目投资观念渗透到各阶段中。

由于建设工程的投资主要发生在施工阶段，在这一阶段需要投入大量的人力、物力、财力等，是工程项目建设费用消耗最多的时期，浪费投资的可能性比较大。因此，监理单位应督促承包单位精心地组织施工，挖掘各方面潜力，节约资源消耗，仍可以收到节约投资的明显效果。参建各方对施工阶段的投资控制应给予足够的重视，仅仅靠控制工程款的支付是不够的，应从组织、经济、技术、合同等多方面采取措施，控制投资。

项目监理机构在施工阶段投资控制的具体措施如下：

（一）组织措施

（1）在项目监理机构中落实从投资控制角度进行施工跟踪的人员、任务分工和职能分工。

（2）编制本阶段投资控制工作计划和详细的工作流程图。

（二）经济措施

（1）编制资金使用计划，确定、分解投资控制目标。对工程项目造价目标进行风险分析，并制定防范性对策。

（2）进行工程计量。

（3）复核工程付款账单，签发付款证书。

（4）在施工过程中进行投资跟踪控制，定期进行投资实际支出值与计划目标值的比较；发现偏差，分析产生偏差的原因，采取纠偏措施。

（5）协商确定工程变更的价款。审核竣工结算。

（6）对工程施工过程中的投资支出做好分析与预测，经常或定期向建设单位提交项目投资控制及其存在问题的报告。

（三）技术措施

（1）对设计变更进行技术经济比较，严格控制设计变更。

（2）继续寻找通过设计挖潜节约投资的可能性。

（3）审核承包人编制的施工组织设计，对主要施工方案进行技术经济分析。

（四）合同措施

（1）做好工程施工记录，保存各种文件图纸，特别是注有实际施工变更情况的图纸，注意积累素材，为正确处理可能发生的索赔提供依据。参与处理索赔事宜。

（2）参与合同修改、补充工作，着重考虑它对投资控制的影响。

第三节 建设工程投资控制的主要任务

一、国外项目咨询机构在建设工程投资控制中的主要任务

近几十年来，各工业发达国家，在工程建设中实行咨询制度已成为通行的惯例，并形成了许多不同的形式和流派，其中影响最大的有两类主体，即项目管理咨询公司（PM）和工料测量师行（QS）。

（一）项目管理咨询公司

项目管理咨询公司是在欧洲大陆和美国广泛实行的建设工程咨询机构，其国际性组织是国际咨询工程师联合会（FIDIC）。该组织 1980 年所制定的 IGRA—1980PM 文件，是用于咨询工程师与业主之间订立委托咨询的国际通用合同文本，该文本明确指出，咨询工程师的根本任务是：进行项目管理，在业主所要求的进度、质量和投资的限制之内完成项目。其可向业主提供的咨询服务范围包括以下八个方面：项目的经济可行性分析；项目的财务管理；与项目有关的技术转让；项目的资源管理；环境对项目影响的评估；项目建设的工程技术咨询；物资采购与工程发包；施工管理。其中涉及项

目投资控制的具体任务是：项目的投资效益分析（多方案）；初步设计时的投资估算；项目实施时的预算控制；工程合同的签订和实施监控；物资采购；工程量的核实；工时与投资的预测；工时与投资的核实；有关控制措施的制定；发行企业债券；保险审议；其他财务管理等。

（二）工料测量师行

在英联邦国家，负责项目投资控制的通常是工料测量师行。公司开办人称为合伙人，他们是公司的所有者，在法律上代表公司，在经济上自负盈亏，并亲自进行管理。合伙人本身必须是经过英国皇家测量师协会授予称号的工料测量师，如果一个人只拥有资金，而不是工料测量师，则不能当工料测量师行合伙人。英联邦国家的基本建设程序一般分为两大阶段，即合同签订前、后两阶段。工料测量师在工程建设中的主要任务和作用是：

1. 在立约前阶段的任务

（1）在工程建设开始阶段，业主提出建设任务和要求，如建设规模、技术条件和可筹集到的资金等。这时工料测量师要和建筑师、工程师共同研究提出"初步投资建议"，对拟建项目做出初步的经济评价，并和业主讨论在工程建设过程中工料测量师行的服务内容、收费标准，同时着手一般准备工作和今后行动计划。

（2）在可行性研究阶段，工料测量师根据建筑师和工程师提供的建设工程的规模、场址、技术协作条件，对各种拟建方案制定初步估算，有的还要为业主估算竣工后的经营费用和维护保养费，从而向业主提交估价和建议，以便业主决定项目执行方案，确保该方案在功能上、技术上和财务上的可行性。

（3）在方案建议（有的称为总体建议）阶段，工料测量师按照不同的设计方案编制估算书，除反映总投资额外，还要提供分部工程的投资额，以便业主能确定拟建项目的布局、设计和施工方案。工料测量师还应为拟建项目获得当局批准而向业主提供必要的报告。

（4）在初步设计阶段，根据建筑师、工程师草拟的图纸，制定建设投资分项初步概算。根据概算及建设程序，制定资金支出初步估算表，以保证投资得到最有效的运用，并可作为确定项目投资限额使用。

（5）在详细设计阶段，根据近似的工料数量及当时的价格，制定更详细的分项概算，并将它们与项目投资限额相比较。

（6）对不同的设计及材料进行成本研究，并向建筑师、工程师或设计人员提出成本建议，协助他们在投资限额范围内设计。

（7）就工程的招标程序、合同安排、合同内容方面提供建议。

（8）制定招标文件、工料清单、合同条款、工料说明书及投标书，供业主招标或供业主与选定的承包人议价。

（9）研究并分析收回的投标，包括进行详尽的技术及数据审核，并向业主提交对各项投标的分析报告。

（10）为总承包单位及指定供货单位或分包单位制定正式合同文件。

2. 在立约后阶段的任务

（1）工程开工后，对工程进度进行估计，并向业主提出中期付款的建议。

（2）工程进行期间，定期制定最终成本估计报告书，反映施工中存在的问题及投资的支付情况。

（3）制定工程变更清单，并与承包人达成费用上增减的协议。

（4）就考虑中的工程变更的大约费用，向建筑师提供建议。

（5）审核及评估承包人提出的索赔，并进行协商。

（6）与工程项目顾问团的其他成员（建筑师、工程师等）紧密合作，在施工阶段严格控制成本。

（7）审核工程竣工结算。该结算是工程最终成本的详细说明。

（8）回顾分析项目管理和执行情况。

工料测量师行受雇于业主，根据工程规模的大小、难易程度，按总投资 0.5%～3% 收费，同时对项目投资控制负有重大责任。如果项目建设成本最后在缺乏充足正当理由情况下超支较多，业主付不起，则将要求工料测量师行对建设成本超支额及应付银行贷款利息进行赔偿。所以测量师行在接受项目投资控制委托，特别是接受工期较长、难度较大的项目投资控制委托时，都要买专业保险，以防估价失误时因对业主进行赔偿而破产。由于工料测量师在工程建设中的主要任务就是对项目投资进行全面系统的控制，因而他们被誉为"工程建设的经济专家"和"工程建设中管理财务的经理"。

二、我国项目监理机构在建设工程投资控制中的主要工作

投资控制是我国建设工程监理的一项主要任务，贯穿于监理工作的各个环节。根据《建设工程监理规范》GB/T 50319—2013 的规定，工程监理单位要依据法律法规、工程建设标准、勘察设计文件及合同，在施工阶段对建设工程进行造价控制。同时，工程监理单位还应根据建设工程监理合同的约定，在工程勘察、设计、保修等阶段为建设单位提供相关服务工作。以下分别是施工阶段和在相关服务阶段监理机构在投资控制中的主要工作。

（一）施工阶段投资控制的主要工作

1. 进行工程计量和付款签证

（1）专业监理工程师对施工单位在工程款支付报审表中提交的工程量和支付金额进行复核，确定实际完成的工程量，提出到期应支付给施工单位的金额，并提出相应的支持性材料。

（2）总监理工程师对专业监理工程师的审查意见进行审核，签认后报建设单位审批。

（3）总监理工程师根据建设单位的审批意见，向施工单位签发工程款支付证书。

2. 对完成工程量进行偏差分析

项目监理机构应建立月完成工程量统计表，对实际完成量与计划完成量进行比较分析，发现偏差的，应提出调整建议，并应在监理月报中向建设单位报告。

3. 审核竣工结算款

（1）专业监理工程师审查施工单位提交的竣工结算款支付申请，提出审查意见。

（2）总监理工程师对专业监理工程师的审查意见进行审核，签认后报建设单位审批，同时抄送施工单位，并就工程竣工结算事宜与建设单位、施工单位协商；达成一致意见的，根据建设单位审批意见向施工单位签发竣工结算款支付证书；不能达成一致意见的，应按施工合同约定处理。

4. 处理施工单位提出的工程变更费用

（1）总监理工程师组织专业监理工程师对工程变更费用及工期影响做出评估。

（2）总监理工程师组织建设单位、施工单位等共同协商确定工程变更费用及工期变化，会签工程变更单。

（3）项目监理机构可在工程变更实施前与建设单位、施工单位等协商确定工程变更的计价原则、计价方法或价款。

（4）建设单位与施工单位未能就工程变更费用达成协议时，项目监理机构可提出一个暂定价格并经建设单位同意，作为临时支付工程款的依据。工程变更款项最终结算时，应以建设单位与施工单位达成的协议为依据。

5. 处理费用索赔

（1）项目监理机构应及时收集、整理有关工程费用的原始资料，为处理费用索赔提供证据。

（2）审查费用索赔报审表。需要施工单位进一步提交详细资料时，应在施工合同约定的期限内发出通知。

（3）与建设单位和施工单位协商一致后，在施工合同约定的期限内签发费用索赔报审表，并报建设单位。

（4）当施工单位的费用索赔要求与工程延期要求相关联时，项目监理机构可提出费用索赔和工程延期的综合处理意见，并应与建设单位和施工单位协商。

（5）因施工单位原因造成建设单位损失，建设单位提出索赔时，项目监理机构应与建设单位和施工单位协商处理。

（二）相关服务阶段投资控制的主要工作

1. 工程勘察设计阶段

（1）协助建设单位编制工程勘察设计任务书和选择工程勘察设计单位，并应协助签订工程勘察设计合同。

（2）审核勘察单位提交的勘察费用支付申请表，以及签发勘察费用支付证书。

（3）审核设计单位提交的设计费用支付申请表，以及签认设计费用支付证书。

（4）审查设计单位提交的设计成果，并应提出评估报告。

（5）审查设计单位提出的新材料、新工艺、新技术、新设备在相关部门的备案情况。必要时应协助建设单位组织专家评审。

（6）审查设计单位提出的设计概算、施工图预算，提出审查意见。

（7）分析可能发生索赔的原因，制定防范对策。

（8）协助建设单位组织专家对设计成果进行评审。

（9）根据勘察设计合同，协调处理勘察设计延期、费用索赔等事宜。

2. 工程保修阶段

（1）对建设单位或使用单位提出的工程质量缺陷，工程监理单位应安排监理人员进行检查和记录，并应要求施工单位予以修复，同时应监督实施，合格后应予以签认。

（2）工程监理单位应对工程质量缺陷原因进行调查，并应与建设单位、施工单位协商确定责任归属。对非施工单位原因造成的工程质量缺陷，应核实施工单位申报的修复工程费用，并应签认工程款支付证书。

思 考 题

1. 简述建设工程项目投资的概念。
2. 简述建设工程投资的特点。
3. 简述建设工程投资控制原理。
4. 项目监理机构在投资控制中的主要工作是什么?

第二章　建设工程投资构成

第一节　建设工程投资构成概述

一、我国现行建设工程投资构成

我国现行建设工程总投资构成见图 2-1。

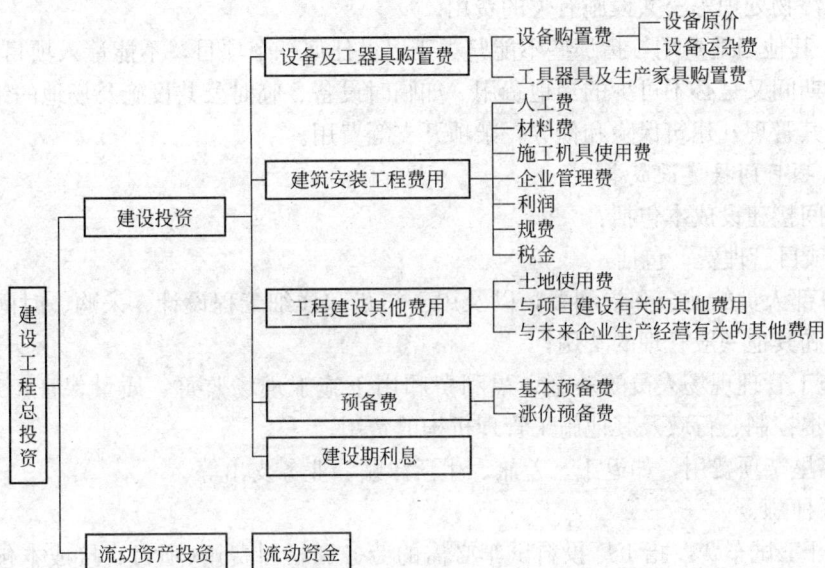

图 2-1　我国现行建设工程总投资构成

二、世界银行和国际咨询工程师联合会建设工程投资构成

1978 年，世界银行、国际咨询工程师联合会对项目的总建设成本（相当于我国的建设工程总投资）作了统一规定，其详细内容如下。

（一）项目直接建设成本

项目直接建设成本包括以下内容：

（1）土地征购费。

（2）场外设施费用，如道路、码头、桥梁、机场、输电线路等设施费用。

（3）场地费用，指用于场地准备、厂区道路、铁路、围栏、场内设施等的建设费用。

（4）工艺设备费，指主要设备、辅助设备及零配件的购置费用，包括海运包装费用、交货港离岸价，但不包括税金。

（5）设备安装费，指设备供应商的技术服务费用，本国劳务及工资费用，辅助材料、施工设备、消耗品和工具等费用，以及安装承包商的管理费和利润等。

（6）管理系统费用，指与系统的材料及劳务相关的全部费用。

（7）电气设备费，其内容与第（4）项相似。

（8）电气安装费，指设备供应商的监理费用，本国劳力与工资费用、辅助材料、电缆、管道和工具费用，以及营造承包商的管理费和利润。

（9）仪器仪表费，指所有自动仪表、控制板、配线和辅助材料的费用以及供应商的监理费用、外国或本国劳务及工资费用、承包商的管理费和利润。

（10）机械的绝缘和油漆费，指与机械及管道的绝缘和油漆相关的全部费用。

（11）工艺建筑费，指原材料、劳务费以及与基础、建筑结构、屋顶、内外装修、公共设施有关的全部费用。

（12）服务性建筑费用，其内容与第（11）项相似。

（13）工厂普通公共设施费，包括材料和劳务费以及与供水、燃料供应、通风、蒸汽、下水道、污物处理等公共设施有关的费用。

（14）其他当地费用，指那些不能归类于以上任何一个项目，不能计入项目间接成本，但在建设期间又是必不可少的当地费用。如临时设备、临时公共设施及场地的维持费，营地设施及其管理，建筑保险和债券，杂项开支等费用。

（二）项目间接建设成本

项目间接建设成本包括：

（1）项目管理费，包括：

1）总部人员的薪金和福利费，以及用于初步和详细工程设计、采购、时间和成本控制、行政和其他一般管理的费用；

2）施工管理现场人员的薪金、福利费和用于施工现场监督、质量保证、现场采购、时间及成本控制、行政及其他施工管理机构的费用；

3）零星杂项费用，如返工、差旅、生活津贴、业务支出等；

4）各种酬金。

（2）开工试车费，指工厂投料试车必需的劳务和材料费用（项目直接成本包括项目完工后的试车和空运转费用）。

（3）业主的行政性费用，指业主的项目管理人员费用及支出（其中某些费用必须排除在外，并在"估算基础"中详细说明）。

（4）生产前费用，指前期研究、勘测、建矿、采矿等费用（其中一些费用必须排除在外，并在"估算基础"中详细说明）。

（5）运费和保险费，指海运、国内运输、许可证及佣金、海洋保险、综合保险等费用。

（6）地方税，指地方关税、地方税及对特殊项目征收的税金。

（三）应急费

应急费用包括：

1. 未明确项目的准备金

此项准备金用于在估算时不可能明确的潜在项目，包括那些在做成本估算时因为缺乏完整、准确和详细的资料而不能完全预见和不能注明的项目，并且这些项目是必须完成的，或它们的费用是必定要发生的，在每一个组成部分中均单独以一定的百分比确定，并作为估算的一个项目单独列出。此项准备金不是为了支付工作范围以外可能增加的项目，不是用以应付天灾、非正常经济情况及罢工等情况，也不是用来补偿估算的任何误差，而是用来支付那些几乎可以确定要发生的费用。因此，它是估算不可缺少的一个组成部分。

2. 不可预见准备金

此项准备金(在未明确项目准备金之外)用于在估算达到了一定的完整性并符合技术标准的基础上，由于物质、社会和经济的变化，导致估算增加的情况。此种情况可能发生，也可能不发生。因此，不可预见准备金只是一种储备，可能不动用。

(四)建设成本上升费用

通常，估算中使用的构成工资率、材料和设备价格基础的截止日期就是"估算日期"。必须对该日期或已知成本基础进行调整，以补偿直至工程结束时的未知价格增长。

工程的各个主要组成部分(国内劳务和相关成本、本国材料、外国材料、本国设备、外国设备、项目管理机构)的细目划分确定以后，便可确定每一个主要组成部分的增长率。这个增长率是一项判断因素，它以已发表的国内和国际成本指数、公司记录等为依据，并与实际供应进行核对，然后根据确定的增长率和从工程进度表中获得的每项活动的中点值，计算出每项主要组成部分的成本上升值。

第二节　建筑安装工程费用的组成与计算

一、按费用构成要素划分的建筑安装工程费用项目组成

按照费用构成要素划分，建筑安装工程费由人工费、材料(包含工程设备，下同)费、施工机具使用费、企业管理费、利润、规费和税金组成。其中人工费、材料费、施工机具使用费、企业管理费和利润包含在分部分项工程费、措施项目费、其他项目费中(图 2-2)。

(一)人工费

人工费是指按工资总额构成规定，支付给从事建筑安装工程施工的生产工人和附属生产单位工人的各项费用。内容包括：

(1)计时工资或计件工资：是指按计时工资标准和工作时间或对已做工作按计件单价支付给个人的劳动报酬。

(2)奖金：是指对超额劳动和增收节支支付给个人的劳动报酬。如节约奖、劳动竞赛奖等。

(3)津贴补贴：是指为了补偿职工特殊或额外的劳动消耗和因其他特殊原因支付给个人的津贴，以及为了保证职工工资水平不受物价影响支付给个人的物价补贴。如流动施工津贴、特殊地区施工津贴、高温(寒)作业临时津贴、高空津贴等。

(4)加班加点工资：是指按规定支付的在法定节假日工作的加班工资和在法定日工作时间外延时工作的加点工资。

(5)特殊情况下支付的工资：是指根据国家法律、法规和政策规定，因病、工伤、产假、计划生育假、婚丧假、事假、探亲假、定期休假、停工学习、执行国家或社会义务等原因按计时工资标准或计时工资标准的一定比例支付的工资。

(二)材料费

材料费是指施工过程中耗费的原材料、辅助材料、构配件、零件、半成品或成品、工程设备的费用。内容包括：

第二章

```
                              ┌─ 计时工资或计件工资
                              ├─ 奖金
                    人工费 ────┼─ 津贴、补贴              ── 分部分项工程费
                              ├─ 加班加点工资
                              └─ 特殊情况下支付的工资

                              ┌─ 材料原价
                    材料费 ────┼─ 运杂费
                              ├─ 运输损耗费
                              └─ 采购及保管费        ┌─ 折旧费
                                                   ├─ 大修理费
                                                   ├─ 经常修理费
                 施工机具使用费 ── 施工机械使用费 ────┼─ 安拆费及场外运费
                              └─ 仪器仪表使用费      ├─ 人工费
                                                   ├─ 燃料动力费
                              ┌─ 管理人员工资        └─ 税费
                              ├─ 办公费
                              ├─ 差旅交通费
                              ├─ 固定资产使用费
                              ├─ 工具用具使用费                       ── 措施项目费
  (按费用构成要素划分)          ├─ 劳动保险和职工福利费
  建筑安装工程费     企业管理费 ──┼─ 劳动保护费
                              ├─ 检验试验费
                              ├─ 工会经费
                              ├─ 职工教育经费
                              ├─ 财产保险费
                              ├─ 财务费
                              ├─ 税金
                              └─ 其他

                    利润                                ── 其他项目费

                                                   ┌─ 养老保险费
                              ┌─ 社会保险费 ────────┼─ 失业保险费
                    规费 ──────┼─ 住房公积金         ├─ 医疗保险费
                              └─ 工程排污费         ├─ 生育保险费
                                                   └─ 工伤保险费
                              ┌─ 营业税
                    税金 ──────┼─ 城市维护建设税
                              ├─ 教育费附加
                              └─ 地方教育附加
```

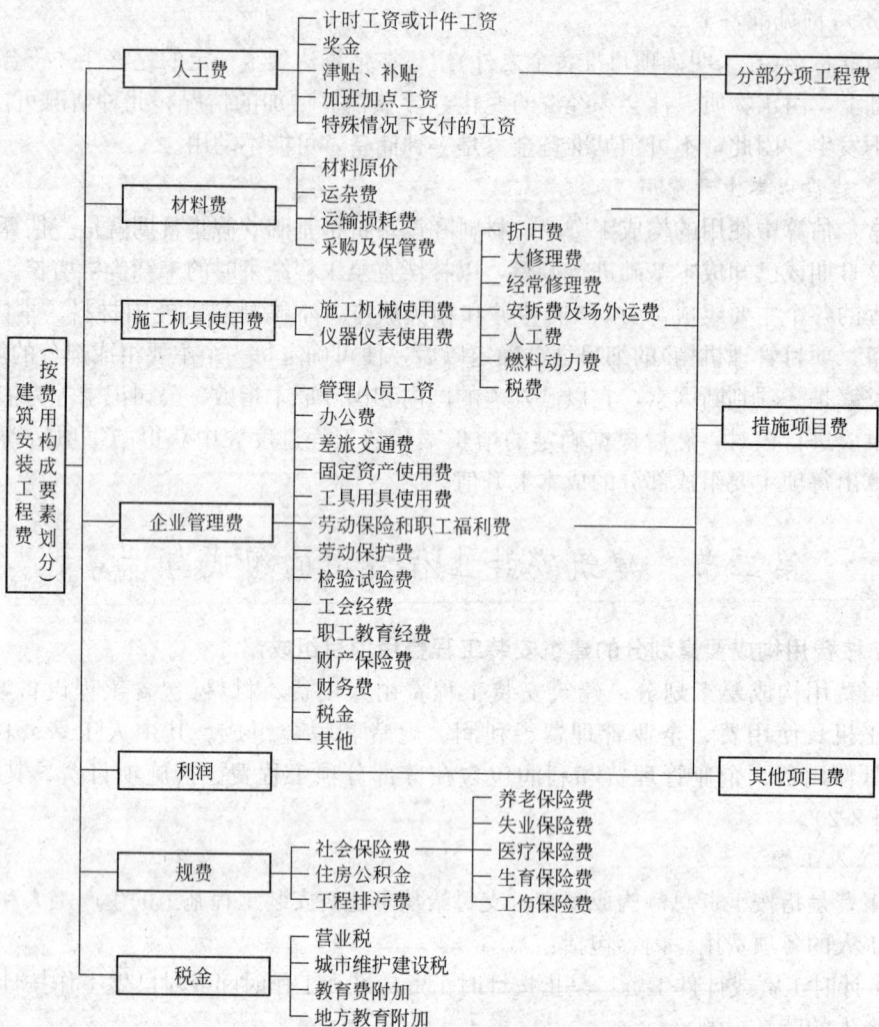

图 2-2　按费用构成要素划分的建筑安装工程费用项目组成

（1）材料原价：是指材料、工程设备的出厂价格或商家供应价格。

（2）运杂费：是指材料、工程设备自来源地运至工地仓库或指定堆放地点所发生的全部费用。

（3）运输损耗费：是指材料在运输装卸过程中不可避免的损耗。

（4）采购及保管费：是指为组织采购、供应和保管材料、工程设备的过程中所需要的各项费用。包括采购费、仓储费、工地保管费、仓储损耗。

工程设备是指构成或计划构成永久工程一部分的机电设备、金属结构设备、仪器装置及其他类似的设备和装置。

（三）施工机具使用费

施工机具使用费是指施工作业所发生的施工机械、仪器仪表使用费或其租赁费。内容包括：

（1）施工机械使用费：以施工机械台班耗用量乘以施工机械台班单价表示，施工机械

台班单价应由下列七项费用组成。

1) 折旧费：是指施工机械在规定的使用年限内，陆续收回其原值的费用。

2) 大修理费：是指施工机械按规定的大修理间隔台班进行必要的大修理，以恢复其正常功能所需的费用。

3) 经常修理费：是指施工机械除大修理以外的各级保养和临时故障排除所需的费用。包括为保障机械正常运转所需替换设备与随机配备工具附具的摊销和维护费用，机械运转中日常保养所需润滑与擦拭的材料费用及机械停滞期间的维护和保养费用等。

4) 安拆费及场外运费：安拆费指施工机械(大型机械除外)在现场进行安装与拆卸所需的人工、材料、机械和试运转费用以及机械辅助设施的折旧、搭设、拆除等费用；场外运费指施工机械整体或分体自停放地点运至施工现场或由一施工地点运至另一施工地点的运输、装卸、辅助材料及架线等费用。

5) 人工费：是指机上司机(司炉)和其他操作人员的人工费。

6) 燃料动力费：是指施工机械在运转作业中所消耗的各种燃料及水、电等。

7) 税费：是指施工机械按照国家规定应缴纳的车船使用税、保险费及年检费等。

(2) 仪器仪表使用费：是指工程施工所需使用的仪器仪表的摊销及维修费用。

（四）企业管理费

企业管理费是指建筑安装企业组织施工生产和经营管理所需的费用。内容包括：

(1) 管理人员工资：是指按规定支付给管理人员的计时工资、奖金、津贴补贴、加班加点工资及特殊情况下支付的工资等。

(2) 办公费：是指企业管理办公用的文具、纸张、账表、印刷、邮电、书报、办公软件、现场监控、会议、水电、烧水和集体取暖降温(包括现场临时宿舍取暖降温)等费用。

(3) 差旅交通费：是指职工因公出差调动工作的差旅费、住勤补助费，市内交通费和误餐补助费，职工探亲路费，劳动力招募费，职工退休、退职一次性路费，工伤人员就医路费，工地转移费以及管理部门使用的交通工具的油料、燃料等费用。

(4) 固定资产使用费：是指管理和试验部门及附属生产单位使用的属于固定资产的房屋、设备、仪器等的折旧、大修、维修或租赁费。

(5) 工具用具使用费：是指企业施工生产和管理使用的不属于固定资产的工具、器具、家具、交通工具和检验、试验、测绘、消防用具等的购置、维修和摊销费。

(6) 劳动保险和职工福利费：是指由企业支付的职工退职金、按规定支付给离休干部的经费，集体福利费、夏季防暑降温、冬季取暖补贴、上下班交通补贴等。

(7) 劳动保护费：是企业按规定发放的劳动保护用品的支出。如工作服、手套、防暑降温饮料以及在有碍身体健康的环境中施工的保健费用等。

(8) 检验试验费：是指施工企业按照有关标准规定，对建筑以及材料、构件和建筑安装物进行一般鉴定、检查所发生的费用，包括自设试验室进行试验所耗用的材料等费用。不包括新结构、新材料的试验费，对构件做破坏性试验及其他特殊要求检验试验的费用和建设单位委托检测机构进行检测的费用，对此类检测发生的费用，由建设单位在工程建设其他费用中列支。但对施工企业提供的具有合格证明的材料进行检测其结果不合格的，该检测费用由施工企业支付。

(9) 工会经费：是指企业按《工会法》规定的全部职工工资总额比例计提的工会

经费。

(10) 职工教育经费：是指按职工工资总额的规定比例计提，企业为职工进行专业技术和职业技能培训，专业技术人员继续教育、职工职业技能鉴定、职业资格认定以及根据需要对职工进行各类文化教育所发生的费用。

(11) 财产保险费：是指施工管理用财产、车辆等的保险费用。

(12) 财务费：是指企业为施工生产筹集资金或提供预付款担保、履约担保、职工工资支付担保等所发生的各种费用。

(13) 税金：是指企业按规定缴纳的房产税、车船使用税、土地使用税、印花税等。

(14) 其他：包括技术转让费、技术开发费、投标费、业务招待费、绿化费、广告费、公证费、法律顾问费、审计费、咨询费、保险费等。

(五) 利润

利润是指施工企业完成所承包工程获得的盈利。

(六) 规费

规费是指按国家法律、法规规定，由省级政府和省级有关权力部门规定必须缴纳或计取的费用。包括：

(1) 社会保险费

1) 养老保险费：是指企业按照规定标准为职工缴纳的基本养老保险费。

2) 失业保险费：是指企业按照规定标准为职工缴纳的失业保险费。

3) 医疗保险费：是指企业按照规定标准为职工缴纳的基本医疗保险费。

4) 生育保险费：是指企业按照规定标准为职工缴纳的生育保险费。

5) 工伤保险费：是指企业按照规定标准为职工缴纳的工伤保险费。

(2) 住房公积金：是指企业按规定标准为职工缴纳的住房公积金。

(3) 工程排污费：是指按规定缴纳的施工现场工程排污费。

其他应列而未列入的规费，按实际发生计取。

(七) 税金

税金是指国家税法规定的应计入建筑安装工程造价内的营业税、城市维护建设税、教育费附加以及地方教育附加。

二、按造价形成划分的建筑安装工程费用项目组成

建筑安装工程费按照工程造价形成由分部分项工程费、措施项目费、其他项目费、规费、税金组成，分部分项工程费、措施项目费、其他项目费包含人工费、材料费、施工机具使用费、企业管理费和利润(图 2-3)。

(一) 分部分项工程费

分部分项工程费是指各专业工程的分部分项工程应予列支的各项费用。

1. 专业工程

指按现行国家计量规范划分的房屋建筑与装饰工程、仿古建筑工程、通用安装工程、市政工程、园林绿化工程、矿山工程、构筑物工程、城市轨道交通工程、爆破工程等各类工程。

2. 分部分项工程

指按现行国家计量规范对各专业工程划分的项目。如房屋建筑与装饰工程划分的土石

第二章

```
                                           ┌─ 土石方工程
                          ┌─ 房屋建筑与装饰工程 ─┤─ 桩基工程
                          │─ 仿古建筑工程         └─ ……
                          │─ 通用安装工程
                          │─ 市政工程
                ┌─ 分部分项工程费 ┤─ 园林绿化工程                          ┌─ 人工费
                │         │─ 矿山工程
                │         │─ 构筑物工程
                │         │─ 城市轨道交通工程
                │         │─ 爆破工程
                │         └─ ……
                │                                                  ┌─ 材料费
                │         ┌─ 安全文明施工费
                │         │─ 夜间施工增加费
                │         │─ 二次搬运费
    建          │         │─ 冬雨期施工增加费
    筑  （      │         │─ 已完工程及设备保护费                    ┌─ 施工机具使用费
    安  按  ─── ┤─ 措施项目费 ┤─ 工程定位复测费
    装  造      │         │─ 特殊地区施工增加费
    工  价      │         │─ 大型机械进出场及安拆费
    程  形      │         │─ 脚手架工程费                           ┌─ 企业管理费
    费  成      │         └─ ……
        划      │
        分      │         ┌─ 暂列金额
    ）          │─ 其他项目费 ┤─ 计日工                              ┌─ 利润
                │         └─ 总承包服务费
                │                          ┌─ 养老保险费
                │         ┌─ 社会保险费 ─┤─ 失业保险费
                │         │             │─ 医疗保险费
                │─ 规费    ┤─ 住房公积金   │─ 生育保险费
                │         └─ 工程排污费   └─ 工伤保险费
                │         ┌─ 营业税
                └─ 税金    ┤─ 城市维护建设税
                          │─ 教育费附加
                          └─ 地方教育附加
```

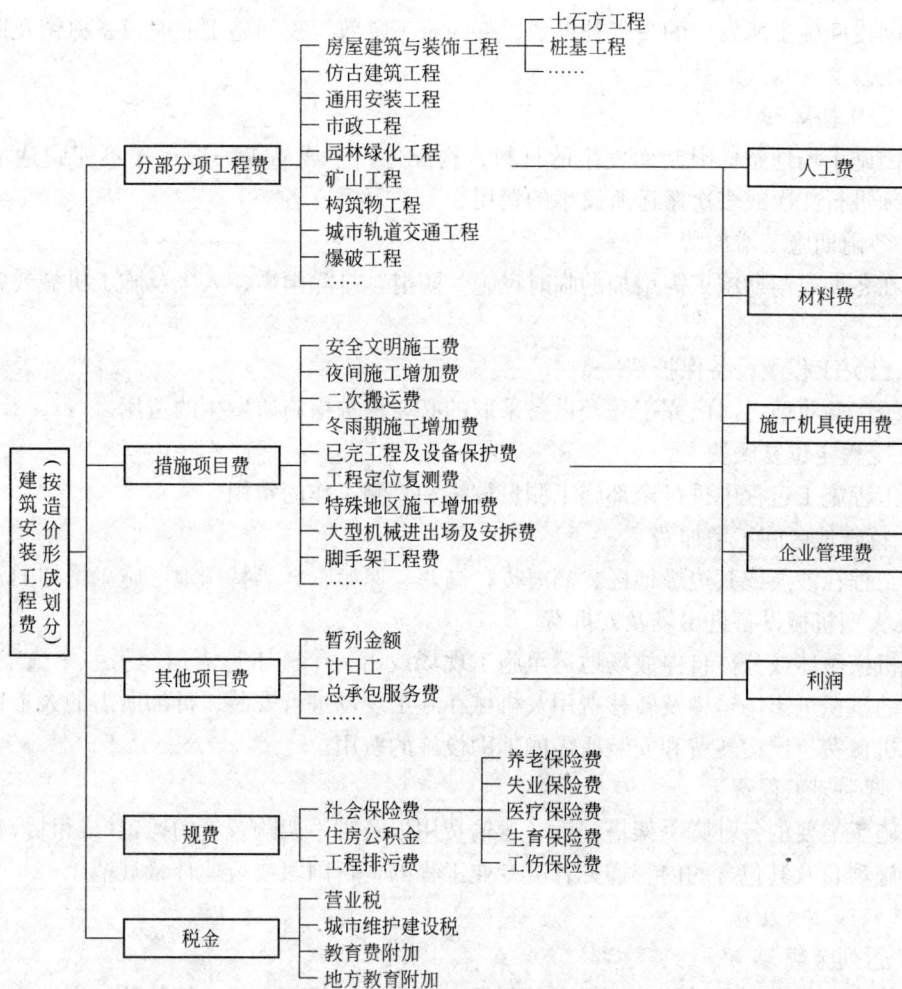

图 2-3　按造价形成划分的建筑安装工程费用项目组成

方工程、地基处理与桩基工程、砌筑工程、钢筋及钢筋混凝土工程等。

各类专业工程的分部分项工程划分见现行国家或行业计量规范。

（二）措施项目费

项目措施费是指为完成建设工程施工，发生于该工程施工前和施工过程中的技术、生活、安全、环境保护等方面的费用。内容包括：

1. 安全文明施工费

（1）环境保护费：是指施工现场为达到环保部门要求所需要的各项费用。

（2）文明施工费：是指施工现场文明施工所需要的各项费用。

（3）安全施工费：是指施工现场安全施工所需要的各项费用。

（4）临时设施费：是指施工企业为进行建设工程施工所必须搭设的生活和生产用的临时建筑物、构筑物和其他临时设施费用。包括临时设施的搭设、维修、拆除、清理费或摊销费等。

2. 夜间施工增加费

指因夜间施工所发生的夜班补助费、夜间施工降效、夜间施工照明设备摊销及照明用电等费用。

3. 二次搬运费

指因施工场地条件限制而发生的材料、构配件、半成品等一次运输不能到达堆放地点，必须进行二次或多次搬运所发生的费用。

4. 冬雨期施工增加费

指在冬期或雨期施工需增加的临时设施，防滑，排除雨雪、人工及施工机械效率降低等费用。

5. 已完工程及设备保护费

指竣工验收前，对已完工程及设备采取的必要保护措施所发生的费用。

6. 工程定位复测费

指工程施工过程中进行全部施工测量放线和复测工作的费用。

7. 特殊地区施工增加费

指工程在沙漠或其边缘地区、高海拔、高寒、原始森林等特殊地区施工增加的费用。

8. 大型机械设备进出场及安拆费

指机械整体或分体自停放场地运至施工现场或由一个施工地点运至另一个施工地点，所发生的机械进出场运输及转移费用及机械在施工现场进行安装、拆卸所需的人工费、材料费、机械费、试运转费和安装所需的辅助设施的费用。

9. 脚手架工程费

指施工需要的各种脚手架搭、拆、运输费用以及脚手架购置费的摊销（或租赁）费用。

措施项目及其包含的内容详见各类专业工程的现行国家或行业计量规范。

（三）其他项目费

1. 暂列金额

指建设单位在工程量清单中暂定并包括在工程合同价款中的一笔款项。用于施工合同签订时尚未确定或者不可预见的所需材料、工程设备、服务的采购，施工中可能发生的工程变更、合同约定调整因素出现时的工程价款调整以及发生的索赔、现场签证确认等的费用。

2. 计日工

指在施工过程中，施工企业完成建设单位提出的施工图纸以外的零星项目或工作所需的费用。

3. 总承包服务费

指总承包人为配合、协调建设单位进行的专业工程发包，对建设单位自行采购的材料、工程设备等进行保管以及施工现场管理、竣工资料汇总整理等服务所需的费用。

（四）规费

定义同上节。

（五）税金

定义同上节。

三、建筑安装工程费用计算方法

（一）各费用构成要素计算方法

1. 人工费

$$人工费 = \sum(工日消耗量 \times 日工资单价) \tag{2-1}$$

日工资单价＝

$$\frac{生产工人平均月工资(计时、计件)＋平均月(奖金＋津贴补贴＋特殊情况下支付的工资)}{年平均每月法定工作日}$$

$$\tag{2-2}$$

注：公式（2-1）主要适用于施工企业投标报价时自主确定人工费，也是工程造价管理机构编制计价定额确定定额人工单价或发布人工成本信息的参考依据。

$$人工费 = \sum(工程工日消耗量 \times 日工资单价) \tag{2-3}$$

日工资单价是指施工企业平均技术熟练程度的生产工人在每工作日（国家法定工作时间内）按规定从事施工作业应得的日工资总额。

工程造价管理机构确定日工资单价应根据工程项目的技术要求，通过市场调查，参考实物工程量人工单价综合分析确定，最低日工资单价不得低于工程所在地人力资源和社会保障部门所发布的最低工资标准的：普工1.3倍，一般技工2倍，高级技工3倍。

工程计价定额不可只列一个综合工日单价，应根据工程项目技术要求和工种差别适当划分多种日人工单价，确保各分部工程人工费的合理构成。

注：公式（2-3）适用于工程造价管理机构编制计价定额时确定定额人工费，是施工企业投标报价的参考依据。

2. 材料费

（1）材料费

$$材料费 = \sum(材料消耗量 \times 材料单价) \tag{2-4}$$

$$材料单价 = [(材料原价＋运杂费) \times (1＋运输损耗率(\%))] \times$$
$$[1＋采购保管费率(\%)] \tag{2-5}$$

（2）工程设备费

$$工程设备费 = \sum(工程设备量 \times 工程设备单价) \tag{2-6}$$

$$工程设备单价 = (设备原价＋运杂费) \times [1＋采购保管费率(\%)] \tag{2-7}$$

3. 施工机具使用费

（1）施工机械使用费

$$施工机械使用费 = \sum(施工机械台班消耗量 \times 机械台班单价) \tag{2-8}$$

$$机械台班单价 = 台班折旧费＋台班大修费＋台班经常修理费＋$$
$$台班安拆费及场外运费＋台班人工费＋台班燃料动力费＋台班车船税费$$
$$\tag{2-9}$$

1）折旧费计算公式为：

$$台班折旧费 = \frac{机械预算价格 \times (1－残值率)}{耐用总台班数} \tag{2-10}$$

$$耐用总台班数 = 折旧年限 \times 年工作台班 \tag{2-11}$$

2) 大修理费计算公式如下：

$$台班大修理费=\frac{一次大修理费\times 大修次数}{耐用总台班数} \tag{2-12}$$

注：工程造价管理机构在确定计价定额中的施工机械使用费时，应根据《建筑施工机械台班费用计算规则》结合市场调查编制施工机械台班单价。施工企业可以参考工程造价管理机构发布的台班单价，自主确定施工机械使用费的报价，如租赁施工机械，公式为：

$$施工机械使用费=\sum(施工机械台班消耗量\times 机械台班租赁单价) \tag{2-13}$$

（2）仪器仪表使用费

$$仪器仪表使用费=工程使用的仪器仪表摊销费+维修费 \tag{2-14}$$

【例 2-1】 某施工机械预算价格为 100 万元，折旧年限为 10 年，年平均工作 225 个台班，残值率为 4%，则该机械台班折旧费为多少元？

【解】 根据计算规则：

$$台班折旧费=\frac{机械预算价格\times(1-残值率)}{耐用总台班数}$$
$$=100\times 10000\times(1-4\%)/(10\times 225)=426.67(元)$$

4. 企业管理费费率

（1）以分部分项工程费为计算基础

$$企业管理费费率(\%)=\frac{生产工人年平均管理费}{年有效施工天数\times 人工单价}\times 人工费占分部分项工程费比例(\%) \tag{2-15}$$

（2）以人工费和机械费合计为计算基础

$$企业管理费费率(\%)=\frac{生产工人年平均管理费}{年有效施工天数\times(人工单价+每一工日机械使用费)}\times 100\% \tag{2-16}$$

（3）以人工费为计算基础

$$企业管理费费率(\%)=\frac{生产工人年平均管理费}{年有效施工天数\times 人工单价}\times 100\% \tag{2-17}$$

注：上述公式适用于施工企业投标报价时自主确定管理费，是工程造价管理机构编制计价定额确定企业管理费的参考依据。

工程造价管理机构在确定计价定额中企业管理费时，应以定额人工费或（定额人工费+定额机械费）作为计算基数，其费率根据历年工程造价积累的资料，辅以调查数据确定，列入分部分项工程和措施项目中。

5. 利润

（1）施工企业根据企业自身需求并结合建筑市场实际自主确定，列入报价中。

（2）工程造价管理机构在确定计价定额中利润时，应以定额人工费或定额人工费与定额机械费之和作为计算基数，其费率根据历年工程造价积累的资料，并结合建筑市场实际确定，以单位（单项）工程测算，利润在税前建筑安装工程费的比重可按不低于 5% 且不高于 7% 的费率计算。利润应列入分部分项工程和措施项目中。

6. 规费

（1）社会保险费和住房公积金

社会保险费和住房公积金应以定额人工费为计算基础，根据工程所在地省、自治区、直辖市或行业建设主管部门规定费率计算。

社会保险费和住房公积金＝$\sum$（工程定额人工费×社会保险费率和住房公积金费率）

$$(2-18)$$

式中：社会保险费率和住房公积金费率可按每万元发承包价的生产工人人工费、管理人员工资含量与工程所在地规定的缴纳标准综合分析取定。

（2）工程排污费

工程排污费等其他应列而未列入的规费应按工程所在地环境保护等部门规定的标准缴纳，按实计取列入。

7. 税金

$$税金＝税前造价×综合税率（\%）　　(2-19)$$

综合税率：

（1）纳税地点在市区的企业

$$综合税率（\%）=\frac{1}{1-3\%-(3\%\times7\%)-(3\%\times3\%)-(3\%\times2\%)}=3.48\%$$

（2）纳税地点在县城、镇的企业

$$综合税率（\%）=\frac{1}{1-3\%-(3\%\times5\%)-(3\%\times3\%)-(3\%\times2\%)}=3.41\%$$

（3）纳税地点不在市区、县城、镇的企业

$$综合税率（\%）=\frac{1}{1-3\%-(3\%\times1\%)-(3\%\times3\%)-(3\%\times2\%)}=3.28\%$$

（4）实行营业税改增值税的，按纳税地点现行税率计算。

规费和税金的计价方法见表 2-1。

规费、税金项目计价表　　　　　　　表 2-1

工程名称：　　　　　　　　　　标段：

序号	项目名称	计算基础	计算基数	金　额（元）
1	规费	定额人工费		
1.1	社会保障费	定额人工费		
（1）	养老保险费	定额人工费		
（2）	失业保险费	定额人工费		
（3）	医疗保险费	定额人工费		
（4）	工伤保险费	定额人工费		
（5）	生育保险费	定额人工费		
1.2	住房公积金	定额人工费		
1.3	工程排污费	按工程所在地环境保护部门的收取标准，按实计入		
2	税金	分部分项工程费＋措施项目费＋其他项目费＋规费－按规定不计税的工程设备金额		
合计				

（二）建筑安装工程计价公式如下

1. 分部分项工程费

$$分部分项工程费＝\sum(分部分项工程量×综合单价) \tag{2-20}$$

式中：综合单价包括人工费、材料费、施工机具使用费、企业管理费和利润以及一定范围的风险费用（下同）。

2. 措施项目费

（1）国家计量规范规定应予计量的措施项目，其计算公式为：

$$措施项目费＝\sum(措施项目工程量×综合单价) \tag{2-21}$$

（2）国家计量规范规定不宜计量的措施项目计算方法如下：

1）安全文明施工费

$$安全文明施工费＝计算基数×安全文明施工费费率(\%) \tag{2-22}$$

计算基数应为定额基价（定额分部分项工程费＋定额中可以计量的措施项目费）、定额人工费或（定额人工费＋定额机械费），其费率由工程造价管理机构根据各专业工程的特点综合确定。

2）夜间施工增加费

$$夜间施工增加费＝计算基数×夜间施工增加费费率(\%) \tag{2-23}$$

3）二次搬运费

$$二次搬运费＝计算基数×二次搬运费费率(\%) \tag{2-24}$$

4）冬雨期施工增加费

$$冬雨期施工增加费＝计算基数×冬雨期施工增加费费率(\%) \tag{2-25}$$

5）已完工程及设备保护费

$$已完工程及设备保护费＝计算基数×已完工程及设备保护费费率(\%) \tag{2-26}$$

上述 2）～5）项措施项目的计费基数应为定额人工费或（定额人工费＋定额机械费），其费率由工程造价管理机构根据各专业工程特点和调查资料综合分析后确定。

3. 其他项目费

（1）暂列金额由建设单位根据工程特点，按有关计价规定估算。施工过程中由建设单位掌握使用、扣除合同价款调整后如有余额，归建设单位。

（2）计日工由建设单位和施工企业按施工过程中的签证计价。

（3）总承包服务费由建设单位在招标控制价中根据总包服务范围和有关计价规定编制，施工企业投标时自主报价，施工过程中按签约合同价执行。

4. 规费和税金

建设单位和施工企业均应按照省、自治区、直辖市或行业建设主管部门发布的标准计算规费和税金，不得作为竞争性费用。

四、建筑安装工程计价程序

建设单位工程招标控制价计价程序见表 2-2，施工企业工程投标报价计价程序见表 2-3，竣工结算计价程序见表 2-4。

建设单位工程招标控制价计价程序　　　　　　　　　　　表 2-2

工程名称：　　　　　　　　　　　　　标段：

序号	内　容	计算方法	金　额(元)
1	分部分项工程费	按计价规定计算	
1.1			
1.2			
1.3			
2	措施项目费	按计价规定计算	
2.1	其中：安全文明施工费	按规定标准计算	
3	其他项目费		
3.1	其中：暂列金额	按计价规定估算	
3.2	其中：专业工程暂估价	按计价规定估算	
3.3	其中：计日工	按计价规定估算	
3.4	其中：总承包服务费	按计价规定估算	
4	规费	按规定标准计算	
5	税金(扣除不列入计税范围的工程设备金额)	(1+2+3+4)×规定税率	

招标控制价合计＝1+2+3+4+5

施工企业工程投标报价计价程序　　　　　　　　　　　表 2-3

工程名称：　　　　　　　　　　　　　标段：

序号	内　容	计算方法	金　额(元)
1	分部分项工程费	自主报价	
1.1			
1.2			
1.3			
2	措施项目费	自主报价	
2.1	其中：安全文明施工费	按规定标准计算	
3	其他项目费		
3.1	其中：暂列金额	按招标文件提供金额计列	
3.2	其中：专业工程暂估价	按招标文件提供金额计列	
3.3	其中：计日工	自主报价	
3.4	其中：总承包服务费	自主报价	
4	规费	按规定标准计算	
5	税金(扣除不列入计税范围的工程设备金额)	(1+2+3+4)×规定税率	

投标报价合计＝1+2+3+4+5

竣工结算计价程序　　　　　　　　　　　　表 2-4

工程名称：　　　　　　　　　　标段：

序号	汇总内容	计算方法	金　额(元)
1	分部分项工程费	按合同约定计算	
1.1			
1.2			
1.3			
2	措施项目	按合同约定计算	
2.1	其中：安全文明施工费	按规定标准计算	
3	其他项目		
3.1	其中：专业工程结算价	按合同约定计算	
3.2	其中：计日工	按计日工签证计算	
3.3	其中：总承包服务费	按合同约定计算	
3.4	索赔与现场签证	按发承包双方确认数额计算	
4	规费	按规定标准计算	
5	税金(扣除不列入计税范围的工程设备金额)	(1+2+3+4)×规定税率	
竣工结算总价合计＝1+2+3+4+5			

【例 2-2】　某高层商业办公综合楼工程建筑面积为 90586m²。根据计算，建筑工程造价为 2300 元/m²，安装工程造价为 1200 元/m²，装饰装修工程造价为 1000 元/m²，其中定额人工费占分部分项工程造价的 15%。措施费以分部分项工程费为计费基础，其中安全文明施工费费率为 1.5%，其他措施费费率合计 1%。其他项目费合计 800 万，规费费率为 8%，税率 3.41%，计算招标控制价。

【解】　计算结果见表 2-5。

招标控制价计算表　　　　　　　　　　表 2-5

序号	内　容	计算方法	金　额(万元)
1	分部分项工程费	(1.1+1.2+1.3)	40763.7
1.1	建筑工程	90586×2300	20834.78
1.2	安装工程	90586×1200	10870.32
1.3	装饰装修工程	90586×1000	9058.6
2	措施项目费	分部分项工程费×2.5%	1019.0925
2.1	其中：安全文明施工费	分部分项工程费×1.5%	611.4555
3	其他项目费		800
4	规费	分部分项工程费×15%×8%	489.16
5	税金(扣除不列入计税范围的工程设备金额)	(1+2+3+4)×3.41%	1468.75
招标控制价合计＝(1+2+3+4+5)=44540.6(万元)			

五、国际工程项目建筑安装工程费用的构成

国际工程项目建筑安装工程费用的构成因承包项目范围的不同以及各承包公司的分类方法不一致，没有统一的模式，但基本构成如图 2-4 所示。

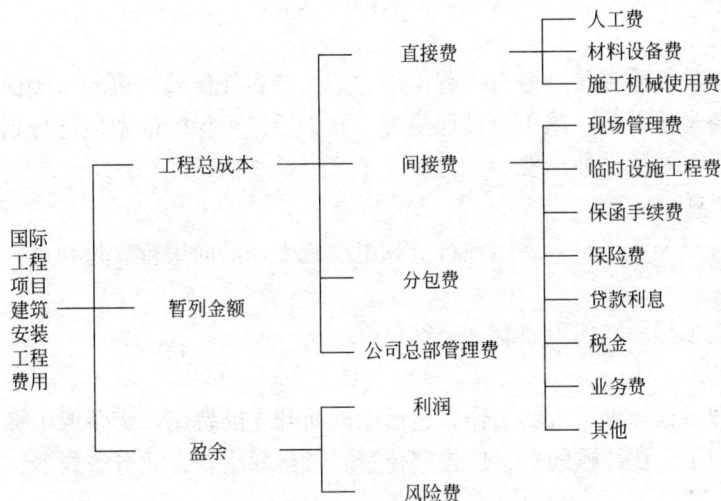

图 2-4　国际工程项目建筑安装工程费用构成

1. 直接费

直接费是指直接用于工程的人工费、材料设备费和施工机械使用费。

（1）人工费

指直接从事施工以及附属辅助性生产的工人工资，包括国内工人工资、外籍工人工资，但不包括管理人员、后勤服务工人工资。

（2）材料设备费

指用于永久工程的所有建筑材料、设备的费用。材料设备采购的途径不同，其费用构成也不同，但均应包括材料设备的购买价格以及从采购地到达工程现场过程中所发生的运输费、保管费等其他费用。

（3）施工机械使用费

指用于施工的各类机械、装备的使用费，包括机械的基本折旧费、安装拆卸费、维修费、机械保险费、燃料动力费以及驾驶操作人工费等。

2. 间接费

国际工程的间接费项目较多，但并无统一的规定，一般经常遇到的费用项目包括以下内容：

（1）现场管理费

指除了直接用于各分部分项工程施工所需的人工、材料设备和施工机械等开支之外的，为工程现场管理所需要的各项开支项目。一般包括：管理人员和后勤服务人员工资、办公费、差旅交通费、医疗费、劳动保护费、固定资产折旧、工具用具使用费、检验试验费、其他费用。

（2）临时设施工程费

临时设施工程费用包括生活用房、生产用房和室外工程等临时房屋的建设费（或房租)、水、电、暖、卫及通信设施费等。

（3）保函手续费

国际工程招投标及实施过程中涉及投标保函、履约保函、预付款保函、维修保函，银行为承包商出具以上保函时，都要收取一定的手续费。

（4）保险费

国际工程中的保险项目一般有工程保险、第三者责任保险、机动车辆保险、人身意外保险、材料设备运输保险、施工机械保险等，其中后三项保险的费用已分别计入直接费中的人工、材料设备和机械使用费。

（5）贷款利息

承包商本身资金不足时，要用银行贷款组织施工，需向银行支付利息。

（6）税金

承包商应按工程所在国税收制度交纳税额。

（7）业务费

包括为监理工程师创造现场工作、生活条件而开支的费用，为争取中标或加快收取工程款的代理人佣金、法律顾问费、广告宣传费、考察联络费、业务资料费、咨询费等。

3. 分包费

分包商的报价加总包管理费。

4. 公司总部管理费

也叫公司管理费或上级管理费，是公司为承包工程提供服务而收取的一项费用。公司总部管理费包括总部人员工资、行政管理费用、办公室的租金、邮政通信费用、电费、暖气费、修理费、车辆使用费、办公用品费、财务费用等。

5. 暂列金额

暂列金额是指包括在合同中，供工程任何部分的施工，或提供货物、材料、设备或服务，或提供不可预料事件之费用的一项金额。暂列金额是业主方的备用金。这是由业主的咨询工程师事先确定并填入招标文件中的金额。

6. 盈余

盈余包括利润和风险费。利润对于业主来说是允许的利润，对投标者而言则是计划利润。风险费也称不可预见费，或称意外费。承包商承受来自气候、通货膨胀、合同条件、币值波动等的风险，为防范风险所需要的各项费用以及补偿费用计入标价中。

第三节　设备、工器具购置费用的组成与计算

设备、工器具购置费用是由设备购置费用和工具、器具及生产家具购置费用组成。在工业建设工程中，设备、工器具费用与资本的有机构成相联系，设备、工器具费用占投资费用的比例大小，意味着生产技术的进步和资本有机构成的程度。

一、设备购置费的组成与计算

设备购置费是指为建设工程购置或自制的达到固定资产标准的设备、工具、器具的费用。所谓固定资产标准，是指使用年限在一年以上，单位价值在国家或各主管部门规定的限额以上。例如，1992年财政部规定，大、中、小型工业企业固定资产的限额标准分别

为2000元、1500元和1000元以上。新建项目和扩建项目的新建车间购置或自制的全部设备、工具、器具，不论是否达到固定资产标准，均计入设备、工器具购置费中。设备购置费包括设备原价和设备运杂费，即：

设备购置费＝设备原价或进口设备抵岸价＋设备运杂费

上式中，设备原价系指国产标准设备、非标准设备的原价。设备运杂费系指设备原价中未包括的包装和包装材料费、运输费、装卸费、采购费及仓库保管费、供销部门手续费等。如果设备是由设备成套公司供应的，成套公司的服务费也应计入设备运杂费之中。

（一）国产标准设备原价

国产标准设备是指按照主管部门颁布的标准图纸和技术要求，由设备生产厂批量生产的，符合国家质量检验标准的设备。国产标准设备原价一般指的是设备制造厂的交货价，即出厂价。如设备系由设备成套公司供应，则以订货合同价为设备原价。有的设备有两种出厂价，即带有备件的出厂价和不带有备件的出厂价。在计算设备原价时，一般按带有备件的出厂价计算。

（二）国产非标准设备原价

非标准设备是指国家尚无定型标准，各设备生产厂不可能在工艺过程中采用批量生产，只能按一次订货，并根据具体的设备图纸制造的设备。非标准设备原价有多种不同的计算方法，如成本计算估价法、系列设备插入估价法、分部组合估价法、定额估价法等。但无论哪种方法都应该使非标准设备计价的准确度接近实际出厂价，并且计算方法要简便。

（三）进口设备抵岸价的构成及其计算

进口设备抵岸价是指抵达买方边境港口或边境车站，且交完关税以后的价格。

1. 进口设备的交货方式

进口设备的交货方式可分为内陆交货类、目的地交货类、装运港交货类。

内陆交货类即卖方在出口国内陆的某个地点完成交货任务。在交货地点，卖方及时提交合同规定的货物和有关凭证，并承担交货前的一切费用和风险；买方按时接受货物，交付货款，承担接货后的一切费用和风险，并自行办理出口手续和装运出口。货物的所有权也在交货后由卖方转移给买方。

目的地交货类即卖方要在进口国的港口或内地交货，包括目的港船上交货价，目的港船边交货价（FOS）和目的港码头交货价（关税已付）及完税后交货价（进口国目的地的指定地点）。它们的特点是：买卖双方承担的责任、费用和风险是以目的地约定交货点为分界线，只有当卖方在交货点将货物置于买方控制下方算交货，方能向买方收取货款。这类交货价对卖方来说承担的风险较大，在国际贸易中卖方一般不愿意采用这类交货方式。

装运港交货类即卖方在出口国装运港完成交货任务。主要有装运港船上交货价（FOB），习惯称为离岸价；运费在内价（CFR）；运费、保险费在内价（CIF），习惯称为到岸价。它们的特点主要是：卖方按照约定的时间在装运港交货，只要卖方把合同规定的货物装船后提供货运单据便完成交货任务，并可凭单据收回货款。

采用装运港船上交货价（FOB）时卖方的责任是：负责在合同规定的装运港口和规定的期限内，将货物装上买方指定的船只，并及时通知买方；负责货物装船前的一切费用和风险；负责办理出口手续；提供出口国政府或有关方面签发的证件；负责提供有关装运单据。买方的责任是：负责租船或订舱，支付运费，并将船期、船名通知卖方；承担货物装船后的一切费用和风险；负责办理保险及支付保险费，办理在目的港的进口和收货手续；接受卖方提供的有关装运单据，并按合同规定支付货款。

2. 进口设备抵岸价的构成

进口设备如果采用装运港船上交货价(FOB)，其抵岸价构成可概括为：

进口设备抵岸价＝货价＋国外运费＋国外运输保险费＋银行财务费＋外贸手续费
　　　　　　＋进口关税＋增值税＋消费税　　　　　　　　　　　　　　　(2-27)

(1) 进口设备的货价，一般可采用下列公式计算：

$$货价＝离岸价(FOB 价)×人民币外汇牌价 \tag{2-28}$$

(2) 国外运费：我国进口设备大部分采用海洋运输方式，小部分采用铁路运输方式，个别采用航空运输方式。

$$国外运费＝离岸价×运费率 \tag{2-29}$$

或：

$$国外运费＝运量×单位运价 \tag{2-30}$$

式中，运费率或单位运价参照有关部门或进出口公司的规定。计算进口设备抵岸价时，再将国外运费换算为人民币。

(3) 国外运输保险费：对外贸易货物运输保险是由保险人(保险公司)与被保险人(出口人或进口人)订立保险契约，在被保险人交付议定的保险费后，保险人根据保险契约的规定对货物在运输过程中发生的承保责任范围内的损失给予经济上的补偿。计算公式为：

$$国外运输保险费＝\frac{(离岸价＋国际运费)}{1－国外保险费率}×国外保险费率 \tag{2-31}$$

计算进口设备抵岸价时，再将国外运输保险费换算为人民币。

(4) 银行财务费，一般指银行手续费，计算公式为：

$$银行财务费＝离岸价×人民币外汇牌价×银行财务费率 \tag{2-32}$$

银行财务费率一般为 $0.4\%\sim0.5\%$。

(5) 外贸手续费：是指按外经贸部规定的外贸手续费率计取的费用，外贸手续费率一般取 1.5%。计算公式为：

$$外贸手续费＝进口设备到岸价×人民币外汇牌价×外贸手续费率 \tag{2-33}$$

$$进口设备到岸价(CIF)＝离岸价(FOB)＋国外运费＋国外运输保险费 \tag{2-34}$$

(6) 进口关税：关税是由海关对进出国境的货物和物品征收的一种税，属于流转性课税。计算公式为：

$$进口关税＝到岸价×人民币外汇牌价×进口关税率 \tag{2-35}$$

(7) 增值税：增值税是我国政府对从事进口贸易的单位和个人，在进口商品报关进口后征收的税种。我国增值税条例规定，进口应税产品均按组成计税价格，依税率直接计算应纳税额，不扣除任何项目的金额或已纳税额。即：

$$进口产品增值税额＝组成计税价格×增值税率 \tag{2-36}$$

$$组成计税价格＝到岸价×人民币外汇牌价＋进口关税＋消费税 \tag{2-37}$$

增值税基本税率为 17%。

(8) 消费税：对部分进口产品(如轿车等)征收。计算公式为：

$$消费税 = \frac{到岸价 \times 人民币外汇牌价 + 关税}{1 - 消费税率} \times 消费税率 \qquad (2-38)$$

（四）设备运杂费

1. 设备运杂费的构成

设备运杂费通常由下列各项构成：

（1）国产标准设备由设备制造厂交货地点起至工地仓库（或施工组织设计指定的需要安装设备的堆放地点）止所发生的运费和装卸费。

进口设备则由我国到岸港口、边境车站起至工地仓库（或施工组织设计指定的需要安装设备的堆放地点）止所发生的运费和装卸费。

（2）在设备出厂价格中没有包含的设备包装和包装材料器具费；在设备出厂价或进口设备价格中如已包括了此项费用，则不应重复计算。

（3）供销部门的手续费，按有关部门规定的统一费率计算。

（4）建设单位（或工程承包公司）的采购与仓库保管费。它是指采购、验收、保管和收发设备所发生的各种费用，包括设备采购、保管和管理人员工资、工资附加费、办公费、差旅交通费、设备供应部门办公和仓库所占固定资产使用费、工具用具使用费、劳动保护费、检验试验费等。这些费用可按主管部门规定的采购保管费率计算。

2. 设备运杂费的计算

设备运杂费按设备原价乘以设备运杂费率计算。其计算公式为：

$$设备运杂费 = 设备原价 \times 设备运杂费率 \qquad (2-39)$$

其中，设备运杂费率按各部门及省、市等的规定计取。

一般来讲，沿海和交通便利的地区，设备运杂费率相对低一些；内地和交通不很便利的地区就要相对高一些，边远省份则要更高一些。对于非标准设备来讲，应尽量就近委托设备制造厂，以大幅度降低设备运杂费。进口设备由于原价较高，国内运距较短，因而运杂费比率应适当降低。

【例 2-3】　某公司拟从国外进口一套机电设备，重量 1500t，装运港船上交货价，即离岸价（FOB 价）为 400 万美元。其他有关费用参数为：国际运费标准为 360 美元/t，海上运输保险费率为 0.266%，中国银行手续费率为 0.5%，外贸手续费率为 1.5%，关税税率为 22%，增值税的税率为 17%，美元的银行外汇牌价为 1 美元＝6.1 元人民币，设备的国内运杂费率为 2.5%。估算该设备购置费。

【解】　根据上述各项费用的计算公式。则有：

进口设备货价＝400×6.1＝2440（万元）；

国际运费＝360×1500×6.1＝329.4（万元）；

国外运输保险费＝［（2440+329.4）/（1－0.266%）］×0.266%＝7.386（万元）；

进口关税＝（2440+329.4+7.386）×22%＝610.89（万元）；

增值税＝（2440+329.4+7.386+610.89）×17%＝575.9（万元）；

银行财务费＝2440×0.5%＝12.2（万元）；

外贸手续费＝（2440+329.4+7.386）×1.5%＝41.65（万元）；

国内运杂费＝2440×2.5%＝61（万元）；

设备购置费＝2440+329.4+7.386+610.89+575.9+12.2+41.65+61＝4078.4（万元）。

二、工具、器具及生产家具购置费的组成与计算

工器具及生产家具购置费是指新建项目或扩建项目初步设计规定所必须购置的不够固定资产标准的设备、仪器、工卡模具、器具、生产家具和备品备件的费用。其一般计算公式为：

$$工器具及生产家具购置费＝设备购置费×定额费率 \qquad (2-40)$$

第四节　工程建设其他费用、预备费、建设期利息、铺底流动资金的组成与计算

一、工程建设其他费用

工程建设其他费用是指从工程筹建到工程竣工验收交付使用止的整个建设期间，除建筑安装工程费用和设备、工器具购置费以外的，为保证工程建设顺利完成和交付使用后能够正常发挥效用而发生的一些费用。

工程建设其他费用，按其内容大体可分为三类：第一类为土地使用费，由于工程项目固定于一定地点与地面相连接，必须占用一定量的土地，也就必然要发生为获得建设用地而支付的费用；第二类是与项目建设有关的费用；第三类是与未来企业生产和经营活动有关的费用。

（一）土地使用费

1. 农用土地征用费

农用土地征用费由土地补偿费、安置补助费、土地投资补偿费、土地管理费、耕地占用税等组成，并按被征用土地的原用途给予补偿。

征用耕地的补偿费用包括土地补偿费、安置补助费以及地上附着物和青苗的补偿费。

（1）征用耕地的土地补偿费，为该耕地被征用前三年平均年产值的 6～10 倍。

（2）征用耕地的安置补助费，按照需要安置的农业人口数计算。需要安置的农业人口数，按照被征用的耕地数量除以征地前被征用单位平均每人占有耕地的数量计算。每一个需要安置的农业人口的安置补助费标准，为该耕地被征用前三年平均年产值的 4～6 倍。但是，每公顷被征用耕地的安置补助费，最高不得超过被征用前三年平均年产值的 15 倍。

征用其他土地的土地补偿费和安置补助费标准，由省、自治区、直辖市参照征用耕地的土地补偿费和安置补助费的标准规定。

（3）征用土地上的附着物和青苗的补偿标准，由省、自治区、直辖市规定。

（4）征用城市郊区的菜地，用地单位应当按照国家有关规定缴纳新菜地开发建设基金。

【例 2-4】　某企业为了某一工程建设项目，需要征用耕地 100 亩，被征用前第一年平均每亩产值 1200 元，征用前第二年平均每亩产值 1100 元，征用前第三年平均每亩产值 1000 元，该单位人均耕地 2.5 亩，地上附着物共有树木 3000 棵，按照 20 元/棵补偿，青苗补偿按照 100 元/亩计取，现试对该土地费用进行估价。

【解】　该耕地征用前三年的平均每亩产值为(1200＋1100＋1000)/3＝1100(元)；

根据国家有关规定，取被征用前三年产值的 8 倍计算土地补偿费，则有：

土地补偿费＝1100×100×8＝88(万元)；

取该耕地被征用前三年平均产值的 5 倍计算安置补助费，则：

需要安置的农业人口＝100/2.5＝40(人)；

安置补助费＝1100×5×40＝22(万元)；

地上附着物补偿费＝3000×20＝6(万元)；

青苗补偿费＝100×100＝1(万元)；

土地费用共计：88＋22＋6＋1＝117(万元)。

2. 取得国有土地使用费

取得国有土地使用费包括：土地使用权出让金、城市建设配套费、拆迁补偿与临时安置补助费等。

(1) 土地使用权出让金：是指建设工程通过土地使用权出让方式，取得有限期的土地使用权，依照《中华人民共和国城镇国有土地使用权出让和转让暂行条例》规定，支付的土地使用权出让金。

(2) 城市建设配套费：是指因进行城市公共设施的建设而分摊的费用。

(3) 拆迁补偿与临时安置补助费：此项费用由两部分构成，即拆迁补偿费和临时安置补助费或搬迁补助费。拆迁补偿费是指拆迁人对被拆迁人，按照有关规定予以补偿所需的费用。拆迁补偿的形式可分为产权调换和货币补偿两种形式。产权调换的面积按照所拆迁房屋的建筑面积计算；货币补偿的金额按被拆房屋的结构和折旧程度划档，按平方米单价计算。在过渡期内，被拆迁人或者房屋承租人自行安排住处的，拆迁人应当支付临时安置补助费。

【例 2-5】　某建设单位准备以有偿的方式取得某城区一宗土地的使用权，该宗土地占地面积 15000m²，土地使用权出让金标准为 4000 元/m²，该地区拆迁补偿单价为 1200 元/m²。根据调查，目前该区域尚有平房住户 60 户，建筑面积总计 3500m²，试对该土地费用进行估价。

【解】　土地使用权出让金＝4000×15000＝6000(万元)；

拆迁补偿费用＝1200×3500＝420(万元)；

该土地费用＝6000＋420＝6420(万元)。

(二) 与项目建设有关的其他费用

1. 建设单位管理费

建设单位管理费是指建设工程从立项、筹建、建设、联合试运转、竣工验收交付使用及后评估等全过程管理所需的费用。内容包括：

(1) 建设单位开办费：是指新建项目为保证筹建和建设工作正常进行所需办公设备、生活家具、用具、交通工具等购置费用。

(2) 建设单位经费：包括工作人员的基本工资、工资性津贴、职工福利费、劳动保护费、劳动保险费、办公费、差旅交通费、工会经费、职工教育经费、固定资产使用费、工具用具使用费、技术图书资料费、生产人员招募费、工程招标费、合同契约公证费、工程质量监督检测费、工程咨询费、法律顾问费、审计费、业务招待费、排污费、竣工交付使用清理及竣工验收费、后评估等费用。不包括应计入设备、材料预算价格的建设单位采购及保管设备材料所需的费用。计算公式为：

$$建设单位管理费＝工程费用×建设单位管理费指标 \tag{2-41}$$

工程费用是指建筑安装工程费用和设备及工、器具购置费用之和。

2. 可行性研究费

可行性研究费是指在工程项目投资决策阶段，依据调研报告对有关建设方案、技术方案或生产经营方案进行的技术经济论证，以及编制、评审可行性研究报告所需的费用。此项费用应依据前期研究委托合同计列，或参照《国家计委关于印发＜建设项目前期工作咨询收费暂行规定＞的通知》规定计算。

3. 研究试验费

研究试验费是指为建设工程提供或验证设计参数、数据资料等进行必要的研究试验以及设计规定在施工中进行的试验、验证所需费用，包括自行或委托其他部门研究试验所需人工费、材料费、试验设备及仪器使用费，支付的科技成果、先进技术的一次性技术转让费。按照设计单位根据本工程项目的需要提出的研究试验内容和要求计算。

4. 勘察设计费

勘察设计费是指为建设工程提供项目建议书、可行性研究报告及设计文件等所需费用。内容包括：

（1）编制项目建议书、可行性研究报告及投资估算、工程咨询、评价以及为编制上述文件所进行勘察、设计、研究试验等所需费用。

（2）委托勘察、设计单位进行初步设计、施工图设计及概预算编制等所需费用。

（3）在规定范围内由建设单位自行完成的勘察、设计工作所需费用。

勘察设计费应按照国家计委颁发的工程勘察设计收费标准计算。

5. 环境影响评价费

环境影响评价费是指按照《中华人民共和国环境保护法》、《中华人民共和国环境影响评价法》等规定，在工程项目投资决策过程中，为全面、详细评价本建设项目对环境可能产生的污染或造成的重大影响所需的费用。包括编制环境影响报告书(含大纲)、环境影响报告表以及对环境影响报告书(含大纲)、环境影响报告表进行评估等所需的费用。此项费用可参照《关于规范环境影响咨询收费有关问题的通知》规定计算。

6. 劳动安全卫生评价费

劳动安全卫生评价费是指按照劳动部《建设项目(工程)劳动安全卫生监察规定》和《建设项目(工程)劳动安全卫生预评价管理办法》的规定，为预测和分析建设项目存在的职业危险、危害因素的种类和危险危害程度，并提出先进、科学、合理可行的劳动安全卫生技术和管理对策所需的费用。包括编制建设项目劳动安全卫生预评价大纲和劳动安全卫生预评价报告书以及为编制上述文件所进行的工程分析和环境现状调查等所需费用。必须进行劳动安全卫生预评价的项目包括：

（1）属于《国家计划委员会、国家基本建设委员会、财政部关于基本建设项目和大中型划分标准的规定》中规定的大中型建设项目。

（2）属于《建筑设计防火规范》GB 50016—2006 中规定的火灾危险性生产类别为甲类的建设项目。

（3）属于劳动部颁布的《爆炸危险场所安全规定》中规定的爆炸危险场所等级为特别危险场所和高度危险场所的建设项目。

（4）大量生产或使用《职业性接触毒物危害程度分级》GBZ 230—2010 规定的Ⅰ级、Ⅱ级危害程度的职业性接触毒物的建设项目。

（5）大量生产或使用石棉粉料或含有 10％以上的游离二氧化硅粉料的建设项目。

（6）其他由劳动行政部门确认的危险、危害因素大的建设项目。

劳动安全卫生评价费依据劳动安全卫生预评价委托合同计列，或按照建设项目所在省、自治区、直辖市劳动行政部门规定的标准计算。

7. 临时设施费

临时设施费是指建设期间建设单位所需临时设施的搭设、维修、摊销费用或租赁费用。

临时设施包括：临时宿舍、文化福利及公用事业房屋与构筑物、仓库、办公室、加工厂以及规定范围内道路、水、电、管线等临时设施和小型临时设施。计算公式为：

$$临时设施费＝建筑安装工程费×临时设施费标准 \qquad (2\text{-}42)$$

8. 建设工程监理费

建设工程监理费是指委托工程监理单位对工程实施监理工作所需费用。建设工程监理与相关服务收费根据建设项目性质不同情况，分别实行政府指导价或市场调节价。依法必须实行监理的建设工程施工阶段的监理收费实行政府指导价；其他建设工程施工阶段的监理收费和其他阶段的监理与相关服务收费实行市场调节价。

9. 工程保险费

工程保险费是指建设工程在建设期间根据需要，实施工程保险部分所需费用。包括以各种建筑工程及其在施工过程中的物料、机器设备为保险标的的建筑工程一切险，以安装工程中的各种机器、设备为保险标的的安装工程一切险，以及机器损坏保险等。根据不同的工程类别，分别以其建筑安装工程费乘以建筑、安装工程保险费率计算。

10. 引进技术和进口设备其他费

引进技术及进口设备其他费用，包括出国人员费用、国外工程技术人员来华费用、技术引进费、分期或延期付款利息、担保费以及进口设备检验鉴定费。

（1）出国人员费用：指为引进技术和进口设备派出人员到国外培训和进行设计联络，设备检验等的差旅费、制装费、生活费等。这项费用根据设计规定的出国培训和工作的人数、时间及派往国家，按财政部、外交部规定的临时出国人员费用开支标准及中国民用航空公司现行国际航线票价等进行计算，其中使用外汇部分应计算银行财务费用。

（2）国外工程技术人员来华费用：指为安装进口设备，引进国外技术等聘用外国工程技术人员进行技术指导工作所发生的费用。包括技术服务费、外国技术人员的在华工资、生活补贴、差旅费、医药费、住宿费、交通费、宴请费、参观游览等招待费用。这项费用按每人每月费用指标计算。

（3）技术引进费：指为引进国外先进技术而支付的费用。包括专利费、专有技术费(技术保密费)、国外设计及技术资料费、计算机软件费等。这项费用根据合同或协议的价格计算。

（4）分期或延期付款利息：指利用出口信贷引进技术或进口设备采取分期或延期付款的办法所支付的利息。

（5）担保费：指国内金融机构为买方出具保函的担保费。这项费用按有关金融机构规定的担保率计算（一般可按承保金的 5‰计算）。

（6）进口设备检验鉴定费用：指进口设备按规定付给商品检验部门的进口设备检验鉴定费。这项费用按进口设备货价的 3‰～5‰计算。

11. 特殊设备安全监督检验费

特殊设备安全监督检验费是指安全监察部门对在施工现场组装的锅炉及压力容器、压力管道、消防设备、燃气设备、电梯等特殊设备和设施实施安全检验收取的费用。此项费用按照建设项目所在省（市、自治区）安全监察部门的规定标准计算。无具体规定的，在编制投资估算和概算时可按受检设备现场安装费的比例估算。

12. 市政公用设施费

市政公用设施费是指使用市政公用设施的工程项目，按照项目所在地省级人民政府有关规定缴纳的市政公用设施建设配套费用，以及绿化工程补偿费用。此项费用按工程所在地人民政府规定标准计列。

（三）与未来企业生产经营有关的其他费用

1. 联合试运转费

联合试运转费是指新建企业或新增加生产工艺过程的扩建企业在竣工验收前，按照设计规定的工程质量标准，进行整个车间的负荷试运转发生的费用支出大于试运转收入的亏损部分。费用内容包括：试转运所需的原料、燃料、油料和动力的费用，机械使用费用，低值易耗品及其他物品的购置费用和施工单位参加联合试运转人员的工资等。试运转收入包括试运转产品销售和其他收入。不包括应由设备安装工程费开支的单台设备调试费及无负荷联动试运转费用。以"单项工程费用"总和为基础，按照工程项目的不同规模分别规定的试运转费率计算或以试运转费的总金额包干使用。

2. 生产准备费

生产准备费是指新建企业或新增生产能力的企业，为保证竣工交付使用进行必要的生产准备所发生的费用。费用内容包括：

（1）生产职工培训费。自行培训、委托其他单位培训人员的工资、工资性补贴、职工福利费、差旅交通费、学习资料费、学费、劳动保护费。

（2）生产单位提前进厂参加施工、设备安装、调试等以及熟悉工艺流程及设备性能等人员的工资、工资性补贴、职工福利费、差旅交通费、劳动保护费等。

应该指出，生产准备费在实际执行中是一笔在时间上、人数上、培训深度上很难划分的活口很大的支出，尤其要严格掌握。

3. 办公和生活家具购置费

办公和生活家具购置费是指为保证新建、改建、扩建项目初期正常生产、使用和管理所必需购置的办公和生活家具、用具的费用。改、扩建项目所需的办公和生活用具购置费，应低于新建项目。其范围包括办公室、会议室、资料档案室、阅览室、文娱室、食堂、浴室、理发室和单身宿舍等。这项费用按照设计定员人数乘以综合指标计算。

二、预备费

按我国现行规定，包括基本预备费和涨价预备费。

1. 基本预备费

基本预备费是指在项目实施中可能发生难以预料的支出，需要预先预留的费用，又称不可预见费。主要指设计变更及施工过程中可能增加工程量的费用。计算公式为：

$$基本预备费＝（设备及工器具购置费＋建筑安装工程费＋工程建设其他费）×基本预备费率$$

（2-43）

2. 涨价预备费

涨价预备费是指建设工程在建设期内由于价格等变化引起投资增加，需要事先预留的费用。涨价预备费以建筑安装工程费、设备及工器具购置费之和为计算基数。计算公式为：

$$PC = \sum_{t=1}^{n} I_t \left[(1+f)^t - 1 \right] \tag{2-44}$$

式中　PC——涨价预备费；

I_t——第 t 年的建筑安装工程费、设备及工器具购置费之和；

n——建设期；

f——建设期价格上涨指数。

三、建设期利息

建设期利息是指项目借款在建设期内发生并计入固定资产的利息。为了简化计算，在编制投资估算时通常假定借款均在每年的年中支用，借款第一年按半年计息，其余各年份按全年计息。计算公式为：

各年应计利息＝（年初借款本息累计＋本年借款额/2）×年利率　　　(2-45)

【例 2-6】　某新建项目，建设期为 3 年，共向银行贷款 1300 万元，贷款时间为：第一年 300 万元，第二年 600 万元，第三年 400 万元。年利率为 6%，计算建设期利息。

【解】　在建设期，各年利息计算如下：

第 1 年应计利息 $= \frac{1}{2} \times 300 \times 6\% = 9$（万元）；

第 2 年应计利息 $= \left(300 + 9 + \frac{1}{2} \times 600 \right) \times 6\% = 36.54$（万元）；

第 3 年应计利息 $= \left(300 + 9 + 600 + 36.54 + \frac{1}{2} \times 400 \right) \times 6\% = 68.73$（万元）；

建设期利息总和为 114.27 万元。

四、铺底流动资金

铺底流动资金是指生产性建设工程为保证生产和经营正常进行，按规定应列入建设工程总投资的铺底流动资金。一般按流动资金的 30% 计算。

【例 2-7】　某建设工程在建设期初的建安工程费和设备工器具购置费为 45000 万元。按本项目实施进度计划，项目建设期为 3 年，投资分年使用比例为：第一年 25%，第二年 55%，第三年 20%，建设期内预计年平均价格总水平上涨率为 5%。建设期贷款利息为 1395 万元，建设工程其他费用为 3860 万元，基本预备费率为 10%。试估算该项目的建设投资。

【解】　（1）计算项目的涨价预备费

第一年末的涨价预备费 $= 45000 \times 25\% \times [(1+0.05)^1 - 1] = 562.5$（万元）；

第二年末的涨价预备费 $= 45000 \times 55\% \times [(1+0.05)^2 - 1] = 2536.88$（万元）；

第三年末的涨价预备费 $= 45000 \times 20\% \times [(1+0.05)^3 - 1] = 1418.63$（万元）；

该项目建设期的涨价预备费 $= 562.5 + 2536.88 + 1418.63 = 4518.01$（万元）。

（2）计算项目的建设投资

建设投资＝静态投资＋建设期贷款利息＋涨价预备费

=(45000+3860)×(1+10%)+1395+4518.01=59659.01(万元)

思　考　题

1. 简述我国现行建设工程投资构成。
2. 简述设备、工器具购置费用的构成。
3. 简述建筑安装工程费用的构成。
4. 简述工程建设其他费用的构成。

第三章　建设工程设计阶段的投资控制

第一节　资金时间价值

一、现金流量

1. 现金流量的概念

经济评价中，将所评价的对象（如一个资金使用方案）视为一个独立的经济系统。站在经济系统的角度考察，某一时点 t 流入经济系统的资金称为现金流入，记为 CI_t，流出经济系统的资金称为现金流出，记为 CO_t，同一时点上的现金流入与现金流出之差称之为净现金流量，记为 NCF（Net Cash Flow）或 $(CI-CO)_t$。现金流入量、现金流出量、净现金流量统称为现金流量。

2. 现金流量图

现金流量图是一种反映经济系统资金运动状态的图式，运用现金流量图可以形象、直观地表示现金流量的三要素：大小（资金数额）、方向（资金流入或流出）和作用点（资金流入或流出的时间点），如图 3-1 所示。

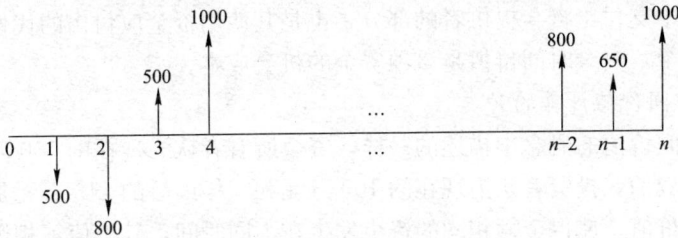

图 3-1　现金流量图

现金流量图的绘制规则如下：

（1）横轴为时间轴，0 表示时间序列的起点，n 表示时间序列的终点。轴上每一相等的时间间隔表示一个时间单位（计息周期），一般可取年、半年、季或月等。整个横轴表示的是所考察的经济系统的寿命周期。

（2）与横轴相连的垂直箭线代表不同时点的现金流入或现金流出。在横轴上方的箭线表示现金流入；在横轴下方的箭线表示现金流出。

（3）垂直箭线的长度要能适当体现各时点现金流量的大小，并在各箭线上方（或下方）注明其现金流量的数值。

（4）垂直箭线与时间轴的交点为现金流量发生的时点（作用点）。

绘制现金流量图时，"现金"不同于财务会计上的库存现金、货币资金、银行存款等概念，而是指实际流入或流出所考察经济系统的资金；现金流量发生的时间点也不是按照财务会计上的权责发生制确定，而是按照资金收付的时间点确定的。

3. 现金流量表

现金流量表也是表示经济系统现金流量的工具。表 3-1 即是与图 3-1 对应经济系统的现金流量表。现金流量表中，与时间 t 对应的现金流量表示现金流量发生在当期期末，如现金流量表 3-1 中第 1 期的净现金流量－500 表示第 1 期期末净现金流出 500。

现金流量表 表 3-1

时间 t	1	2	3	4	……	$n-2$	$n-1$	n
现金流入			500	1000	……	800	650	1000
现金流出	500	800						
净现金流量	－500	－800	500	1000		800	650	1000

二、资金时间价值的计算

(一) 资金时间价值的概念

将一笔资金存入银行会获得利息，进行投资可获得收益（也可能会发生亏损）。而向银行借贷，也需要收付利息。这反映出资金在运动中，其数量会随着时间的推移而变动，变动的这部分资金就是原有资金的时间价值。

例如：资金所有者将 100 万元存入银行，1 年以后可以收回本金和利息共计 106 万元；若将 100 万元进行投资，1 年以后可以收回本金和投资收益共计 115 万元。这里的 6 万元和 15 万元就是本金 100 万元的时间价值。

资金时间价值的本质是资金在运动过程中产生的增值。对于资金提供者而言，资金时间价值是暂时放弃资金使用权而获得的补偿；对于资金使用者而言，资金时间价值是使用资金获取的收益中支付给资金提供者的部分，也是其使用资金应付出的代价。如果资金使用者使用自有资金，资金时间价值是该项资金的机会成本。

(二) 资金时间价值计算的种类

正如资金时间价值的概念中描述的一样，资金所有者认为现在的 100 万元和 1 年以后的 106 万元是等效的，投资者认为现在的 100 万元和 1 年以后的 115 万元是等效的。

资金的时间价值，使得金额相同的资金发生在不同时间，其价值不相等；反之，不同时点数值不等的资金在时间价值的作用下却可能具有相等的价值。这些不同时期、不同数额但其"价值等效"的资金称为等值，又叫等效值。

任何技术方案的实施，都有一个时间上的延续过程，由于资金时间价值的存在，使不同时点上发生的现金流量无法直接进行比较。而是要通过两个方案资金时间价值计算（即等值计算）以后，再进行评价和比较。

资金时间价值的计算，基本种类有计算未来值和现在值两种，如资金时间价值概念中的例子，现在的 100 万元与 1 年以后的多少资金等效？又与 2 年以后的多少资金等效？即要计算现在 100 万元的终值（未来值）；反之，1 年以后可以收回本金和收益共计 115 万元，现在投入多少万元才是等效的？值得的？即要计算 115 万元的现值（现在值）。

从上面例子不难理解，影响资金等值的因素有三个：资金的多少、资金发生的时间、利率（或收益率、折现率，以下简称利率）的大小。其中，利率是一个关键因素，在等值计算中，一般是以同一利率为依据。

(三) 利息和利率

如果将一笔资金存入银行，存入银行的资金就叫作本金，经过了一段时间以后，从银行提出本金之外，资金所有者还能得到一些报酬，就称之为利息 I。一般地，利息是指占用资金所付出的代价。单位时间内利息与本金的比值就称为利率，一般以百分比表示。设 P 代表本金，I 代表利息，i 代表利率，则：

$$i=\frac{I}{P}\times100\% \tag{3-1}$$

即，利率是在一个计息周期内所应付出的利息额与本金之比，或是单位本金在单位时间内所支付的利息。

利息的计算分为单利法和复利法两种方式。

1. 单利法

单利法是每期的利息均按原始本金计算的计息方式，即不论计息期数为多少，只有本金计息，利息不计利息。单利法的计算公式为：

$$I=P\times n\times i \tag{3-2}$$

式中　n——计息期数。

n 个计息周期后的本利和为：

$$\begin{aligned} F&=P+I\\ &=P(1+i\times n) \end{aligned} \tag{3-3}$$

式中　F——本利和。

【例 3-1】　某公司存入银行 10 万元，年利率为 2.79%，共存五年，按单利计息，问存款到期后的利息和本利和各为多少？

【解】　已知 $P=10$ 万元，$i=2.79\%$，$n=5$

$$\begin{aligned} I&=P\times n\times i\\ &=10\times5\times2.79\%=1.395(万元)\\ F&=P+I\\ &=10+1.395=11.395(万元) \end{aligned}$$

2. 复利法

复利法是各期的利息分别按原始本金与累计利息之和计算的计息方式，即每期计算的利息计入下期的本金，下期将按本利和的总额计息。在按复利法计息的情况下，除本金计息外，利息也计利息。其计算原理如表 3-2 所示。

复利法计算原理　　　　　　　　　　　　　表 3-2

	期初本金	期内利息	期末终值(复本利和)
第 1 期	P	$P\times i$	$P+P\times i=P(1+i)$
第 2 期	$P(1+i)$	$P(1+i)i$	$P(1+i)+P(1+i)i=P(1+i)^2$
……	……	……	……
第 n 期	$P(1+i)^{n-1}$	$P(1+i)^{n-1}i$	$P(1+i)^n$

由表 3-2 可得复利法的计算公式为：

$$F=P(1+i)^n \tag{3-4}$$

$$I=P\left[(1+i)^n-1\right] \tag{3-5}$$

【例 3-2】　已知除按复利计算外，其他条件同例 3-1，问存款到期后的复本利和及利息各为多少？

【解】
$$F = P(1+i)^n$$
$$= 10 \times (1+2.79\%)^5 = 11.475 (万元)$$
$$I = F - P$$
$$= 11.475 - 10 = 1.475 (万元)$$

从上述两例中可以看出，同一笔存款，在 i、n 相同的情况下，复利计算出的利息比单利计算出的利息大。当存款本金越大、利率越高、计息期数越多，两者差距就越大。

（四）实际利率和名义利率

在复利法计算中，一般是采用年利率。若利率为年利率，实际计息周期也是以年计，这种年利率称为实际利率；若利率为年利率，而实际计息周期小于一年，如每月、每季或每半年计息一次，这种年利率就称为名义利率。例如，年利率为 3%，每月计息一次，此年利率就是名义利率，它相当于月利率为 2.5‰。又如季利率为 1%，则名义利率就为 4%（4×1%＝4%）。因此，名义利率可定义为周期利率乘以每年计息的周期数。

设名义利率为 r，在一年中计算利息 m 次，则每期的利率为 r/m，假定年初借款 P，则一年后的复本利和为：

$$F = P(1+r/m)^m \tag{3-6}$$

其中，利息为复本利和与本金之差，即：

$$I = F - P = P(1+r/m)^m - P \tag{3-7}$$

当名义利率为 r 时，实际利率可由下式求得：

$$i = \frac{I}{P} = \frac{P(1+r/m)^m - P}{P} = (1+r/m)^m - 1 \tag{3-8}$$

由式（3-8）可知，当 $m=1$ 时，实际利率 i 等于名义利率 r；当 m 大于 1 时，实际利率 i 将大于名义利率 r；而且 m 越大，二者相差也越大。

【例3-3】 某公司存入银行 10 万元，年利率为 2.79%，共存 5 年，按复利每半年计息一次，问存款到期后的利息和复本利和各为多少？

【解】 已知 $P=10$ 万元，$r=2.79\%$，$m=2$，$n=5$

按年实际利率计算，则：

$$i = (1+r/m)^m - 1 = (1+2.79\%/2)^2 - 1 = 2.81\%$$
$$F = P(1+i)^n = 10 \times (1+2.81\%)^5$$
$$= 11.486 (万元)$$

若按周期实际利率计算，则：

$$F = P(1+r/2)^{n \times m} = 10 \times (1+2.79\%/2)^{10}$$
$$= 11.486 (万元)$$

利息 $I = F - P = 11.486 - 10 = 1.486 (万元)$。

（五）资金时间价值计算的基础概念和符号

在考虑资金时间价值、分析研究资金运动以及进行等值计算时，需明确以下几个基础概念和采用的符号。

i——利率；

n——计息期数；

P——现值，即资金发生在（或折算为）某一时间序列起点时间的价值，或相对于将来值的任何较早时间的价值；

F——终值，即资金发生在(或折算为)某一时间序列终点时间的价值，或相对于现在值的任何以后时间的价值；

现值与终值之间的关系：

$$现值＋复利利息＝终值$$

$$终值－复利利息＝现值$$

A——等额年金，即发生在某一时间序列各计算期末(不包括零期)的等额资金的价值，也即 n 次等额支付系列中的一次支付。在图 3-2 中，除 0 点外，从 1～n 期末的资金流量都相等的 A 即为等额年金。

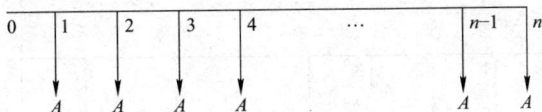

图 3-2　等额年金

(六)复利法资金时间价值计算的基本公式

根据资金的不同支付方式，资金时间价值计算的基本公式有：

1. 一次支付终值公式

如果有一项资金 P 按年利率 i 进行投资，即期初一次投入的现值为 P，n 期末能取出的复本利和 F 应为多少？也就是已知 P、n、i，求 F，计算公式为：

$$F＝P(1＋i)^n \tag{3-9}$$

式中　$(1＋i)^n$——终值系数，记为 $(F/P, i, n)$。

一次支付终值的现金流量如图 3-3 所示。

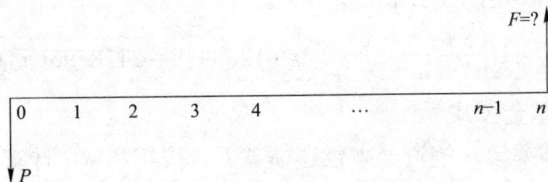

图 3-3　一次支付终值现金流量图

2. 一次支付现值公式

如果已知在将来某一时点 n 上投放资金 F，按年利率 i 折算至期初 0 时点，现值 P 应为多少？即已知 F、i、n，求 P。

由 $F＝P(1＋i)^n$ 变换成由终值求现值的公式：

$$P＝\frac{F}{(1＋i)^n}＝F(1＋i)^{-n} \tag{3-10}$$

式中　$(1＋i)^{-n}$——现值系数，记为 $(P/F, i, n)$。

把未来时刻资金的价值换算为现在时刻的价值，称为折现，或贴现，在项目经济分析时经常用到。

【例 3-4】　某公司计划二年以后购买一台 100 万元的机械设备，拟从银行存款中提取，银行存款年利率为 2.25%，问现应存入银行的资金为多少？

【解】 已知 $F=100$ 万元，$n=2$，$i=2.25\%$

$$P = F(1+i)^{-n}$$
$$= 100 \times (1+2.25\%)^{-2} = 95.648(万元)$$

3. 等额资金终值公式

在经济评价中，经常遇到连续在若干期的期末支付等额的资金，而需要计算最后期末所积累起来的资金。例如，从第 1 到第 n 年，逐年年末的等额资金存入银行，到第 n 年末一次取出，即已知 A、i、n，求 F。这样安排的资金流量如图 3-4 所示。

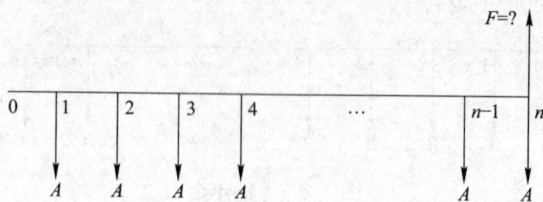

图 3-4　等额资金终值现金流量图

在年利率为 i 的情况下，n 年内每年年末投入 A，到 n 年末积累的终值 F 等于各等额年金 A 的终值之和：

$$F = A(1+i)^{n-1} + A(1+i)^{n-2} + \cdots + A = A\frac{(1+i)^n - 1}{i} \tag{3-11}$$

式中 $\dfrac{(1+i)^n - 1}{i}$ ——年金终值系数，记为 $(F/A, i, n)$。

【例 3-5】 如果从 1 月份开始，每月月末存入银行 200 元，月利率为 1.43‰，问年底累积的储蓄额（复本利和）为多少？

【解】 已知 $A=200$ 元，$i=1.43‰$，$n=12$

$$F = A\frac{(1+i)^n - 1}{i} = 200 \times 12.0948 = 2418.96(元)$$

4. 等额资金偿债基金公式

为了在 n 年末能够筹集一笔资金来偿还债款 F，按年利率 i 计算，拟从现在起至 n 年的每年末等额存储一笔资金 A，以便到 n 年末偿清 F，必须存储的 A 为多少？即已知 F、i、n，求 A。其现金流量如图 3-5 所示。

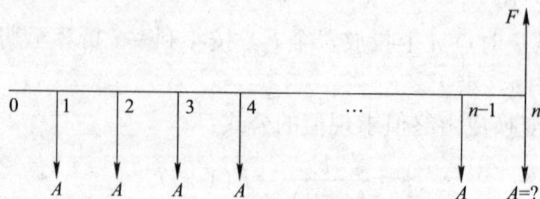

图 3-5　等额资金偿债基金现金流量图

将公式 $F = A\dfrac{(1+i)^n - 1}{i}$ 变换，得：

$$A=F\frac{i}{(1+i)^n-1} \tag{3-12}$$

式中　$\frac{i}{(1+i)^n-1}$——偿债资金系数，记为$(A/F，i，n)$。

【例 3-6】　某公司在第 5 年末应偿还一笔 50 万元的债务，按年利率 2.79％计算，该公司从现在起连续 5 年每年年末应向银行存入资金为多少，才能使其复本利和正好偿清这笔债务？

【解】　已知 $F=50$ 万元，$i=2.79\%$，$n=5$

$$A=F\frac{i}{(1+i)^n-1}=50\times0.1892=9.458（万元）$$

5. 等额资金回收公式

若在第一年年初以年利率 i 存入一笔资金 P，希望在今后从第 1 年起至第 n 年止，把复本利和在每年年末以等额资金 A 的方式取出，每年末可得到的 A 为多少？即已知：P、i、n，求 A。这项活动的现金流量如图 3-6 所示。

由公式 $F=P(1+i)^n$ 及公式 $A=F\frac{i}{(1+i)^n-1}$

可得：

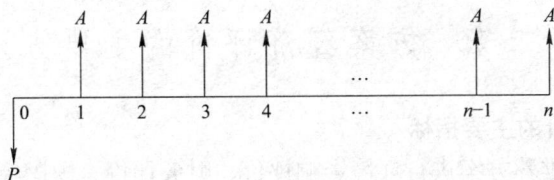

图 3-6　等额资金回收现金流量图

$$A=P\frac{i(1+i)^n}{(1+i)^n-1} \tag{3-13}$$

式中　$\frac{i(1+i)^n}{(1+i)^n-1}$——资金回收系数，记为$(A/P，i，n)$。

【例 3-7】　如果以年利率 10％投资某项目 100 万元，拟在今后 5 年中把复本利和在每年年末按相等的数额提取，每年可回收的资金为多少？

【解】　已知 $P=100$ 万元，$i=10\%$，$n=5$

$$A=P\frac{i(1+i)^n}{(1+i)^n-1}=100\times\frac{10\%\times(1+10\%)^5}{(1+10\%)^5-1}=26.38（万元）$$

6. 等额资金现值公式

在 n 年内，按年利率 i 计算，为了能在今后几年中每年年末可提取相等金额的资金 A，现在必须投资多少？即现值 P 为多少。也就是在已知 A、i、n 的条件下，求 P。其现金流量如图 3-7 所示。

由公式 $A=P\frac{i(1+i)^n}{(1+i)^n-1}$，可推出：

$$P=A\frac{(1+i)^n-1}{i(1+i)^n} \tag{3-14}$$

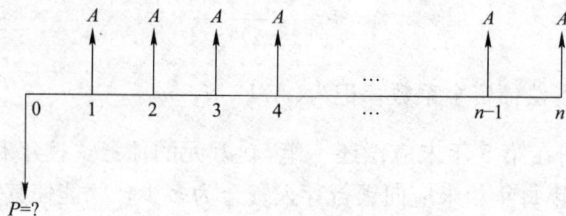

图 3-7 等额资金现金流量图

式中 $\dfrac{(1+i)^n-1}{i(1+i)^n}$——年金现值系数，记为$(P/A,i,n)$。

【例 3-8】 某公司拟投资建设一工业项目，希望建成后在 6 年内收回全部贷款的复本利和，预计项目每年能获利 100 万元，银行贷款的年利率为 5.76%，问该项目的总投资应控制在多少范围以内？

【解】 已知 $A=100$ 万元，$i=5.76\%$，$n=6$

$$P=A\frac{(1+i)^n-1}{i(1+i)^n}=100\times\frac{(1+5.76\%)^6-1}{5.76\%\times(1+5.76\%)^6}=495.46(万元)$$

第二节 方案经济评价的主要方法

一、方案经济评价的主要指标

项目评价包括对推荐方案进行环境影响评价、财务评价、国民经济评价、社会评价及风险分析，以判别项目的环境可行性、经济可行性、社会可行性和抗风险能力。本节主要介绍方案经济效果评价的主要指标和计算方法。

运用方案经济效果评价(以下简称方案经济评价)指标对方案进行经济评价主要有两个用途：一是对某一个方案进行分析，判断一个方案在经济上是否可行，对于这种情况，需要选用适当指标并计算指标值，根据判断准则评价其经济性；另一个用途是对多方案进行经济上的比选。

方案经济评价指标不是惟一的，这些指标可以从不同侧面反映方案的经济效果。在建设工程监理及相关服务中，需要对方案进行经济评价时，应根据不同的评价深度要求和可获得资料的多少，以及评价方案本身的特点，选用不同的评价指标；选用多个指标进行评价时，应注意综合评价结论依据指标的主次。例如，如果对方案进行评价，重点可选择投资收益率、投资回收期、净现值、内部收益率等指标；对设备购置方案进行经济评价，可重点选用净现值、净年值等指标。

根据计算指标时是否考虑资金时间价值，将经济评价指标分为静态评价指标和动态评价指标，共同构成经济评价指标体系。如图 3-8 所示。

上述指标还可以分为时间性指标、价值性指标和比率性指标。

二、方案经济评价主要指标的计算

方案经济评价指标很多，本节仅介绍建设工程监理及相关服务工作中常用的主要指标。

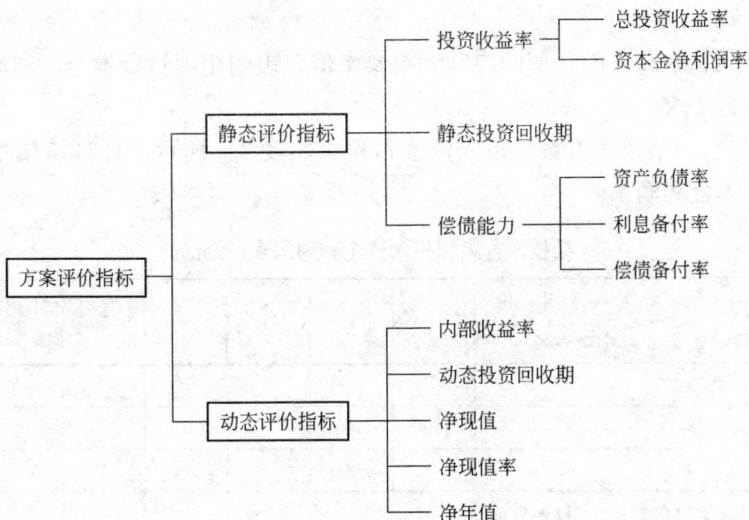

图 3-8　方案经济评价指标体系

1. 投资收益率

投资收益率是指方案达到设计生产能力后一个正常生产年份的年净收益总额与方案投资总额的比率。它是评价方案盈利能力的静态指标，表明方案在正常生产年份中，单位投资每年所创造的年净收益额。对运营期内各年的净收益额变化幅度较大的方案，可计算运营期年平均净收益额与投资总额的比率。

（1）计算公式为：

$$投资收益率 R = \frac{年净收益或年平均净收益}{投资总额} \times 100\% \tag{3-15}$$

（2）评价准则。将计算出的投资收益率（R）与所确定的基准投资收益率（R_e）进行比较：

1）若 $R \geqslant R_e$，则方案在经济上可以考虑接受；

2）若 $R < R_e$，则方案在经济上是不可行的。

（3）投资收益率的应用指标。根据分析目的的不同，投资收益率又可分为：总投资收益率（ROI）和资本金净利润率（ROE）。

1）总投资收益率（ROI），表示项目总投资的盈利水平。

$$ROI = \frac{EBIT}{TI} \times 100\% \tag{3-16}$$

式中　EBIT——项目达到设计生产能力后正常年份的年息税前利润或运营期内年平均息税前利润；

　　　TI——项目总投资。

总投资收益率高于同行业的收益率参考值，表明用总投资收益率表示的项目盈利能力满足要求。

2）资本金净利润率（ROE），表示项目资本金的盈利水平。

$$ROE = \frac{NP}{EC} \times 100\% \tag{3-17}$$

式中　NP——项目达到设计生产能力后正常年份的年净利润或运营期内平均净利润；

EC——项目资本金。

资本金净利润率高于同行业的净利润率参考值，表明用项目资本金净利润率表示的项目盈利能力满足要求。

【例3-9】 已知某技术方案拟投入资金和利润如表3-3所示。计算该技术方案的总投资收益率和资本金利润率。

某技术方案拟投入资金和利润表(万元) 表3-3

序号	年份 项目	1	2	3	4	5	6	7~10
1	建设投资							
1.1	自有资金部分	1200	340					
1.2	贷款本金		2000					
1.3	贷款利息(年利率为6%，投产后前4年等本偿还，利息照付)		60	123.6	92.7	61.8	30.9	
2	流动资金							
2.1	自有资金部分			300				
2.2	贷款			100	400			
2.3	贷款利息(年利率为4%)			4	20	20	20	20
3	所得税前利润			−50	550	590	620	650
4	所得税后利润(所得税率为25%)			−50	425	442.5	465	487.5

【解】 ① 计算总投资收益率(ROI)

a. 技术方案总投资 TI＝建设投资＋建设期贷款利息＋全部流动资金

$$＝1200＋340＋2000＋60＋300＋100＋400＝4400(万元)；$$

b. 年平均息税前利润 EBIT＝[(123.6＋92.7＋61.8＋30.9＋4＋20×7)

$$＋(−50＋550＋590＋620＋650×4)]÷8$$

$$＝(453＋4310)÷8＝595.4(万元)；$$

c. 根据式(3-16)可计算总投资收益率(ROI)：

$$ROI＝\frac{EBIT}{TI}×100\%＝\frac{595.4}{4400}×100\%＝13.53\%$$

② 计算资本金净利润率(ROE)

a. 技术方案资本金 EC＝1200＋340＋300＝1840(万元)；

b. 年平均净利润 NP＝(−50＋425＋442.5＋465＋487.5×4)÷8

$$＝3232.5÷8＝404.06(万元)；$$

c. 根据式(3-17)可计算资本金净利润率(ROE)：

$$ROE＝\frac{NP}{EC}×100\%＝\frac{404.06}{1840}×100\%＝21.96\%$$

(4) 投资收益率指标的优点与不足。投资收益率指标的经济意义明确、直观，计算简便，在一定程度上反映了投资效果的优劣，可适用于各种投资规模。但不足的是，没有考虑投资收益的时间因素，忽视了资金具有时间价值的重要性；指标计算的主观随意性太强，换句话说，就是正常生产年份的选择比较困难，如何确定带有一定的不确定性和人为因素。因此，以投资收益率指标作为主要的决策依据不太可靠。

2. 投资回收期

投资回收期是反映方案实施以后回收全部投资并获取收益能力的重要指标，分为静态投资回收期和动态投资回收期。

(1) 静态投资回收期。静态投资回收期是在不考虑资金时间价值的条件下，以项目的净收益回收其全部投资所需要的时间。投资回收期可以自项目建设开始年算起，也可以自项目投产年开始算起，但应予以注明。

1) 计算公式。自建设开始年算起，投资回收期 P_t (以年表示)的计算公式为：

$$\sum_{t=0}^{P_t}(CI-CO)_t = 0 \tag{3-18}$$

式中　　P_t——静态投资回收期；

$(CI-CO)_t$——第 t 年净现金流量。

静态投资回收期可根据现金流量表计算，其具体计算又分以下两种情况：

① 项目建成投产后各年的净收益(即净现金流量)均相同，则静态投资回收期的计算公式可简化如下：

$$P_t = \frac{TI}{A} \tag{3-19}$$

式中　TI——项目总投资；

A——每年的净收益，即 $A=(CI-CO)_t$。

② 项目建成投产后各年的净收益不相同，则静态投资回收期可根据累计净现金流量求得(如图 3-9 所示)，也就是在现金流量表中累计净现金流量由负值转向正值之间的年份。其计算公式为：

$$P_t = (累计净现金流量出现正值的年份数-1) + \frac{上一年累计净现金流量的绝对值}{出现正值年份的净现金流量}$$

$$\tag{3-20}$$

2) 评价准则。将计算出的静态投资回收期(P_t)与所确定的基准投资回收期(P_e)进行比较：

① 若 $P_t \leqslant P_e$，表明项目投资能在规定的时间内收回，则项目(或方案)在经济上可以考虑接受；

② 若 $P_t > P_e$，则项目(或方案)在经济上是不可行的。

【例 3-10】 某技术方案投资现金流量表的数据如表 3-4 所示，计算该技术方案的静态投资回收期。

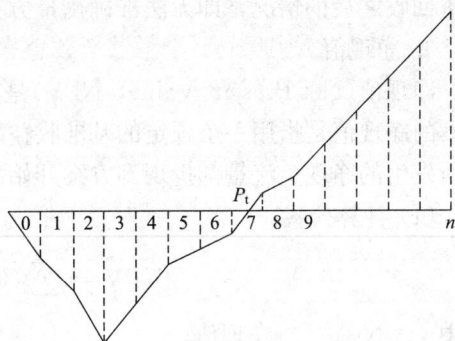

图 3-9 投资回收期示意图

【解】 根据式(3-18)，可得：

$$P_t = (6-1) + \frac{|-200|}{500} = 5.4(年)$$

某技术方案投资现金流量表（万元）　　　　　表 3-4

计 算 期	0	1	2	3	4	5	6	7	8
1. 现金流入	—	—	—	800	1200	1200	1200	1200	1200
2. 现金流出	—	600	900	500	700	700	700	700	700
3. 净现金流量	—	−600	−900	300	500	500	500	500	500
4. 累计净现金流量	—	−600	−1500	−1200	−700	−200	300	800	1300

（2）动态投资回收期。动态投资回收期是将方案各年的净现金流量按基准收益率折成现值之后，再来推算投资回收期，这是它与静态投资回收期的根本区别。动态投资回收期就是方案累计现值等于零时的时间（年份）。

动态投资回收期的表达式为：

$$\sum_{t=0}^{P'_t}(CI-CO)_t(1+i_c)^{-t}=0 \tag{3-21}$$

式中　P'_t——动态投资回收期；

　　　i_c——基准收益率。

在实际应用中，可根据项目现金流量表用下列近似公式计算：

$$P'_t=（累计净现金流量现值出现正值的年数-1）+\frac{上一年累计净现金流量现值的绝对值}{出现正值年份净现金流量的现值}$$

按静态分析计算的投资回收期较短，决策者可能认为经济效果尚可以接受。但若考虑资金时间价值，用折现法计算出的动态投资回收期，要比静态投资回收期长些，该方案未必能被接受。

（3）投资回收期指标的优点和不足。投资回收期指标容易理解，计算也比较简便；项目投资回收期在一定程度上显示了资本的周转速度。显然，资本周转速度越快，回收期越短，风险就越小。这对于那些技术上更新迅速的项目或资金相对短缺的项目或未来情况很难预测而投资者又特别关心资金补偿速度的项目是有吸引力的。但不足的是，投资回收期没有全面考虑方案整个计算期内的现金流量，只间接考虑投资回收之前的效果，不能反映投资回收之后的情况，即无法准确衡量方案在整个计算期内的经济效果。

3. 净现值

净现值（Net Present Value，NPV）是反映方案在计算期内获利能力的动态评价指标。方案的净现值是指用一个预定的基准收益率（或设定的折现率）i_c，分别将整个计算期内各年所发生的净现金流量都折现到方案开始实施时的现值之和。

（1）计算公式：

$$NPV=\sum_{t=0}^{n}(CI-CO)_t(1+i_c)^{-t} \tag{3-22}$$

式中　　NPV——净现值；

　　$(CI-CO)_t$——第 t 年的净现金流量（应注意"＋"、"－"号）；

　　　　　i_c——基准收益率；

　　　　　n——方案计算期。

（2）评价准则。净现值是评价项目盈利能力的数量指标。

1）当方案的 NPV≥0 时，说明该方案能满足基准收益率要求的盈利水平，故在经济上是可行的；

2）当方案的 NPV<0 时，说明该方案不能满足基准收益率要求的盈利水平，故在经济上是不可行的。

【例 3-11】　已知某技术方案的现金流量见表 3-5，设 $i_c=8\%$，试计算该方案的净现值(NPV)。

某技术方案净现金流量(万元)　　　　表 3-5

年　份	1	2	3	4	5	6	7
净现金流量(万元)	−4200	−4700	2000	2500	2500	2500	2500

【解】　根据式(3-22)，可以得到：

$$NPV = -4200(P/F, 8\%, 1) - 4700(P/F, 8\%, 2) + 2000(P/F, 8\%, 3)$$
$$+ 2500(P/F, 8\%, 4) + 2500(P/F, 8\%, 5)$$
$$+ 2500(P/F, 8\%, 6) + 2500(P/F, 8\%, 7)$$
$$= -4200 \times 0.9259 - 4700 \times 0.8573 + 2000 \times 0.7938 + 2500 \times 0.7350$$
$$+ 2500 \times 0.6806 + 2500 \times 0.6302 + 2500 \times 0.5835$$
$$= 242.76(万元)$$

由于 NPV=242.76(万元)>0，所以该技术方案在经济上可行。

(3) 净现值指标的优点与不足。净现值指标考虑了资金的时间价值，并全面考虑了项目在整个计算期内的经济状况；经济意义明确直观，能够直接以金额表示项目的盈利水平；判断直观。但不足之处是，必须首先确定一个符合经济现实的基准收益率，而基准收益率的确定往往是比较困难的；而且在互斥方案评价时，净现值必须慎重考虑互斥方案的寿命，如果互斥方案寿命不等，必须构造一个相同的分析期限，才能进行方案比选。此外，净现值不能反映项目投资中单位投资的使用效率，不能直接说明在项目运营期各年的经营成果。

(4) 基准收益率 i_c 的确定。基准收益率也称基准折现率，是企业、行业或投资者以动态的观点所确定的、可接受的方案最低标准的收益水平。它表明投资决策者对项目资金时间价值的估价，是投资资金应当获得的最低盈利率水平，是评价和判断方案在经济上是否可行的依据。

基准收益率的确定一般以行业的平均收益率为基础，同时综合考虑资金成本、投资风险、通货膨胀以及资金限制等影响因素。对于政府投资项目，进行经济评价时使用的基准收益率是由国家组织测定并发布的行业基准收益率；非政府投资项目，可由投资者自行确定基准收益率。

资金成本和机会成本是确定基准收益率的基础，投资风险和通货膨胀是确定基准收益率必须考虑的影响因素。

4. 净年值

净年值(Net Annual Value，NAV)又称等额年值等额年金，是以一定的基准收益率将项目计算期内净现金流量等值换算成的等额年值。它与前述净现值(NPV)的相同之处是，两者都要在给出基准收益率的基础上进行计算。不同之处是，净现值将投资过程的现金流量换算为基准期的现值，而净年值则是将该现金流量换算为等额年值。由于同一现金流量的现值和等额年值是等价的(或等效的),因此,净现值法与净年值法在方案评价中能得出相同的结论。而在多方案评价时,特别是各方案的计算期不相同时,应用净年值比净现值更为方便。

(1)计算公式。净年值的计算公式为:

$$NAV = \Big[\sum_{t=0}^{n} (CI-CO)_t (1+i_c)^{-t} \Big](A/P, i_c, n) \tag{3-23}$$
$$或 \ NAV = NPV(A/P, i_c, n)$$

式中　$(A/P, i_c, n)$——资本回收系数。

(2)评价准则。由于$(A/P, i_c, n)>0$, NAV 与 NPV 总是同为正或同为负, 故 NAV 与 NPV 在评价同一个项目时的结论总是一致的, 其评价准则是:

1) 当 NAV$\geqslant$0 时, 则方案在经济上可以接受;

2) 当 NAV$<$0 时, 则方案在经济上应予拒绝。

5. 内部收益率

内部收益率(Internal Rate of Return, IRR)是使方案在计算期内各年净现金流量的现值累计等于零时的折现率。即在该折现率时,项目的现金流入现值和等于其现金流出的现值和。

对具有常规现金流量(即在计算期内, 开始时有支出而后才有收益, 且方案的净现金流量序列的符号只改变一次的现金流量)的方案, 其净现值的大小与折现率的高低有直接的关系。若已知某方案各年的净现金流量, 则该方案的净现值就完全取决于所选用的折现率。即净现值是折现率的函数, 其表达式如下:

$$NPV(i) = \sum_{t=0}^{n} (CI-CO)_t (1+i)^{-t} \tag{3-24}$$

内部收益率的实质就是使方案在计算期内各年净现金流量的现值累计等于零时的折现率。

(1)计算公式。对常规投资项目, 内部收益率就是净现值为零时的收益率, 其数学表达式为:

$$NPV(IRR) = \sum_{t=0}^{n} (CI-CO)_t (1+IRR)^{-t} \tag{3-25}$$

式中　IRR——内部收益率。

内部收益率是一个未知的折现率, 求方程式中的折现率需解高次方程, 不易求解。在实际工作中, 一般是通过计算机进行计算, 手算时可用试算法确定 IRR。

试算法确定 IRR 的基本原理是:首先试用 i_1 计算, 若得 $NPV_1>0$, 再试用 i_2 ($i_2>i_1$)。若 $NPV_2<0$, 则 NPV=0 时的 IRR 一定在 i_1 至 i_2 之间, 如图 3-10 所示。

此时, 可用内插法求得 IRR 的近似值, 其

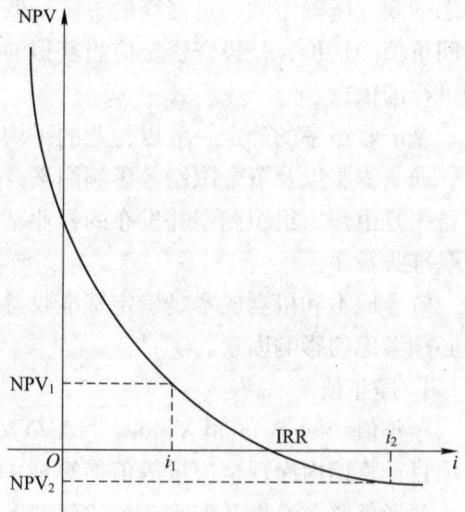

图 3-10　净现值与内部收益率关系

计算公式为：

$$IRR = i_1 + \frac{NPV_1}{NPV_1 + |NPV_2|}(i_2 - i_1) \qquad (3-26)$$

为了保证 IRR 的精度，i_1 与 i_2 之间的差距以不超过 2% 为宜，最大不要超过 5%。

采用线性内插法计算 IRR 只适用于具有常规现金流量的投资方案。而对于具有非常规现金流量的方案，由于其内部收益率的存在可能不惟一，因而不太适用内插法。

（2）评价准则。求得内部收益率后，与基准收益率 i_c 进行比较：

1）若 $IRR \geqslant i_c$，则方案在经济上可以接受；

2）若 $IRR < i_c$，则方案在经济上应予拒绝。

（3）内部收益率指标的优点和不足。内部收益率指标考虑了资金的时间价值以及项目在整个计算期内的经济状况；能够直接衡量项目未回收投资的收益率；不需要事先确定一个基准收益率，而只需要知道基准收益率的大致范围即可。但不足的是内部收益率计算需要大量的与投资项目有关的数据，计算比较麻烦；对于具有非常规现金流量的项目来讲，其内部收益率往往不是惟一的，在某些情况下甚至不存在。

上述指标主要对一个方案的经济效果进行评价，在监理工作中，更多的情形是进行多方案比较和选择。多方案比较中，常遇到的情形是寿命期相同的互斥方案的比较。所谓互斥型方案是指在若干备选方案中，各个方案彼此可以相互代替。选择其中任何一个方案，则其他方案必然被排斥。寿命期相同的互斥方案的比较可以采用的主要指标有：增量投资收益率、增量投资回收期、净现值（NPV）、增量投资内部收益率（ΔIRR）、净年值（NAV）。

进行寿命期相同的互斥方案比较时，首先要进行每个方案的经济评价，只有可行的方案才参与比较；然后再计算经济评价指标，选择较优方案。可采用净现值（NPV）、净年值（NAV）等指标直接进行方案的优选；采用增量投资收益率、增量投资回收期、增量投资内部收益率（ΔIRR）等指标选择方案时，应先计算增量投资现金流量，再计算增量投资现金流量的经济评价指标，当增量投资现金流量计算的评价指标优于评价准则时，应选择投资额较大的方案；否则应选择投资额较小的方案。

【例 3-12】 已知甲乙两方案的净现金流量见表 3-6，若基准收益率为 8%，试采用增量投资内部收益率选择方案。

甲乙两方案净现金流量（万元）　　　　　表 3-6

年份 方案	1	2	3	4	5	6
甲方案	−1000	260	260	260	260	260
乙方案	−1200	320	320	320	320	320

【解】 第一步，分别计算各方案内部收益率。经计算：

甲方案内部收益率为 9.43%；

乙方案内部收益率为 10.42%；

甲乙方案内部收益率均高于基准收益率，方案可行。

第二步，计算增量投资净现金流量，见表 3-7。

增量投资净现金流量(万元) 表 3-7

年份	1	2	3	4	5	6
增量投资现金流量	−200	60	60	60	60	60

第三步，计算增量投资内部收益率为 15.24%。

增量投资内部收益率 15.24%，大于基准收益率 8%，应选择投资额较大的方案，即乙方案。

第三节 设 计 方 案 评 选

一、设计方案评选的内容

我国工程设计一般遵循的原则是"安全、适用、经济、美观"。

"安全"是工程设计的基本要求，就是要在合理使用期限内，能保证建筑结构的安全可靠性、耐久性，各项与安全相关的技术和功能能够可靠有效地发挥作用。

"适用"是对建筑最基本的功能要求，也是最本质的要求，不同的建筑功能适用于不同人的各种基本功能需求，同时也要考虑到未来人们需求的发展变化对建筑的灵活适应性要求，满足不断发展变化的功能要求是"适用"的真正内涵。

"经济"在现阶段已经不能简单地理解为追求低造价，不能狭隘地理解投入少就是经济，而要追求全寿命的经济、高性价比的经济。那种以牺牲功能、牺牲舒适度为代价，片面讲求经济和节约资源的做法是短视的。

"美观"在建筑上的作用，应从文化层面上理解。中国当代的建筑应反映中国文化和中国人的审美情趣，反映社会经济进步带来的对建筑审美的新要求，反映中华民族的多样性及地域性特征，这也会自然反映出建筑空间与外观形态上的美学特征。

设计方案评选的内容，就是要根据设计原则对设计方案的优劣进行评判，总体而言，应当对设计方案进行全面的综合评价。由于设计方案具有多个层次，如规划设计方案、建筑设计方案、初步设计方案、结构设计方案等，在不同的方案评价时，评价重点应有所差异。例如，规划方案和建筑方案更侧重于适用、美观，结构设计方案更侧重于安全和经济性，因此在不同的设计方案评选中，应有不同的评价重点，可以通过设计方案综合评价时赋予不同内容以不同的权重来体现。

二、设计方案评选的方法

方案评价的基本方法包括定性评价法和定量评价法，应根据设计方案评选内容的不同，采用不同的评价方法，在各项内容分别评价的基础上，进行综合评价。

(一)定量评价法

定量评价是指采用数学的方法，收集和处理数据资料，对评价对象做出定量结果的价值判断。

定量评价具有客观化、标准化、精确化、量化、简便化等鲜明的特征。定量评价的目的是把握事物量的规定性，客观简洁地揭示被评价对象重要的可测特征。

1. 定量评价的基本步骤

(1) 对数据资料进行统计分类，描述数据分布的形态和特征；

（2）通过统计检验、解释和鉴别评价的结果；

（3）估计总体参数，从样本推断总体的情况；

（4）进行相关分析，了解各因素之间的联系；

（5）进行因素分析和路径分析，揭示本质联系；

（6）对定量分析客观性、有效性和可靠性进行评价。

2. 定量评价比较的适用范围

（1）对群体的状态进行综述；

（2）评比和选拔；

（3）从样本推断总体；

（4）对可测特征精确而客观的描述。

设计方案评选中，定量评价的具体方法包括方案经济效果评价方法、费用效益分析方法等。

（二）定性评价方法

定性评价是用语言描述形式以及哲学思辨、逻辑分析揭示被评价对象特征的信息分析和处理的方法。其目的是把握事物的规定性，形成对被评价对象完整的看法。根据评价者对评价对象的表现、现实和状态或文献资料的观察和分析，直接对评价对象做出定性结论的价值判断，如评出等级、写出评语、排出优劣顺序等。定性评价是利用评价人员的知识、经验和判断，对评价对象进行评审和比较的评标方法。定性评价强调观察、分析、归纳与描述。

定性分析的基本过程包括：

（1）确定定性分析的目标以及分析材料的范围；

（2）对资料进行初步的检验分析；

（3）选择恰当的方法和确定分析的纬度；

（4）对资料进行归类分析；

（5）对定性分析结果的客观性、效度和信度进行评价。

设计方案综合评价常用的定性方法有专家意见法、用户意见法等。为进行设计方案的综合评价以及多方案的比选，宜采用数学处理方法对定性评价所得的结果进行量化处理，即定性评价定量化。

（三）综合评价

定性分析和定量分析这两种方法各有所长，两者是优势互补的。在分析评价时，评价者应当根据评价信息的特性和其他因素选择最适当的方法。如果评价信息主要用于帮助被评价者改进工作，定性分析比定量分析更有价值；而当评价的主要目的是比较、评比时，定量分析更为适合。因此，评价者应当尽可能地结合使用两种方法，从质和量两个侧面把握评价对象的本质特性，在此基础上做出符合实际的综合判断。

任何事物都是质和量的统一体，在实际运用中，定性和定量方法并不能截然分开。一方面，量的差异在一定程度上反映了质的不同，同时由于量的分析结果比较简洁、抽象，通常还要借助于定性的描述，说明其具体的含义。另一方面，定性分析又是定量分析的基础，因为定量分析的量必须是同质的——在数据分析前先要判断数据的同质性，在需要时，有些定性信息也可进行二次量化，作为定量信息来处理，以提高其精确性。例如，评价者根据需要可以对等级评语"好、较好、一般、较差"等赋值为"4、3、2、1",进行量化处理。

不论是对设计方案"安全、适用、经济、美观"某一方面进行评价还是进行综合评价,评价指标和方法的选取均应围绕技术可行性、经济可行性、社会环境影响等展开。技术可行性方面,应分析和研究方案能否满足所要求的功能(如适用性、安全性、美观等要求)及其本身在技术上能否实现;经济可行性方面,应分析和研究实现安全、适用、美观等的经济制约,以及实现目标成本的可能性;社会评价方面,主要研究和分析方案给国家和社会带来的影响。

对设计方案进行综合评价时,可以在定性评价定量化的基础上进行综合评价,也可以在对定性评价结果和定量评价指标综合权衡的基础上,由决策者确定各设计方案的优劣。用于方案综合评价的方法有很多,常用的定性方法有德尔菲(Delphi)法、优缺点列举法等;常用的定量方法有直接评分法、加权评分法、比较价值评分法、环比评分法、强制评分法、几何平均值评分法等。

(1)优缺点列举法。把每一个方案在技术上、经济上的优缺点详细列出,进行综合分析,并对优缺点作进一步调查,用淘汰法逐步缩小考虑范围,从范围不断缩小的过程中找出最后的结论。

(2)直接评分法。根据各种方案能够达到各项功能要求的程度,按10分制(或100分制)评分,然后算出每个方案达到功能要求的总分,比较各方案总分,做出采纳、保留、舍弃的决定,再对采纳、保留的方案进行成本比较,最后确定最优方案。

(3)加权评分法。又称矩阵评分法。这种方法是将纳入评价的各种因素,根据要求的不同进行加权计算,权数大小应根据它在方案中所处的地位而定,算出综合分数,选择最优方案。加权评分法主要包括以下四个步骤:

1)确定评价项目及其权重系数;

2)根据各方案对各评价项目的满足程度进行评分;

3)计算各方案的评分权数和;

4)计算各方案的综合得分,以较大的为优。

方案经过评价,不能满足要求的就淘汰,有价值的就保留并进行抉择。

第四节　价　值　工　程

一、价值工程方法

(一) 价值工程方法及特点

价值工程(Value Engineering,VE)是以提高产品或作业价值为目的,通过有组织的创造性工作,寻求用最低的寿命周期成本,可靠地实现使用者所需功能的一种管理技术。价值工程中所述的"价值"是指作为某种产品(或作业)所具有的功能与获得该功能的全部费用的比值。它不是对象的使用价值,也不是对象的经济价值和交换价值,而是对象的比较价值,是作为评价事物有效程度的一种尺度提出来的。这种关系可用一个数学公式表示:

$$V=\frac{F}{C}$$

(3-27)

式中　V——研究对象的价值；

　　　F——研究对象的功能；

　　　C——研究对象的成本，即周期寿命成本。

由此可见，价值工程涉及价值、功能和寿命周期成本三个基本要素。价值工程具有以下特点：

(1) 价值工程的目标是以最低的寿命周期成本，实现产品必须具备的功能，简而言之就是以提高对象的价值为目标。产品的寿命周期成本由生产成本和使用及维护成本组成。产品生产成本是指用户购买产品的费用，包括产品的科研、实验、设计、试制、生产、销售等费用及税收和利润等；而产品使用及维护成本是指用户在使用过程中支付的各种费用的总和，它包括使用过程中的能耗费用、维修费用、人工费用、管理费用等，有时还包括报废拆除所需费用(扣除残值)。

在一定范围内，产品的生产成本和使用成本存在此消彼长的关系。随着产品功能水平提高，产品的生产成本 C_1 增加，使用及维护成本 C_2 降低；反之，产品功能水平降低，其生产成本降低，但使用及维护成本会增加。因此，当功能水平逐步提高时，寿命周期成本 $C=C_1+C_2$，呈马鞍形变化，如图 3-11 所示。寿命周期成本为最小值 C_{min} 时，所对应的功能水平是从成本考虑的最适宜功能水平。

从图 3-11 可以看出，在 F' 点，产品功能水平较低，此时虽然生产成本较低，但由于不能满足使用者的基本需要，使用成本较高，因此，寿命周期成本较高；在 F'' 点，虽然使用成本较低，但由于存在着多余的功能，致使生产成本过高。同样，寿命周期成本也较高。只有在 F^* 点，产品功能既能满足用户的需求，又使得寿命周期成本比较低，体现了比较理想的功能与成本之间的关系。

由此可见，工程产品的寿命周期成本与其功能是辩证统一的关系。寿命周期成本的降低，不仅关系到生产企业的利益，同时也关系到用户的利益。

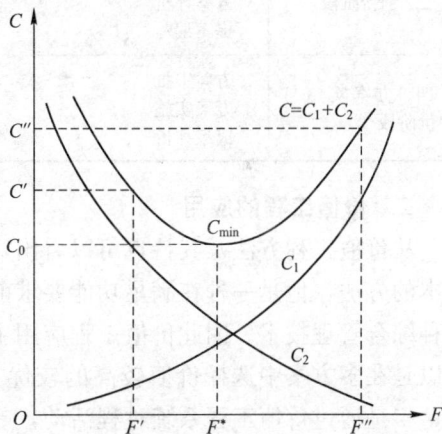

图 3-11　产品功能与成本的关系图

(2) 价值工程的核心是对产品进行功能分析。价值工程中的功能是指对象能够满足某种要求的一种属性，具体讲，功能就是效用。如住宅的功能是提供居住空间，建筑物基础的功能是承受荷载，施工机具的作用是有效地完成施工生产任务，等等。用户向生产企业购买产品，是要求生产企业提供这种产品的功能，而不是产品的具体结构(或零部件)。企业生产的目的，也是通过生产获得用户所期望的功能，而建筑结构等是实现功能的手段。目的是主要的，手段可以广泛地选择。

(3) 价值工程将产品价值、功能和成本作为一个整体同时考虑。也就是说，价值工程中对价值、功能、成本的考虑，不是片面和孤立的，而是在确保产品功能的基础上综合考虑生产成本和使用成本，兼顾生产者和用户的利益，从而创造出总体价值最高的产品。

(4) 价值工程强调不断改革和创新，开拓新构思和新途径，获得新方案，创造新功能载体，从而简化产品结构，节约原材料，节约能源，绿色环保，提高产品的技术经济效益。因此，开展价值工程，要组织科研、设计、制造、管理、采购、供销、财务等各方面有经验的人员参加，组成一个智力结构合理的集体，发挥各方面、各环节人员的知识、经验和积极性，博采众长地进行产品设计，以达到提高产品价值的目的。

（二）价值工程的工作程序

价值工程的工作程序一般可分为准备、分析、创新、实施与评价四个阶段。其工作步骤实质上就是针对产品功能和成本提出问题、分析问题和解决问题的过程，见表3-8。

价值工程的工作程序

表3-8

工作阶段	工作步骤	对应问题
一、准备阶段	对象选择 组成价值工程工作小组 制定工作计划	（1）价值工作的研究对象是什么 （2）围绕价值工程对象需要做哪些准备工作
二、分析阶段	收集整理资料 功能定义 功能整理 功能评价	（1）价值工程对象的功能是什么 （2）价值工程对象的成本是什么 （3）价值工程对象的价值是什么
三、创新阶段	方案创造 方案评价 提案编写	（1）有无其他方法可以实现同样功能 （2）新方案的成本是什么 （3）新方案能满足要求吗
四、方案实施与 评价阶段	方案审批 方案实施 成果评价	（1）如何保证新方案的实施 （2）价值工程活动的效果如何

二、价值工程的应用

从价值工程方法及其特点可以看出，价值工程方法不是简单的经济评价，也不是降低成本的方法，他是一种在满足功能要求前提下，寻求寿命期成本最低，即"价值"最高的一种综合管理技术。因此价值工程应用主要体现在两个方面：一是应用于方案的评价，既可以是在多方案中选择价值较高的较优方案，也可以选择价值较低的对象作为改进的对象；二是通过价值工程系统过程活动，寻求提高对产品或对象的价值的途径，这也是价值工程应用的重点。总之，在产品形成的各个阶段都可以应用价值工程提高产品的价值。但应注意，在不同的阶段进行价值工程活动，其经济效果的提高幅度却大不相同。对于大型复杂的产品应用价值工程的重点是在产品的研究、设计阶段，产品的设计图纸一旦设计完成并投入生产后，产品的价值就已基本确定，这时再进行价值工程分析就变得更加复杂。不仅原来的许多工作成果要付之东流，而且改变生产工艺、设备工具等可能会造成很大的浪费，使价值工程活动的技术经济效果大大下降。因此，价值工程活动更侧重在产品的研究、设计阶段，以寻求技术突破，取得最佳的综合效果。

从价值工程的工作程序可以看出，价值工程是一个系统过程，本节主要介绍价值工程对象选择的方法、功能评价以及新方案创造的方法。

（一）价值工程对象的选择

1. 对象选择的一般原则

一般来说，选择价值工程的对象需遵循以下原则：

　　（1）从设计方面看，对产品结构复杂、性能和技术指标差距大、体积大、重量大的产品进行价值工程活动，可使产品结构、性能、技术水平得到优化，从而提高产品价值。

　　（2）从生产方面看，对量多面广、关键部件、工艺复杂、原材料和能源消耗高、废品率高的产品或零部件，特别是对量多、产值比重大的产品，只要成本下降，所取得的经济效果就大。

　　（3）从市场销售方面看，选择用户意见多、系统配套差、维修能力低、竞争力差、利润率低、寿命周期较长、市场上畅销但竞争激烈的产品或零部件；选择新产品、新工艺等。

　　（4）从成本方面看，选择成本高于同类产品、成本比重大的，如材料费、管理费、人工费等。

　　根据以上原则，对生产企业，有以下情况之一者，应优先选择为价值工程的对象：

　　（1）结构复杂或落后的产品；

　　（2）制造工序多或制造方法落后及手工劳动较多的产品；

　　（3）原材料种类繁多和互换材料较多的产品；

　　（4）在总体成本中占比重大的产品。

　　对由各组成部分组成的产品，应优先选择以下部分作为价值工程的对象：

　　（1）造价高的组成部分；

　　（2）占产品成本比重大的组成部分；

　　（3）数量多的组成部分；

　　（4）体积或重量大的组成部分；

　　（5）加工工序多的组成部分；

　　（6）废品率高和关键性的组成部分。

　　2. 对象选择的方法

　　价值工程对象选择往往要兼顾定性分析和定量分析，因此，对象选择的方法有多种，不同方法适宜于不同的价值工程对象。应根据具体情况选用适当的方法，以取得较好的效果。常用的方法有以下几种：

　　（1）因素分析法。又称经验分析法，是指根据价值工程对象选择应考虑的各种因素，凭借分析人员的经验集体研究确定选择对象的一种方法。

　　因素分析法是一种定性分析方法，依据分析人员经验做出选择，简便易行。特别是在被研究对象彼此相差比较大以及时间紧迫的情况下比较适用。在对象选择中还可以将这种方法与其他方法相结合，往往能取得更好效果。因素分析法的缺点是缺乏定量依据、准确性较差，对象选择的正确与否，主要决定于价值工程活动人员的经验及工作态度。为了提高分析的准确程度，可以选择技术水平高、经验丰富、熟悉业务的人员参加，并且要发挥集体智慧，共同确定对象。

　　（2）ABC 分析法。又称重点选择法或不均匀分布定律法，是指应用数理统计分析的方法来选择对象。这种方法由意大利经济学家帕累托提出，其基本原理为"关键的少数和次要的多数"，抓住关键的少数可以解决问题的大部分，在价值工程中，这种方法的基本思路是：首先将一个产品的各种部件（或企业各种产品）按成本的大小由高到低排列起来，然后绘成费用累积分配图。然后将占总成本 70%～80% 而占零部件总数 10%～20% 的零部件划分为 A 类部件；将占总成本 5％～10％而占零部件总数 60％～80％的零部件划分为 C 类；其余为 B 类。其中 A 类零部件是价值工程的主要研究对象。

有些产品不是由各个部件组成，如工程项目等，对这类产品可按费用构成项目分类，如分为管理费、动力费、人工费等，将其中所占比重最大的，作为价值工程的重点研究对象。

ABC 分析法抓住成本比重大的零部件或工序作为研究对象，有利于集中精力重点突破，取得较大效果，同时简便易行，因此，为人们广泛采用。但在实际工作中，有时由于成本分配不合理，造成成本比重不大但用户认为功能重要的对象可能被漏选或排序推后。ABC 分析法的这一缺点可以通过经验分析法、强制确定法等方法修正。

（3）强制确定法。是以功能重要程度作为选择价值工程对象的一种分析方法。具体做法是：先求出分析对象的成本系数、功能系数，然后得出价值系数，以揭示出分析对象的功能与成本之间是否相符。如果不相符，价值低的则被选为价值工程的研究对象。强制确定法的原理应用广泛，价值工程中也可以运用于功能评价和方案评价。

强制确定法从功能和成本两方面综合考虑，比较适用、简便，不仅能明确揭示出价值工程的研究对象，而且具有数量概念。但这种方法是人为打分，不能准确反映功能差距的大小，只适用于部件间功能差别不太大且比较均匀的对象，而且一次分析的部件数目也不能太多，以不超过 10 个为宜。在零部件很多时，可以先用 ABC 法、经验分析法选出重点部件，然后再用强制确定法筛选；也可以用逐层分析法，从部件选起，然后在重点部件中选出重点零件。

（4）百分比分析法。这是一种通过分析某种费用或资源对企业的某个技术经济指标的影响程度的大小（百分比），来选择价值工程对象的方法。

（5）价值指数法。这是通过比较各个对象（或零部件）之间的功能水平位次和成本位次，寻找价值较低对象（或零部件），并将其作为价值工程研究对象的一种方法。

（二）价值工程的功能和价值分析

功能分析是价值工程活动的核心。它包括功能定义、功能整理、功能计量和评价等环节。

1. 功能定义

功能定义就是以简洁的语言对产品的功能加以描述。如在建筑工程中，不论何种形式的基础，其基本功能都是承受并传递给地基；又如，房屋建筑主体结构的基本功能是承受和传递荷载，同时还有美观、分割、维护等功能。功能定义通常采用"动词＋名词"的形式进行功能描述，例如前述的"承受荷载"。通过对功能下定义，可以加深对产品功能的理解，并为以后提出功能代用方案提供依据。

2. 功能整理

在功能定义的基础上需要进行功能整理。功能整理是用系统的观点将已经定义了的功能加以系统化，找出各局部功能相互之间的逻辑关系，并用图表形式表达，以明确产品的功能系统，从而为功能评价和方案构思提供依据。功能整理的结果是形成功能系统图。

功能系统图是按照一定的原则和方式，将定义的功能连接起来，从单个到局部，再从局部到整体而形成的一个完整的功能体系。其一般形式如图 3-12 所示。

在图 3-12 中，从整体工程 F 开始，由左向右逐级展开，在位于不同级的相邻两个功能之间，左边的功能(上级/上位)是右边功能(下级/下位)的目标，而右边的功能(下级/下位)是左边功能(上级/上位)的手段。

3. 功能计量

功能计量是以功能系统图为基础，依据各个功能之间的逻辑关系，以对象整体功能的定量指标为出发点，从左向右地逐级测算、分析，确定出各级功能程度的数量指标，揭示出各级功能领域中有无功能不足或功能过剩，从而为保证必要功能、剔除过剩功能、补足不足功能的后续活动(功能评价、方案创新等)提供定性与定量相结合的依据。

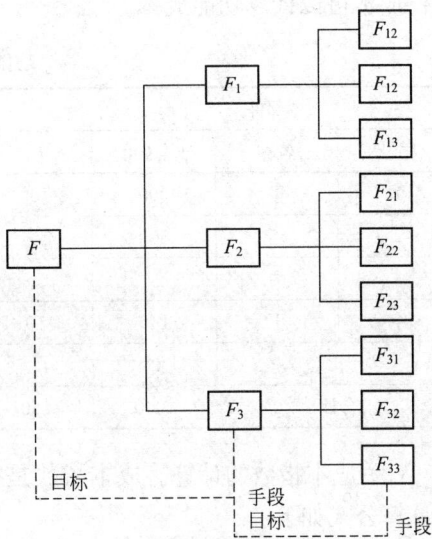

图 3-12　功能系统图

功能的量化方法有很多，如理论计算法、技术测定法、统计分析法、类比类推法、德尔菲法等，可根据具体情况灵活选用。

4. 功能评价

在前述功能定义工作基础上，进行功能评价，即评定功能的价值，是指找出实现功能的最低费用作为功能的目标成本(又称功能评价值)，以功能目标成本为基准，通过与功能现实成本的比较，求出两者的比值(功能价值)和两者的差值(改善期望值)，然后选择功能价值低、改善期望值大的功能作为价值工程活动的重点对象。功能评价工作可以更准确地选择价值工程研究对象，同时，制定目标成本，有利于提高价值工程的工作效率。

功能评价的程序如图 3-13 所示。

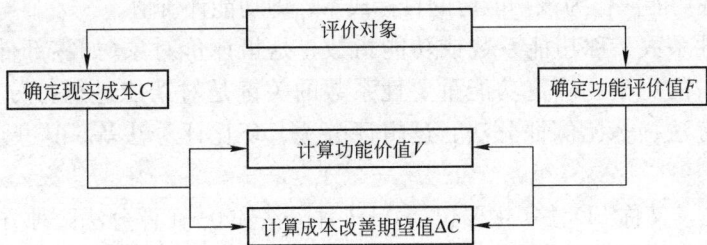

图 3-13　功能评价的程序

(1) 功能现实成本的计算。功能现实成本的计算与一般的传统成本核算既有相同点，也有不同之处。两者相同点是指它们在成本费用的构成项目上是完全相同的，如建筑产品成本费用都是由人工费、材料费、施工机具使用费、规费、企业管理费等构成；而两者的不同之处在于功能现实成本的计算是以对象的功能为单位，而传统的成本核算以产品或零部件为单位。因此，在计算功能现实成本时，就需要根据传统的成本核算资料，将产品或零部件的现实成本换算成功能的现实成本。

表 3-9 所示即为一项功能由若干零部件组成或一个零部件具有几个功能的情形。由零

部件成本可以计算功能成本。

功能现实成本计算表　　　　　　　　　　　　　　　表 3-9

零部件			功能区或功能领域					
序号	名称	成本(元)	F_1	F_2	F_3	F_4	F_5	F_6
1	甲	300	100		100			100
2	乙	500		50	150	200		100
3	丙	60				40		20
4	丁	140	50	40			50	
		C	C_1	C_2	C_3	C_4	C_5	C_6
合计		1000	150	90	250	240	50	220

（2）成本指数的计算。成本指数是指评价对象的现实成本在全部成本中所占的比率。其计算公式如下：

$$第 i 个评价对象的成本指数 C_I = \frac{第 i 个评价对象的现实成本 C_i}{全部成本} \qquad (3-28)$$

（3）功能评价值 F 的计算。对象的功能评价值 F（目标成本），是指可靠地实现用户要求功能的最低成本，它可以理解为是企业有把握，或者说应该达到的实现用户要求功能的最低成本。从企业目标的角度来看，功能评价值可以看成是企业预期的、理想的成本目标值。功能评价值一般以货币价值形式表达。

功能的现实成本较易确定，而功能评价值较难确定。求功能评价值的方法较多，本节仅介绍功能重要性系数评价法。

功能重要性系数评价法是一种根据功能重要性系数确定功能评价值的方法。这种方法是把功能划分为几个功能区（即子系统），并根据各功能区的重要程度和复杂程度，确定各个功能区在总功能中所占的比重，即功能重要性系数。然后将产品的目标成本按功能重要性系数分配给各功能区作为该功能区的目标成本，即功能评价值。

功能重要性系数又称功能系数或功能指数，是指评价对象（如零部件等）的功能在整体功能中所占的比率。确定功能重要性系数的关键是对功能进行打分，常用的打分方法有强制打分法、多比例评分法、逻辑评分法、环比评分法等。这里主要介绍强制打分法。

强制打分法，又称 FD 法，主要包括 0—1 评分法和 0—4 评分法两种方法，它是采用一定的评分规则，采用强制对比打分来评定评价对象的功能重要性。

0—1 评分法是一定数量的专业人员（一般为 5～15 名对产品熟悉的人员）参加功能的评价。首先按照功能重要程度一一对比打分，重要的打 1 分，相对不重要的打 0 分，如表 3-10 所示。表 3-10 中，要分析的对象（零部件）自己与自己相比不得分，用"×"表示。最后，根据每个参与人员选择该零部件得到的功能重要性系数 W_i，可以得到该零部件的功能性重要性系数平均值 W。

$$W = \frac{\sum\limits_{i=1}^{k} W_i}{k} \qquad (3-29)$$

式中　k——参加功能评价的人数。

为了避免不重要的功能得零分，可将各功能累计得分加 1 分进行修正，用修正后的总分分别去除各功能累计得分即得到功能重要性系数。

功能重要性系数计算表 表 3-10

零部件	A	B	C	D	E	功能总分	修正得分	功能重要性系数
A	×	1	1	0	1	3	4	0.267
B	0	×	1	0	1	2	3	0.200
C	0	0	×	0	1	1	2	0.133
D	1	1	1	×	1	4	5	0.333
E	0	0	0	0	×	1	1	0.067
合计						10	15	1.00

强制确定打分法适用于被评价对象在功能重要程度上的差异不太大，并且评价对象子功能数目不太多的情况。

以各部件功能得分占总分的比例确定各部件功能评价指数：

$$第 i 个评价对象的功能指数 F_1 = \frac{第 i 个评价对象的功能得分值 F_i}{全部功能得分值} \qquad (3\text{-}30)$$

功能评价指数大，说明功能重要；反之，功能评价指数小，说明功能不太重要。

根据功能重要性系数（功能指数）即可确定功能评价值，作为新产品设计时各功能的评价值或既有产品功能评价值。

新产品设计的情形：一般在产品设计之前，根据市场供需情况、价格、企业利润与成本水平，已初步设计了总的目标成本。因此，在功能重要性系数（功能指数）确定之后，就可将新产品设定的目标成本（如为 800 元）按已有的功能重要性系数加以分配计算，求得各个功能区的功能评价值，并将此功能评价值作为功能的目标成本，如表 3-11 所示。

新产品功能评价计算表 表 3-11

功能区 (1)	功能重要性系数 (2)	功能评价值 F (3)＝(2)×800
F_1	0.47	376
F_2	0.32	256
F_3	0.16	128
F_4	0.05	40
合计	1.00	800

既有产品的改进设计的情形：既有产品应以现实成本为基础确定功能评价值，进而确定功能的目标成本。由于既有产品已有现实成本，就没有必要再假定目标成本。但是，既有产品的现实成本原已分配到各功能区中去的比例不一定合理，这就需要根据改进设计中新确定的功能重要性系数，重新分配既有产品的原有成本。通过计算各功能区新分配成本与原分配成本之间的差异，正确分析和处理这些差异，就能合理确定各功能区的目标功能评价值，即功能区的目标成本。假设既有产品的现实成本为 500 元，计算出功能评价值或

目标成本，见表 3-12。

既有产品功能评价值计算表   表 3-12

功能区	功能现实成本 C(元)(1)	功能重要性系数(2)	根据产品现实成本和功能重要性系数重新分配的功能区成本(3)=(2)×500 元	功能评价值 F（或目标成本）(4)	成本降低幅度 $\Delta C=(C-F)$(5)
F_1	130	0.47	235	130	—
F_2	200	0.32	160	160	40
F_3	80	0.32	80	80	—
F_4	90	0.05	25	25	65
合计	500	1.00	500	395	105

表 3-12 第(3)栏是把产品的现实成本 $C=500$ 元，按改进设计方案的新功能重要性系数重新分配给各功能区的结果。此分配结果可能有三种情况：

1）功能区新分配的成本等于现实成本。如 F_3 就属于这种情况。此时应以现实成本作为功能评价值 F。

2）新分配成本小于现实成本。如 F_2 和 F_4 就属于这种情况。此时应以新分配的成本作为功能评价值 F。

3）新分配的成本大于现实成本。如 F_1 就属于这种情况。为什么会出现这种情况，需进行具体分析。如果是因为功能重要性系数定高了，经过分析后可以将其适当降低。因功能重要性系数确定过高可能会存在多余功能，如果是这样，先调整功能重要性系数，再定功能评价值。如因成本确实投入太少而不能保证必要功能，可以允许适当提高一些。除此之外，即可用目前成本作为功能评价值 F。

5. 功能价值 V 的计算及分析

通过计算和分析对象的价值 V，可以分析成本功能的合理匹配程度。功能价值 V 的计算方法可分为两大类，即功能成本法和功能指数法。

（1）功能成本法。又称绝对值法，是通过一定的测算方法，测定实现应有功能所必须消耗的最低成本，同时计算为实现应有功能所耗费的现实成本，经过分析、对比，求得对象价值系数和成本降低期望值，确定价值工程的改进对象。其表达式如下：

$$第 i 个评价对象的价值系数 V=\dfrac{第 i 个评价对象的功能评价值 F}{第 i 个评价对象的现实成本 C} \tag{3-31}$$

根据上述计算公式，功能的价值系数计算结果有以下三种情况：

1）$V=1$。即功能评价值等于功能现实成本。这表明评价对象的功能现实成本与实现功能所必需的最低成本大致相当。此时，说明评价对象的价值为最佳，一般无需改进。

2）$V<1$。即功能现实成本大于功能评价值。表明评价对象的现实成本偏高，而功能要求不高。这时，一种可能是由于存在着过剩的功能，另一种可能是功能虽无过剩，但实现功能的条件或方法不佳，以致使实现功能的成本大于功能的实际需要。这两种情况都应列入功能改进的范围，并且以剔除过剩功能及降低现实成本为改进方向，使成本与功能比

例趋于合理。

3）$V>1$。即功能现实成本小于功能评价值，表明该部件功能比较重要，但分配的成本较少。此时，应进行具体分析，功能与成本的分配问题可能已较理想，或者有不必要的功能，或者应该提高成本。

应注意一个情况，即 $V=0$ 时，要进一步分析。如果是不必要的功能，该部件应取消；但如果是最不重要的必要功能，则要根据实际情况处理。

（2）功能指数法。又称相对值法。在功能指数法中，功能的价值用价值指数 V_1 来表示，他是通过评定各对象功能的重要程度，用功能指数来表示其功能程度的大小，然后将评价对象的功能指数与相对应的成本指数进行比较，得出该评价对象的价值指数，从而确定改进对象，并求出该对象的成本改进期望值。其表达式如下：

$$\text{第 } i \text{ 个评价对象的价值指数 } V_I=\frac{\text{第 } i \text{ 个评价对象的功能指数 } F_I}{\text{第 } i \text{ 个评价对象的成本指数 } C_I} \qquad (3-32)$$

功能指数法的特点是用归一化数值来表达功能程度的大小，以便使系统内部的功能与成本具有可比性，由于评价对象的功能水平和成本水平都用它们在总体中所占的比率来表示。因此，在功能指数法中，价值指数是作为评定对象功能价值的指标。

价值指数的计算结果有以下三种情况：

1）$V_1=1$。评价对象的功能比重与成本比重大致平衡，合理分配，可以认为功能的现实成本是比较合理的。

2）$V_1<1$。评价对象的成本比重大于其功能比重，表明相对于系统内的其他对象而言，目前所占的成本偏高，从而会导致该对象的功能过剩。应将评价对象列为改进对象，改善方向主要是降低成本。

3）$V_1>1$。评价对象的成本比重小于其功能比重。出现这种情况的原因可能有三种：第一，由于现实成本偏低，不能满足评价对象实现其应具有的功能的要求，致使对象功能偏低，这种情况应列为改进对象，改善方向是增加成本；第二，对象目前具有的功能已经超过其应该具有的水平，也即存在过剩功能，这种情况也应列为改进对象，改善方向是降低功能水平；第三，对象在技术、经济等方面具有某些特征，在客观上存在着功能很重要而消耗的成本却很少的情况，这种情况一般不列为改进对象。

【例 3-13】　某开发公司的公寓建设工程，有 4 个设计方案，经过有关专家对上述方案进行技术经济分析和论证，得到如下资料见表 3-13 和表 3-14，试运用价值工程方法选优。

功能重要性评分表（"04"评分法）　　　　　　　　　　表 3-13

方案功能	F_1	F_2	F_3	F_4	F_5
F_1	×	4	2	3	1
F_2	0	×	0	1	1
F_3	2	4	×	3	1
F_4	1	1	3	×	0
F_5	3	4	3	4	×

方案功能得分及单方造价   表 3-14

方案功能	方案功能得分			
	A	B	C	D
F_1	9	10	9	8
F_2	10	10	8	9
F_3	9	9	10	9
F_4	8	8	8	7
F_5	9	7	9	6
单方造价(元/m²)	1420.00	1230.00	1150.00	1360.00

【解】 价值工程原理表明，对整个功能领域进行分析和改善比对单个功能进行分析和改善的效果好，上述 4 个方案各有其优点，如何取舍，可以利用价值工程原理对各个方案进行优化选择，其基本步骤如下：

（1）计算各方案的功能重要性系数

F_1 得分 $=4+2+3+1=10$，功能重要性系数 $=10/40=0.25$；

F_2 得分 $=0+0+1+0=1$，功能重要性系数 $=1/40=0.025$；

F_3 得分 $=2+4+3+1=10$，功能重要性系数 $=10/40=0.25$；

F_4 得分 $=1+1+3+0=5$，功能重要性系数 $=5/40=0.125$；

F_5 得分 $=3+4+3+4=14$，功能重要性系数 $=14/40=0.35$；

总得分 $=10+1+10+5+14=40$。

（2）计算功能系数

$\phi_A=9\times0.25+10\times0.025+9\times0.25+8\times0.125+9\times0.35=8.90$；

$\phi_B=10\times0.25+10\times0.025+9\times0.25+8\times0.125+7\times0.35=8.45$；

$\phi_C=9\times0.25+8\times0.025+10\times0.25+8\times0.125+9\times0.35=9.10$；

$\phi_D=8\times0.25+9\times0.025+9\times0.25+7\times0.125+6\times0.35=7.45$；

总得分 $=8.90+8.45+9.10+7.45=33.90$。

功能系数计算：

$F_A=8.90/33.90=0.263$；$F_B=8.45/33.90=0.249$；

$F_C=9.10/33.90=0.268$；$F_D=7.45/33.90=0.220$。

（3）计算成本系数

$C_A=1420.00/5160.00=0.275$；$C_B=1230.00/5160.00=0.238$；

$C_C=1150.00/5160.00=0.223$；$C_D=1360.00/5160.00=0.264$。

（4）计算价值系数

$V_A=F_A/C_A=0.263/0.275=0.956$；

$V_A=F_B/C_B=0.249/0.238=1.046$；

$V_C=F_C/C_C=0.268/0.223=1.202$；

$V_D=F_D/C_D=0.220/0.264=0.833$。

（5）判断优选方案

A、B、C、D 方案中以 C 方案的价值系数最高，为最优方案。

（三）价值工程新方案创造

方案创造是从提高对象的功能价值出发，在正确的功能分析和评价基础上，针对应改进的具体目标，通过创造性的思维活动，提出能够可靠地实现必要功能的新方案。方案创造是价值工程实现预期目标、最终取得成功的关键一步。前面的工作做得再好，如果不能创造出高价值的创新方案，也就不会产生好的效果。所以，从价值工程技术实践来看，方案创造是决定价值工程成败的关键阶段。

方案创造的理论依据是功能载体具有可替代性。这种功能载体替代的重点应放在以功能新产品替代原有产品和以功能创新的结构替代原有结构方案。而方案创造的过程是思想高度活跃地、进行创造性开发的过程。为了引导和启发创造性的思考，比较常用的方法有以下几种：

1. 头脑风暴法（Brain Storming，BS）

头脑风暴法是指自由奔放地思考问题。具体地说，就是由对改进对象有较深了解的人员组成的小集体在非常融洽和不受任何限制的气氛中进行讨论、座谈，打破常规、积极思考、互相启发、集思广益，提出创新方案。这种方法可使获得的方案新颖、全面、富于创造性，并可以防止片面和遗漏。

这种方法以5~10人的小型会议的方式进行，会议的主持者应熟悉研究对象，思想活跃，知识面广，善于启发引导，使会议气氛融洽，使与会者广开思路，畅所欲言。会议应按以下原则进行：

（1）欢迎畅所欲言，自由地发表意见；

（2）希望提出的方案越多越好；

（3）对所有提出的方案不加任何评价；

（4）要求结合别人的意见提出设想，借题发挥；

（5）会议应有记录，以便于整理研究。

2. 哥顿（Gorden）法

这是美国人歌顿在1964年提出的方法。这个方法也是在会议上提出方案，但究竟研究什么问题，目的是什么，只有会议的主持人知道，以免其他人受约束。例如，想要研究试制一种新型剪板机，主持会议者请大家就如何把东西切断和分离提出方案。当会议进行到一定时机，再宣布会议的具体要求，在此联想的基础上研究和提出各种新的具体方案。

这种方法的指导思想是把要研究的问题适当抽象，以利于开拓思路。在研究到新方案时，会议主持人开始并不全部摊开要解决的问题，而是只对大家作一番抽象笼统的介绍，要求大家提出各种设想，以激发出有价值的创新方案。这种方法要求会议主持人机智灵活、提问得当。提问太具体，容易限制思路；提问太抽象，则方案可能离题太远。

3. 专家意见法

这种方法又称德尔菲（Delphi）法，是由组织者将研究对象的问题和要求，函寄给若干有关专家，使他们在互不商量的情况下提出各种建议和设想，专家返回设想意见，经整理分析后，归纳出若干较合理的方案和建议，再函寄给有关专家征求意见，再回收整理，如此经过几次反复后，专家意见趋向一致，从而最后确定出新的功能实现方案。这种方法的特点是专家们彼此不见面，研究问题时间充裕，可以无顾虑、不受约束地从各种角度提出意见和方案。缺点是花费时间较长，缺乏面对面的交谈和商议。

4. 专家检查法

这个方法不是靠大家想办法，而由主管设计的工程师做出设计，提出完成所需要功能的办法和生产工艺，然后请各方面的专家（材料方面的、生产工艺的、工艺装备的、成本管理的、采购方面的）审查。这种方法先由熟悉的人进行审查，以提高效率。

第五节 设计概算的编制与审查

一、设计概算的内容和编制依据

设计概算是在初步设计或扩大初步设计阶段，按照设计要求概略地计算拟建工程从立项开始到交付使用为止全过程所发生的建设费用的文件。建设项目设计概算是设计文件的重要组成部分，是确定和控制建设项目全部投资的文件，是编制固定资产投资计划、实行建设项目投资包干、签订承发包合同的依据，是签订贷款合同、项目实施全过程造价控制管理以及考核项目经济合理性的依据。设计概算由项目设计单位负责编制，并对其编制质量负责。

（一）设计概算的内容

设计概算文件的编制形式应视项目情况采用三级概算编制或二级概算编制形式。对单一的、具有独立性的单项工程建设项目，可按二级编制形式直接编制总概算。建设工程总概算的内容见图 3-14，单项工程综合概算的组成见图 3-15，建设工程总概算的组成见图 3-16。

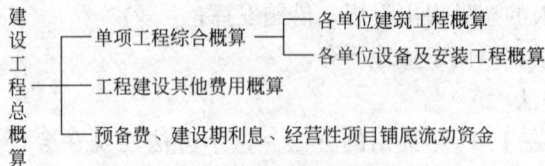

图 3-14 设计概算的内容和组成

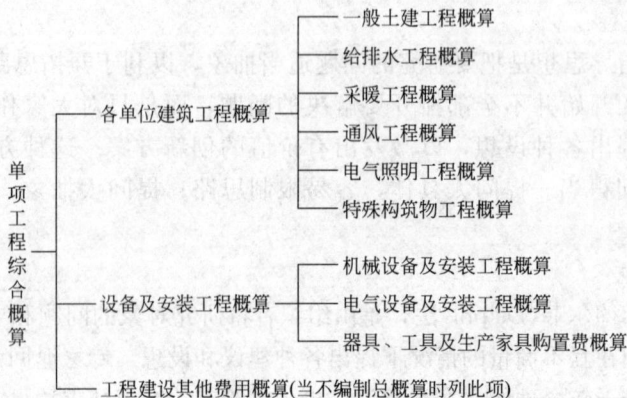

图 3-15 单项工程综合概算的组成

```
                                ┌── 主要工程项目综合概算
                                ├── 辅助和服务性项目综合概算
                 ┌ 第一部分  工程费用 ├── 住宅、宿舍、文化福利和公共建筑项目综合概算
                 │              ├── 室外工程项目综合概算
                 │              └── 场外工程项目综合概算
                 │                  ┌── 土地使用费
                 │                  ├── 建设单位管理费
                 │                  ├── 勘察设计费
                 │                  ├── 研究试验费
建               │                  ├── 联合试运转费
设               │                  ├── 生产准备费
工               ┼ 第二部分  工程建设其他费用 ├── 引进技术和进口设备项目的其他费用
程               │                  ├── 办公和生活用具购置费
总               │                  ├── 临时设施费
概               │                  ├── 建设工程监理费
算               │                  └── 工程保险费
                 └ 第三部分  预备费、建设期利息、经营性项目铺底流动资金
```

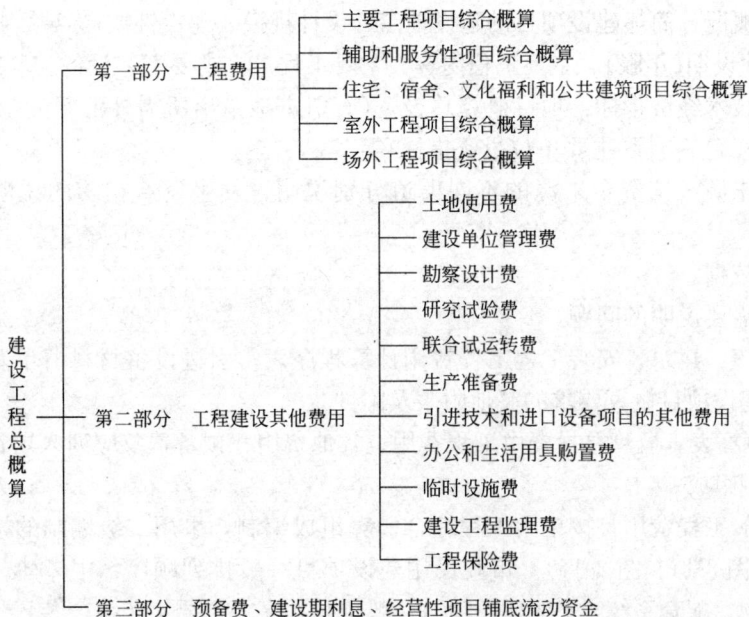

图 3-16　建设工程总概算的组成

三级编制(总概算、综合概算、单位工程概算)形式设计概算文件的组成：封面、签署页及目录；编制说明；总概算表；其他费用表；综合概算表；单位工程概算表；补充单位估价表(附件)。

二级编制(总概算、单位工程概算)形式设计概算文件的组成：封面、签署页及目录；编制说明；总概算表；其他费用表；单位工程概算表；补充单位估价表(附件)。

（二）设计概算编制依据

概算编制依据主要有：

(1) 批准的可行性研究报告；

(2) 设计工程量；

(3) 项目涉及的概算指标或定额；

(4) 国家、行业和地方政府有关法律、法规或规定；

(5) 资金筹措方式；

(6) 正常的施工组织设计；

(7) 项目涉及的设备材料供应及价格；

(8) 项目的管理(含监理)、施工条件；

(9) 项目所在地区有关的气候、水文、地质地貌等自然条件；

(10) 项目所在地区有关的经济、人文等社会条件；

(11) 项目的技术复杂程度，以及新技术、专利使用情况等；

(12) 有关文件、合同、协议等。

二、设计概算编制办法

1. 建设项目总概算及单项工程综合概算的编制

(1) 概算编制说明

概算编制说明应包括以下主要内容：

1）项目概况：简述建设项目的建设地点、设计规模、建设性质（新建、扩建或改建）、工程类别、建设期（年限）、主要工程内容、主要工程量、主要工艺设备及数量等。

2）主要技术经济指标：项目概算总投资（有引进地给出所需外汇额度）及主要分项投资、主要技术经济指标（主要单位投资指标）等。

3）资金来源：按资金来源的不同渠道分别说明，发生资产租赁的说明租赁方式及租金。

4）编制依据。

5）其他需要说明的问题。

6）附录表：建筑、安装工程工程费用计算程序表；引进设备材料清单及从属费用计算表；具体建设项目概算要求的其他附表及附件。

（2）总概算表。概算总投资由工程费用、其他费用、预备费及应列入项目概算总投资中的几项费用组成。

第一部分 工程费用：按单项工程综合概算组成编制，采用二级编制的按单位工程概算组成编制（图 3-14、图 3-15）。市政民用建设项目一般排列顺序：主体建（构）筑物、辅助建（构）筑物、配套系统。工业建设项目一般排列顺序：主要工艺生产装置、辅助工艺生产装置、公用工程、总图运输、生产管理服务性工程、生活福利工程、场外工程。

第二部分 其他费用：一般按其他费用概算顺序列项。

第三部分 预备费：包括基本预备费和价差预备费。

第四部分 应列入项目概算总投资中的几项费用：建设期利息，铺底流动资金。

（3）综合概算以单项工程所属的单位工程概算为基础，采用"综合概算表"进行编制，分别按各单位工程概算汇总成若干个单项工程综合概算。

2. 单位工程概算的编制

单位工程概算是编制单项工程综合概算（或项目总概算）的依据，单位工程概算项目根据单项工程中所属的每个单体按专业分别编制。

单位工程概算一般分建筑工程、设备及安装工程两大类。建筑工程概算费用内容及组成按照《建筑安装工程费用项目组成》确定，按构成单位工程的主要分部分项工程编制，根据初步设计工程量按工程所在省、市、自治区颁发的概算定额（指标）或行业概算定额（指标），以及工程费用定额计算。以房屋建筑为例，根据初步设计工程量按工程所在省、市、自治区颁发的概算定额（指标）分土石方工程、基础工程、墙壁工程、梁柱工程、楼地面工程、门窗工程、屋面工程、保温防水工程、室外附属工程、装饰工程等项编制概算，编制深度应达到《建设工程工程量清单计价规范》的要求。

设备及安装工程概算由设备购置费和安装工程费组成。定型或成套设备购置费＝设备出厂价格＋运输费＋采购保管费。非标准设备原价有多种不同的计算方法，如综合单价法、成本计算估价法、系列设备插入估价法、分部组合估价法、定额估价法等。工具、器具及生产家具购置费一般以设备购置费为计算基数，按照部门或行业规定的工具、器具及生产家具费率计算（参见第二章）。设备及安装工程概算采用"设备及安装工程概算表"形式，按构成单位工程的主要分部分项工程编制，根据初步设计工程量按工程所在省、市、自治区颁发的概算定额（指标）或行业概算定额（指标），以及工程费用定额计算。概算编制深度可参照《建筑安装工程工程量清单计价规范》深度执行。

3. 建筑工程概算的编制方法

编制建筑单位工程概算一般有扩大单价法、概算指标法两种，可根据编制条件、依据和要求的不同适当选取。对于通用结构建筑可采用"造价指标"编制概算；对于特殊或重要的建构筑物，必须按构成单位工程的主要分部分项工程编制，必要时结合施工组织设计进行详细计算。

（1）扩大单价法

首先根据概算定额编制成扩大单位估价表（概算定额基价）。概算定额一般以分部工程为对象，包括分部工程所含的分项工程，完成某单位分部工程所消耗的各种材料人工、机具的数量额度，以及相应的费用。扩大单位估价表是确定单位工程中各扩大分部分项工程或完整的结构构件所需全部材料费、人工费、施工机具使用费之和的文件。计算公式为：

$$概算定额基价 = 概算定额单位材料费 + 概算定额人工费 + 概算定额单位施工机具使用费$$
$$= \sum（概算定额中材料消耗量 \times 材料预算价格）$$
$$+ \sum（概算定额中人工工日消耗量 \times 人工工资单价）$$
$$+ \sum（概算定额中施工机具台班消耗量 \times 机具台班费用单价） \quad (3-33)$$

将扩大分部分项工程的工程量乘以扩大单位估价进行计算。其中工程量的计算，必须按概算定额中规定的各个分部分项工程内容，遵循定额中规定的计量单位、工程量计算规则及方法来进行。完整的编制步骤为：

1）根据初步设计图纸和说明书，按概算定额中划分的项目计算工程量。

2）根据计算的工程量套用相应的扩大单位估价，计算出材料费、人工费、施工机械使用费三者之和。

3）根据有关取费标准计算企业管理费、规费、利润和税金。

4）将上述各项费用累加，其和为建筑工程概算造价。

采用扩大单价法编制建筑工程概算比较准确，但计算较繁琐。在套用扩大单位估价表时，若所在地区的工资标准及材料预算价格与概算定额不符，则需要重新编制扩大单位估价或测定系数加以修正。

当初步设计达到一定深度、建筑结构比较明确时，可采用这种方法编制建筑工程概算。

（2）概算指标法

由于设计深度不够等原因，对一般附属、辅助和服务工程等项目，以及住宅和文化福利工程项目或投资比较小、比较简单的工程项目，可采用概算指标法编制概算。

概算指标是比概算定额更综合和简化的综合造价指标。一般以单位工程或分部工程为对象，包括所含的分部工程或分项工程，完成某计量单位的单位工程或分部工程所需的直接费用。通常以每 $100m^2$ 建筑面积或每 $1000m^3$ 建筑体积的人工、材料消耗以及施工机具消耗指标，结合本地的工资标准、材料预算价格计算人工费、材料费、施工机具使用费。

其具体步骤如下：

1）计算单位建筑面积或体积（以 100 或 1000 为单位）的人工费、材料费、施工机具使用费。

2）计算单位建筑面积或体积的企业管理费、利润、规费、税金及概算单价。概算单价为各项费用之和。

3) 计算单位工程概算价值:

$$概算价值＝单位工程建筑面积或建筑体积×概算单价$$

4) 计算技术经济指标。

当设计对象结构特征与概算指标的结构特征局部有差别时,可用修正概算指标,再根据已计算的建筑面积或建筑体积乘以修正后的概算指标及单位价值,算出工程概算价值。

4. 设备及安装工程概算的编制

设备及安装工程分为机械设备及安装工程和电气设备及安装工程两部分。设备及安装工程的概算由设备购置费和安装工程费两部分组成。

设备购置费构成内容及估算方法参见第二章。

设备安装工程概算编制的基本方法有:

(1) 预算单价法。当初步设计有详细设备清单时,可直接按预算单价(预算定额单价)编制设备安装工程概算。根据计算的设备安装工程量,乘以安装工程预算单价,经汇总求得。

用预算单价法编制概算,计算比较具体,精确性较高。

(2) 扩大单价法。当初步设计的设备清单不完备,或仅有成套设备的重量时,可采用主体设备,成套设备或工艺线的综合扩大安装单价编制概算。

(3) 概算指标法。当初步设计的设备清单不完备,或安装预算单价及扩大综合单价不全,无法采用预算单价法和扩大单价法时,可采用概算指标编制概算。

三、设计概算的审查

(一) 概算文件的质量要求

设计概算文件编制必须建立在正确、可靠、充分的编制依据基础之上。

设计概算文件编制人员应与设计人员密切配合,以确保概算的质量,项目设计负责人和概算负责人应对全部设计概算的质量负责。有关的设计概算文件编制人员应参与设计方案的讨论,与设计人员共同做好方案的技术经济比较工作,以选出技术先进、经济合理的最佳设计方案。设计人员要坚持正确的设计指导思想,树立以经济效益为中心的观念,严格按照批准的可行性研究报告或立项批文所规定的内容及控制投资额度进行限额设计,并严格按照规定要求,提出满足概算文件编制深度的设计技术资料。设计概算文件编制人员应对投资的合理性负责,杜绝不合理的人为增加或减少投资额度。

设计单位完成初步设计概算后发送发包人,发包人必须及时组织力量对概算进行审查,并提出修改意见反馈设计单位。由设计、建设双方共同核实取得一致意见后,由设计单位进行修改,再随同初步设计一并报送主管部门审批。

概算负责人、审核人、审定人应由国家注册造价工程师担任,具体规定由省、市建委或行业造价主管部门制定。

设计概算应按编制时项目所在地的价格水平编制,总投资应完整地反映编制时建设项目的实际投资;设计概算应考虑建设项目施工条件等因素对投资的影响;还应按项目合理工期预测建设期价格水平,以及资产租赁和贷款的时间价值等动态因素对投资的影响;建设项目总投资还应包括铺底流动资金。

(二) 设计概算审查的主要内容

1. 审查设计概算的编制依据

(1) 合法性审查。采用的各种编制依据必须经过国家或授权机关的批准,符合国家的编制规定。未经过批准的不得以任何借口采用，不得强调特殊理由擅自提高费用标准。

（2）时效性审查。对定额、指标、价格、取费标准等各种依据，都应根据国家有关部门的现行规定执行。对颁发时间较长、已不能全部适用的应按有关部门做的调整系数执行。

（3）适用范围审查。各主管部门、各地区规定的各种定额及其取费标准均有其各自的适用范围，特别是各地区的材料预算价格区域性差别较大，在审查时应给予高度重视。

2. 审查设计概算构成内容

由于单位工程概算是设计概算的主要组成部分，本节主要介绍单位工程设计概算构成的审查。

（1）建筑工程概算的审查

1）工程量审查。根据初步设计图纸、概算定额、工程量计算规则的要求进行审查。

2）采用的定额或指标的审查。审查定额或指标的使用范围、定额基价、指标的调整、定额或指标缺项的补充等。其中，审查补充的定额或指标时，其项目划分、内容组成、编制原则等须与现行定额水平相一致。

3）材料预算价格的审查。以耗用量最大的主要材料作为审查的重点，同时着重审查材料原价、运输费用及节约材料运输费用的措施。

4）各项费用的审查。审查各项费用所包含的具体内容是否重复计算或遗漏、取费标准是否符合国家有关部门或地方规定的标准。

（2）设备及安装工程概算的审查

设备及安装工程概算审查的重点是设备清单与安装费用的计算。

1）标准设备原价，应根据设备所被管辖的范围，审查各级规定的统一价格标准。

2）非标准设备原价，除审查价格的估算依据、估算方法外还要分析研究非标准设备估价准确度的有关因素及价格变动规律。

3）设备运杂费审查，需注意：若设备价格中已包括包装费和供销部门手续费时不应重复计算，应相应降低设备运杂费率。

4）进口设备费用的审查，应根据设备费用各组成部分及国家设备进口、外汇管理、海关、税务等有关部门不同时期的规定进行。

5）设备安装工程概算的审查，除编制方法、编制依据外，还应注意审查：①采用预算单价或扩大综合单价计算安装费时的各种单价是否合适、工程量计算是否符合规则要求、是否准确无误；②当采用概算指标计算安装费时采用的概算指标是否合理、计算结果是否达到精度要求；③审查所需计算安装费的设备数量及种类是否符合设计要求，避免某些不需安装的设备安装费计入在内。

（三）设计概算审查的方式

设计概算审查一般采用集中会审的方式进行。根据审查人员的业务专长分组，将概算费用进行分解，分别审查，最后集中讨论定案。

设计概算审查是一项复杂而细致的技术经济工作，审查人员既应懂得有关专业技术知识，又应具有熟练编制概算的能力，可按如下步骤进行：

（1）概算审查的准备

概算审查的准备工作包括了解设计概算的内容组成、编制依据和方法；了解建设规模、设计能力和工艺流程；熟悉设计图纸和说明书，掌握概算费用的构成和有关技术经济指标；明确概算各种表格的内涵；收集概算定额、概算指标、取费标准等有关规定的文件资料等。

（2）进行概算审查

根据审查的主要内容，分别对设计概算的编制依据、单位工程设计概算、综合概算、总概算进行逐级审查。

（3）进行技术经济对比分析

利用规定的概算定额或指标以及有关的技术经济指标与设计概算进行分析对比，根据设计和概算列明的工程性质、结构类型、建设条件、费用构成、投资比例、占地面积、生产规模、建筑面积、设备数量、造价指标、劳动定员等与国内外同类型工程规模进行对比分析，找出与同类型项目的主要差距。

（4）调查研究

对概算审查中出现的问题要在对比分析、找出差距的基础上深入现场进行实际调查研究。了解设计是否经济合理、概算编制依据是否符合现行规定和施工现场实际、有无扩大规模、多估投资或预留缺口等情况，并及时核实概算投资。对于当地没有同类型的项目而不能进行对比分析时，可向国内同类型企业进行调查，收集资料，作为审查的参考。经过会审决定的定案问题应及时调整概算，并经原批准单位下发文件。

（5）概算调整

对审查过程中发现的问题要逐一理清，对建成项目的实际成本和有关数据资料等进行整理调整并积累相关资料。

设计概算投资一般应控制在立项批准的投资控制额以内；如果设计概算值超过控制额，必须修改设计或重新立项审批；设计概算批准后不得任意修改和调整；如需修改或调整时，须经原批准部门重新审批。

第六节　施工图预算的编制与审查

一、施工图预算概述

（一）施工图预算及计价模式

施工图预算是以施工图设计文件为主要依据，按照规定的程序、方法和依据，在施工招投标阶段编制的预测工程造价的经济文件。

按预算造价的计算方式和管理方式的不同，施工图预算可以划分为以下两种计价模式。

1. 传统计价模式

传统计价模式是采用国家、部门或地区统一规定的定额和取费标准进行工程计价的模式，通常也称为定额计价模式。发包人和承包人均先根据预算定额中的工程量计算规则计算工程量，再根据定额单价（单位估价表）计算出对应工程所需的人料机费用、管理费用及利润和税金等，汇总得到工程造价。

传统计价模式对我国建设工程的投资计划管理和招投标起到过很大的作用，但其计价模式的工、料、机消耗量是根据"社会平均水平"综合测定，取费标准是根据不同地区价格水平的平均测算，企业自主报价的空间很小，不能结合项目具体情况、自身技术管理水平和市场价格自主报价，也不能满足招标人对建筑产品质优价廉的要求。同时，由于工程量计算由招投标的各方单独完成，计价基础不统一，不利于招标工作的规范性。在工程完工后，工程结算繁琐，易引起争议。

2. 工程量清单计价模式

工程量清单计价模式是指按照建设工程工程量计算规范规定的工程量计算规则，由招标人提供工程量清单和有关技术说明，投标人根据自身实力，按企业定额、资源市场单价以及市场供求及竞争状况进行施工图预算的计价模式。

（二）施工图预算的作用

1. 施工图预算对发包人的作用

（1）施工图预算是施工图设计阶段确定建设项目造价的依据。

（2）施工图预算是编制招标控制价的基础。

（3）施工图预算是发包人在施工期间安排建设资金计划和使用建设资金的依据。

（4）施工图预算是发包人采用经审定批准的施工图纸及其预算方式发包形成的总价合同时，按约定工程计量的形象目标或时间节点进行计量、拨付进度款及办理结算的依据。

2. 施工图预算对承包人的作用

（1）施工图预算是确定投标报价的依据。在竞争激烈的建筑市场，承包人需要根据施工图预算造价，结合企业的投标策略，确定投标报价。

（2）施工图预算是承包人进行施工准备的依据，是承包人在施工前组织材料、机具、设备及劳动力供应的重要参考，是承包人编制进度计划、统计完成工作量、进行经济核算的参考依据。施工图预算的工、料、机分析，为承包人材料购置、劳动力及机具和设备的配备提供参考。

（3）施工图预算是控制施工成本的依据。根据施工图预算确定的中标价格是施工企业收取工程款的依据，企业只有合理利用各项资源，采取技术措施、经济措施和组织措施降低成本，将成本控制在施工图预算以内，企业才能获得良好的经济效益。

3. 施工图预算对其他方面的作用

（1）施工图预算编制的质量好坏，体现了工程咨询企业为委托方提供服务的业务水平、素质和信誉。

（2）施工图预算是工程造价管理部门监督检查企业执行定额标准情况、确定合理的工程造价、测算造价指数及审定招标工程标底的依据。

（3）施工图预算是仲裁、管理、司法机关在处理合同经济纠纷时的重要依据。

二、施工图预算的编制内容

根据《建设项目施工图预算编审规程》CECA/GC 5—2010，施工图预算的构成如图 3-17 所示。

施工图预算根据建设项目实际情况可采用三级预算编制或二级预算编制形式。当建设项目有多个单项工程时，应采用三级预算编制形式，三级预算编制形式由建设项目总预算、单项工程综合预算、单位工程预算组成。当建设项目只有一个单项工程时，应采用二级预算编制形式，二级预算编制形式由建设项目总预算

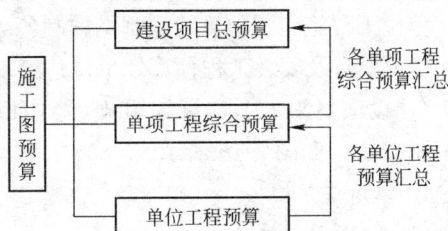

图 3-17　施工图预算构成图

和单位工程预算组成。

1. 建设项目总预算

建设项目总预算是反映施工图设计阶段建设项目投资总额的造价文件，是施工图预算文件的主要组成部分。总预算由组成该建设项目的各个单项工程综合预算和相关费用组成。

2. 单项工程综合预算

单项工程综合预算是反映施工图设计阶段一个单项工程(设计单元)造价的文件，是总预算的组成部分。单项工程综合预算由构成该单项工程的各个单位工程施工图预算组成。

3. 单位工程预算

单位工程预算是依据单位工程施工图设计文件、现行预算定额以及人工、材料和施工机具台班价格等，按照规定的计价方法编制的工程造价文件。

4. 工程预算文件的内容

采用三级预算编制形式的工程预算文件包括：封面、签署页及目录、编制说明、总预算表、综合预算表、单位工程预算表、附件等内容。

采用二级预算编制形式的工程预算文件包括：封面、签署页及目录、编制说明、总预算表、单位工程预算表、附件等内容。

各表格形式详见《建设项目施工图预算编审规程》CECA/GC 5—2010。

三、施工图预算的编制依据

(1) 国家、行业和地方政府发布的计价依据，有关法律、法规和规定。

(2) 建设项目有关文件、合同、协议等。

(3) 批准的概算。

(4) 批准的施工图设计图纸及相关标准图集和规范。

(5) 相应预算定额和地区单位估价表。

(6) 合理的施工组织设计和施工方案等文件。

(7) 项目有关的设备、材料供应合同、价格及相关说明书。

(8) 项目所在地区有关的气候、水文、地质地貌等的自然条件。

(9) 项目的技术复杂程度，以及新技术、专利使用情况等。

(10) 项目所在地区有关的经济、人文等社会条件。

(11) 建筑工程费用定额和各类成本与费用价差调整的有关规定。

(12) 造价工作手册及有关工具书。

四、施工图预算的编制方法

(一) 单位工程施工图预算的编制

单位工程施工图预算的编制是编制各级预算的基础。单位工程预算包括单位建筑工程预算和单位设备及安装工程预算。单位建筑工程预算与安装工程预算包含的内容参见图 3-18。

《建设项目施工图预算编审规程》CECA/GC 5—2010 中给出的单位工程施工图预算的编制方法，如图 3-18 所示。

1. 单价法

(1) 定额单价法

定额单价法(也称为预算单价法、定额计价法)是用事先编制好的分项工程的单位估价

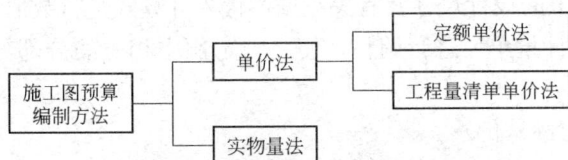

图 3-18　施工图预算的编制方法

表来编制施工图预算的方法。按施工图及计算规则计算的各分项工程的工程量,乘以相应工料机单价,汇总相加,得到单位工程的人工费、材料费、施工机具使用费之和;再加上按规定程序计算出企业管理费、利润、措施费、其他项目费、规费、税金,便可得出单位工程的施工图预算造价。

定额单价法编制施工图预算的基本步骤如下:

1)编制前的准备工作

编制施工图预算,不仅应严格遵守国家计价法规、政策,严格按图纸计量,还应考虑施工现场条件因素,因此,必须事前做好充分准备。准备工作主要包括两个方面:一是组织准备;二是资料的收集和现场情况的调查。

2)熟悉图纸和预算定额以及单位估价表

图纸是编制施工图预算的基本依据。熟悉图纸不但要弄清图纸的内容,还应对图纸进行审核。

① 图纸间相关尺寸是否有误。

② 设备与材料表上的规格、数量是否与图示相符,详图、说明、尺寸和其他符号是否正确等,若发现错误应及时纠正。

③ 图纸是否有设计更改通知(或类似文件)。

通过对图纸的熟悉,要了解工程的性质、系统的组成,设备和材料的规格型号和品种,以及有无新材料、新工艺的采用。

预算定额和单位估价表是编制施工图预算的计价标准,对其适用范围、工程量计算规则及定额系数等都要充分了解,做到心中有数,这样才能使预算编制准确、迅速。

3)了解施工组织设计和施工现场情况

要熟悉与施工安排相关的内容。例如各分部分项工程的施工方法,土方工程中余土外运使用的工具、运距,施工平面图对建筑材料、构件等堆放点到施工操作地点的距离等,以便能正确计算工程量和正确套用或确定某些分项工程的基价。

4)划分工程项目和计算工程量

① 划分工程项目。划分的工程项目必须和定额规定的项目一致,这样才能正确地套用定额。不能重复列项计算,也不能漏项少算。

② 计算并整理工程量。必须按定额规定的工程量计算规则进行计算,当按照工程项目将工程量全部计算完以后,要对工程项目和工程量进行整理,即合并同类项和按序排列,为套用定额、计算人、料、机费用和进行工料分析打下基础。

工程量计算一般按如下步骤进行:

a. 根据工程内容和定额项目,列出需计算工程量的分部分项工程;

b. 根据一定的计算顺序和计算规则,列出分部分项工程量的计算式;

c. 根据施工图纸上的设计尺寸及有关数据，代入计算式进行数值计算；

d. 对计算结果的计量单位进行调整，使之与定额中相应的分部分项工程的计量单位保持一致。

5）套单价（计算定额基价）

即将定额子项中的基价填于预算表单价栏内，并将单价乘以工程量得出合价，将结果填入合价栏。在进行套价时，需注意以下几项内容：

① 分项工程的名称、规格、计量单位与预算单价或单位估价表中所列内容完全一致时，可以直接套用预算单价；

② 分项工程的主要材料品种与预算单价或单位估价表中规定材料不一致时，不能直接套用预算单价；需要按实际使用材料价格换算预算单价；

③ 分项工程施工工艺条件与预算单价或单位估价表不一致而造成人工、机械的数量增减时，一般调量不换价；

④ 分项工程不能直接套用定额、不能换算和调整时，应编制补充单位估价表。

⑤ 由于预算定额的时效性，在编制施工图预算时，应动态调整相应的人工、材料费用价差。

6）工料分析

工料分析即按分项工程项目，依据定额或单位估价表，计算人工和各种材料的实物耗量，并将主要材料汇总成表。工料分析的方法是首先从定额项目表中分别将各分项工程消耗的每项材料和人工的定额消耗量查出；再分别乘以该工程项目的工程量，得到分项工程工料消耗量，最后将各分项工程工料消耗量加以汇总，得出单位工程人工、材料的消耗数量。

7）计算主材费（未计价材料费）

因为有些定额项目（如许多安装工程定额项目）基价为不完全价格，即未包括主材费用在内。计算所在地定额基价费（基价合计）之后，还应计算出主材费，以便计算工程造价。

8）按费用定额取费

如不可计量的总价措施费、管理费、规费、利润、税金等应按相关的定额取费标准（或范围）合理取费。

9）计算汇总工程造价

将人料机费用及各类取费汇总，确定工程造价。

10）复核

对项目填列、工程量计算公式、计算结果、套用的单价、采用的取费费率、数字计算、数据精确度等进行全面复核，以便及时发现差错，及时修改，提高预算的准确性。

11）编制说明、填写封面

编制说明主要应写明预算所包括的工程内容范围、依据的图纸编号、承包方式、有关部门现行的调价文件号、套用单价需要补充说明的问题及其他需说明的问题等。封面应写明工程编号、工程名称、预算总造价和单方造价、编制单位名称、负责人和编制日期以及审核单位的名称、负责人和审核日期等。

（2）工程量清单单价法

工程量清单单价法是指招标人按照设计图纸和国家统一的工程量计算规则提供工程

数量，采用综合单价的形式计算工程造价的方法。综合单价是指完成一个规定计量单位的分部分项工程量清单项目或措施清单项目所需的人工费、材料费、施工机具使用费和企业管理费与利润，以及一定范围内的风险费用。工程量清单费用构成及计量费用计算程序如图 3-19 所示。

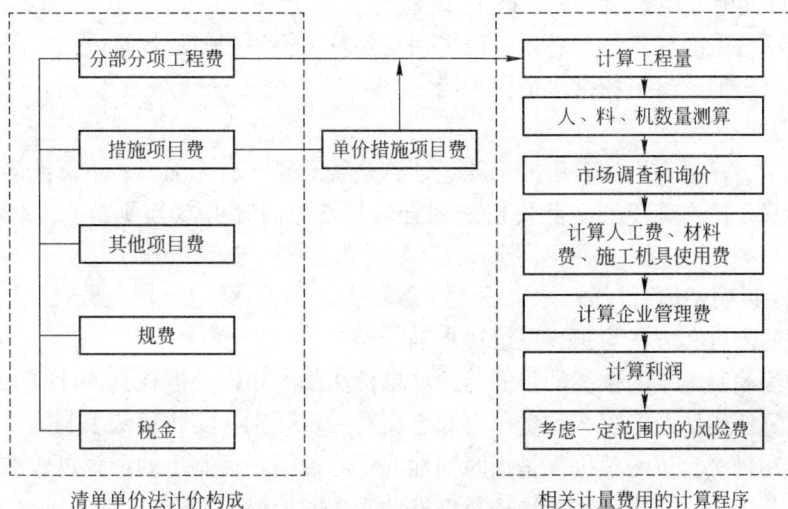

图 3-19　清单费用构成及计量费用计算程序图

2. 实物量法

实物量法编制施工图预算即依据施工图纸和预算定额的项目划分及工程量计算规则，先计算出分部分项工程量，然后套用预算定额(实物量定额)计算出各类人工、材料、机械的实物消耗量，根据预算编制期的人工、材料、机械价格，计算出人工费、材料费、施工机具使用费、企业管理费和利润，再加上按规定程序计算出的措施费、其他项目费、规费、税金，便可得出单位工程的施工图预算造价。

实物量法编制施工图预算的步骤为：

(1) 准备资料、熟悉施工图纸

全面收集各种人工、材料、机械的当时当地的实际价格，应包括不同品种、不同规格的材料预算价格；不同工种、不同等级的人工工资单价；不同种类、不同型号的机械台班单价等。要求获得的各种实际价格应全面、系统、真实、可靠。具体可参考预算单价法相应步骤的内容。

(2) 计算工程量

本步骤的内容与预算单价法相同，不再赘述。

(3) 套用消耗定额，计算人料机消耗量

定额消耗量中的"量"应是符合国家技术规范和质量标准要求、并能反映现行施工工艺水平的分项工程计价所需的人工、材料、施工机具的消耗量。

根据预算人工定额所列各类人工工日的数量，乘以各分项工程的工程量，计算出各分项工程所需各类人工工日的数量，统计汇总后确定单位工程所需的各类人工工日消耗量。同理，根据材料预算定额、机具预算台班定额分别确定出工程各类材料消耗数量和各类施工机具台班数量。

（4）计算并汇总人工费、材料费、机具使用费

根据当时当地工程造价管理部门定期发布的或企业根据市场价格确定的人工工资单价、材料预算价格、施工机具台班单价分别乘以人工、材料、机具消耗量，汇总即为单位工程人工费、材料费和施工机具使用费。

（5）计算其他各项费用，汇总造价

其他各项费用的计算及汇总，可以采用与预算单价法相似的计算方法，只是有关的费率是根据当时当地建筑市场供求情况来确定。

（6）复核

检查人工、材料、机具台班的消耗量计算是否准确，有无漏算、重算或多算；套取的定额是否正确；检查采用的实际价格是否合理。其他内容可参考预算单价法相应步骤的介绍。

（7）编制说明、填写封面

本步骤的内容和方法与预算单价法相同。

实物量法编制施工图预算的步骤与预算单价法基本相似，但在具体计算人工费、材料费和施工机具使用费及汇总 3 种费用之和方面有一定区别。实物量法编制施工图预算所用人工、材料和机械台班的单价都是当时当地的实际价格，编制出的预算可较准确地反映实际水平，误差较小，适用于市场经济条件波动较大的情况。

（二）单项工程综合预算的编制

单项工程综合预算造价由组成该单项工程的各个单位工程预算造价汇总而成。计算公式如下：

$$单项工程施工图预算 = \sum 单位建筑工程费用 + \sum 单位设备及安装工程费用 \quad (3\text{-}34)$$

（三）建设项目总预算的编制

建设项目总预算的编制费用项目是各单项工程的费用汇总，以及经计算的工程建设其他费、预备费和建设期利息和铺底流动资金汇总而成。

三级预算编制中总预算由综合预算和工程建设其他费、预备费、建设期利息及铺底流动资金汇总而成，计算公式如下：

$$总预算 = \sum 单项工程施工图预算 + 工程建设其他费 + 预备费 + 建设期利息 + 铺底流动资金$$
$$(3\text{-}35)$$

【例 3-14】　某建设项目在设计阶段对项目的工程造价做出以下预测：单项建筑工程预算之和为 54000 万元，设备购置费 68850 万元，设备安装费按设备购置费的 15% 计算。建设期贷款利息 4185 万元，工程建设其他费用 9150 万元，基本预备费费率为 8%，涨价预备费 11295 万元，铺底流动资金 2000 万元。试按三级预算编制中该项目的总预算。

【解】　设备安装费 = 68850 × 15% = 10327.5（万元）；

　　　　单项设备与安装工程预算 = 68850 + 10327.5 = 79177.5（万元）；

　　　　基本预备费 = （54000 + 79177.5 + 9150）× 8% = 11386.2（万元）；

　　项目总预算 = 54000 + 79177.5 + 9150 + 11295 + 11386.2 + 4185 + 2000 = 171193.7（万元）。

二级预算编制中总预算由单位工程施工图预算和工程建设其他费、预备费、建设期贷款利息及铺底流动资金汇总而成，计算公式为：

总预算＝∑单位建筑工程费用＋∑单位设备及安装工程费用＋工程建设其他费＋预备费

$\quad$＋建设期利息＋铺底流动资金 $\hfill$ (3-36)

工程建设其他费、预备费、建设期利息及铺底流动资金具体编制方法参见第二章相关内容。

（四）调整预算的编制

工程预算批准后，一般不得调整。但若发生重大设计变更、政策性调整及不可抗力等原因造成的可以调整。

调整预算编制深度与要求、文件组成及表格形式同原施工图预算。调整预算还应对工程预算调整的原因做详尽分析说明，所调整的内容在调整预算总说明中要逐项与原批准预算对比，并编制调整前后预算对比表，分析主要变更原因。在上报调整预算时，应同时提供有关文件和调整依据。

五、施工图预算的审查内容与审查方法

（一）施工图预算审查的基本规定

施工图预算文件的审查，应当委托具有相应资质的工程造价咨询机构进行。

从事建设工程施工图预算审查的人员，应具备相应的执业（从业）资格，需要在施工图预算审查文件上签署注册造价工程师执业资格专用章或造价员从业资格专用章，并出具施工图预算审查意见报告，报告要加盖工程造价咨询企业的公章和资格专用章。

（二）预算的审查内容

（1）审查施工图预算的编制是否符合现行国家、行业、地方政府有关法律、法规和规定要求。

（2）审查工程量计算的准确性、工程量计算规则与计价规范规则或定额规则的一致性。工程量是确定建筑安装工程造价的决定因素，是预算审查的重要内容。工程量审查中常见的问题为：

1）多计工程量。计算尺寸以大代小，按规定应扣除的不扣除。

2）重复计算工程量，虚增工程量。

3）项目变更后，该减的工程量未减。

4）未考虑施工方案对工程量的影响。

（3）审查在施工图预算的编制过程中，各种计价依据使用是否恰当，各项费率计取是否正确；审查依据主要有施工图设计资料、有关定额、施工组织设计、有关造价文件规定和技术规范、规程等。

（4）审查各种要素市场价格选用、应计取的费用是否合理。

预算单价是确定工程造价的关键因素之一，审查的主要内容包括单价的套用是否正确，换算是否符合规定，补充的定额是否按规定执行。

根据现行规定，除规费、措施费中的安全文明施工费和税金外，企业可以根据自身管理水平自主确定费率，因此，审查各项应计取费用的重点是费用的计算基础是否正确。

除建筑安装工程费用组成的各项费用外，还应列入调整某些建筑材料价格变动所发生的材料差价。

（5）审查施工图预算是否超过概算以及进行偏差分析。

（三）施工图预算的审查方法

1. 逐项审查法

逐项审查法又称全面审查法，即按定额顺序或施工顺序，对各项工程细目逐项全面详细审查的一种方法。其优点是全面、细致，审查质量高、效果好。缺点是工作量大，时间较长。这种方法适合于一些工程量较小、工艺比较简单的工程。

2. 标准预算审查法

标准预算审查法就是对利用标准图纸或通用图纸施工的工程，先集中力量编制标准预算，以此为准来审查工程预算的一种方法。按标准设计图纸施工的工程，一般上部结构和做法相同，只是根据现场施工条件或地质情况不同，仅对基础部分做局部改变。凡这样的工程，以标准预算为准，对局部修改部分单独审查即可，不需逐一详细审查。该方法的优点是时间短、效果好、易定案。其缺点是适用范围小，仅适用于采用标准图纸的工程。

3. 分组计算审查法

分组计算审查法就是把预算中有关项目按类别划分若干组，利用同组中的一组数据审查分项工程量的一种方法。这种方法首先将若干分部分项工程按相邻且有一定内在联系的项目进行编组，利用同组分项工程间具有相同或相近计算基数的关系，审查一个分项工程数，由此判断同组中其他几个分项工程的准确程度。如一般的建筑工程中将底层建筑面积可编为一组。先计算底层建筑面积或楼（地）面面积，从而得知楼面找平层、天棚抹灰的工程量等，依次类推。该方法特点是审查速度快、工作量小。

4. 对比审查法

对比审查法是当工程条件相同时，用已完工程的预算或未完但已经过审查修正的工程预算对比审查拟建工程的同类工程预算的一种方法。采用该方法一般须符合下列条件：

（1）拟建工程与已完或在建工程预算采用同一施工图，但基础部分和现场施工条件不同，则相同部分可采用对比审查法。

（2）工程设计相同，但建筑面积不同，两个工程的建筑面积之比与两个工程各分部分项工程量之比大体一致。此时可按分项工程量的比例，审查拟建工程各分部分项工程的工程量，或用两个工程每平方米建筑面积造价、每平方米建筑面积的各分部分项工程量对比进行审查。

（3）两个工程面积相同，但设计图纸不完全相同，则相同的部分，如厂房中的柱子、层架、层面、砖墙等，可进行工程量的对照审查。对不能对比的分部分项工程可按图纸计算。

【例 3-15】 某拟建办公楼的设计图纸与本地一刚建好的办公楼图纸基本相同，仅是将原来的两间小办公室合并为一个大会议室，已建办公楼隔墙为 M5 轻质混凝土填充墙，宽 4.5m，高 3.18m，厚 0.365m，单方造价 192 元/m^3。已知已建教学楼 ±0.00 以上的施工图预算中人料机费用为 2700 万元，拟建办公楼的 ±0.00 以上的施工图预算中人料机费用为 2699 万元，试用对比审查法进行审查。

【解】 计算原隔墙所需的人料机费用：

$$4.5×3.18×0.365×192=1003（元）$$

由于去掉了隔墙，拟建办公楼的 ±0.00 以上的施工图预算中人料机费用为：

$$2700-0.1003=2699.89（元）$$

说明预算计算出错的可能性较小。

5. "筛选"审查法

"筛选"是能较快发现问题的一种方法。建筑工程虽面积和高度不同，但其各分部分项工程的单位建筑面积指标变化却不大。将这样的分部分项工程加以汇集、优选，找出其单位建筑面积工程量、单价、用工的基本数值，归纳为工程量、价格、用工3个单方基本指标，并注明基本指标的适用范围。这些基本指标用来筛选各分部分项工程，对不符合条件的应进行详细审查，若审查对象的预算标准与基本指标的标准不符，就应对其进行调整。

"筛选法"的优点是简单易懂，便于掌握，审查速度快，便于发现问题。但问题出现的原因尚需继续审查。该方法适用于审查住宅工程或不具备全面审查条件的工程。

【例 3-16】 某 6 层矩形住宅，底层为 370 墙，楼层为 240 墙，建筑面积 1900m²，砖墙工程量的单位建筑面积用砖指标为 0.46m³/m²，而该地区同类型的一般住宅工程(240墙)测算的砖墙用砖耗用量综合指标为 0.42m³/m²。试分析砖墙工程量计算是否正确。

【解】 该住宅底层是 370mm 厚墙，而综合指标是按 240mm 厚墙考虑，故砖砌体量偏大是必然的，至于用砖指标 0.46m³/m² 是否正确，可按以下方法测算：

底层建筑面积　$S_底 = 1900 \div 6 = 317(m^2)$；

设底层也为 240 墙，则底层砖体积　$V_底 = 317 \times 0.42 = 133.14(m^3)$；

当底层为 370 墙，底层砖体积　$V'_底 = 133.14 \times 370 \div 240 = 205.26(m^3)$；

该建筑砖体积 V 为：

$$V = (1900 - 317) \times 0.42 + 205.26 = 870.12(m^3)$$

该建筑砖体积比综合指标(240 墙)多用砖体积(V_D)为：

$$V_D = 870.12 - 1900 \times 0.42 = 72.12(m^3)$$

每单位建筑面积多用砖体积 $= 72.12 \div 1900 = 0.04(m^3)$；与 $0.46 - 0.42 = 0.04m^3/m^2$ 一致，说明工程量计算出错的可能性较小。

6. 重点审查法

重点审查法就是抓住施工图预算中的重点进行审核的方法。审查的重点一般是工程量大或者造价较高的各种工程、补充定额、计取的各种费用(计费基础、取费标准)等。重点审查法的优点是突出重点，审查时间短、效果好。

应当注意的是，除了逐项审查法之外，其他各种方法应注意综合运用，单一使用某种方法可能会导致审查不全面或者漏项。例如，可以在筛选的基础上，对重点项目或者筛选中发现有问题的子项进行重点审查。

思 考 题

1. 什么是现金流量？什么是资金时间价值？

2. 简述资金成本的概念和性质。

3. 建设工程中方案经济评价的主要指标有哪些？各指标如何进行计算与分析评价？

4. 设计方案评选的方法有哪些？

5. 什么是价值工程？

6. 价值工程的特点是什么？工作步骤有哪些？

7. 价值工程的应用主要体现在哪几个方面？

8. 价值工程对象选择的一般原则是什么？常用的对象选择的方法有哪些？

9. 简述价值工程功能评价的程序。

10. 价值工程功能评价的方法有哪些？

11. 设计概算由哪几级组成？简述其相互关系。

12. 单位工程设计概算的编制方法有哪些？

13. 设计概算审查的内容包括哪些？

14. 简述施工图的计价模式，并分析其计价特点。

15. 简述单位工程施工图预算的编制方法，并分析定额单价法和实物量法在编制中的主要区别。

16. 简述施工图预算的审查方法。

第四章　建设工程招标阶段的投资控制

第一节　招标控制价编制

工程招标是招标人选择工程承包商、确定工程合同价格的过程。招标人在组织工程招标的过程中，最重要的工作是编制招标文件和确定合同价格。为了合理确定合同价格，招标人可以确定某个价格作为评标的依据，并组织工程招标。

按照我国现行规定，工程量清单计价已成为招标中的主要计价方式，按工程量清单计价方式编制的招标控制价将逐渐取代传统的标底，从而达到杜绝围标、串标，有效控制建设项目投资的作用。

一、工程量清单概述

（一）工程量清单

工程量清单是载明建设工程分部分项工程项目、措施项目、其他项目的名称和相应数量以及规费、税金项目等内容的明细清单。工程量清单分为以下两类：

（1）招标工程量清单。招标人依据国家标准、招标文件、设计文件以及施工现场实际情况编制的，随招标文件发布供投标报价的工程量清单，包括其说明和表格。

（2）已标价工程量清单。构成合同文件组成部分的投标文件中已标明价格，经算术性错误修正（如有）且承包人已确认的工程量清单，包括其说明和表格。

（二）工程量清单的作用

工程量清单的主要作用为：

（1）在招投标阶段，招标工程量清单为投标人的投标竞争提供了一个平等和共同的基础。工程量清单将要求投标人完成的工程项目及其相应工程实体数量全部列出，为投标人提供拟建工程的基本内容、实体数量和质量要求等信息。这使所有投标人所掌握的信息相同，受到的待遇是客观、公正和公平的。

（2）工程量清单是建设工程计价的依据。在招标投标过程中，招标人根据工程量清单编制招标工程的招标控制价；投标人按照工程量清单所表述的内容，依据企业定额计算投标价格，自主填报工程量清单所列项目的单价与合价。

（3）工程量清单是工程付款和结算的依据。发包人根据承包人是否完成工程量清单规定的内容以投标时在工程量清单中所报的单价作为支付工程进度款和进行结算的依据。

（4）工程量清单是调整工程量、进行工程索赔的依据。在发生工程变更、索赔、增加新的工程项目等情况时，可以选用或者参照工程量清单中的分部分项工程或计价项目与合同单价来确定变更项目或索赔项目的单价和相关费用。

（三）工程量清单的适用范围

（1）工程量清单适用于建设工程发承包及实施阶段的计价活动，包括工程量清单的编制、招标控制价的编制、投标报价的编制、工程合同价款的约定、工程施工过程中计量与合同价款的支付、索赔与现场签证、竣工结算的办理和合同价款争议的解决以及工程造价鉴定等活动。

(2) 现行计价规范规定,使用国有资金投资的工程建设工程发承包项目,必须采用工程量清单计价。

(3) 对于非国有资金投资的工程建设项目,是否采用工程量清单方式计价由项目业主自主确定。当确定采用工程量清单计价时,则按现行计价规范规定执行;对于不采用工程量清单计价的建设工程,除不执行工程量清单计价的专门性规定外,仍应执行现行计价规范规定的工程价款调整、工程计量和价款支付、索赔与现场签证、竣工结算以及工程造价争议处理等条文。

(四) 工程量清单计价规范的构成

现行的《建设工程工程量清单计价规范》GB 50500—2013 包括规范条文和附录两部分。

规范条文共 16 章,包括总则、术语、一般规定、工程量清单编制、招标控制价、投标报价、合同价款约定、工程计量、合同价款调整、合同价款期中支付、竣工结算与支付、合同解除的价款结算与支付、合同价款争议的解决、工程造价鉴定、工程计价资料与档案、工程计价表格。

规范条文就适用范围、作用以及计量活动中应遵循的原则、工程量清单编制的规则、工程量清单计价的规则、工程量清单计价格式及编制人员资格等作出了明确规定。

附录分为 A、B、C、D、E、F、G、H、J、K、L,共计 11 个。除附录 A 外,其余为工程计价表格。附录分别对招标控制价、投标报价、竣工结算的编制等使用的表格作出了明确规定。

二、工程量清单编制

工程量清单应由具有编制能力的招标人或受其委托,具有相应资质的工程造价咨询人编制。采用工程量清单方式招标,招标工程量清单必须作为招标文件的组成部分,其准确性和完整性由招标人负责。

工程量清单由分部分项工程量清单、措施项目清单、其他项目清单、规费项目清单、税金项目清单组成。

工程量清单编制的依据有:

(1) 现行计价规范和相关工程的国家计量规范;

(2) 国家或省级、行业建设主管部门颁发的计价定额和办法;

(3) 建设工程设计文件及相关资料;

(4) 与建设工程项目有关的标准、规范、技术资料;

(5) 拟定的招标文件;

(6) 施工现场情况、地勘水文资料、工程特点及常规施工方案;

(7) 其他相关资料。

(一) 分部分项工程项目清单

分部分项工程项目清单为不可调整的闭口清单。在投标阶段,投标人对招标文件提供的分部分项工程项目清单必须逐一计价,对清单所列内容不允许进行任何更改变动。投标人如果认为清单内容有不妥或遗漏,只能通过质疑的方式由清单编制人作统一的修改更正。清单编制人应将修正后的工程量清单发往所有投标人。

　　分部分项工程量清单应按《建设工程工程量清单计价规范》的规定，确定项目编码、项目名称、项目特征、计量单位，并按不同专业工程量计量规范给出的工程量计算规则，进行工程量的计算。

　　1. 项目编码

　　项目编码是分部分项工程量清单项目名称的数字标识。现行计量规范项目编码由十二位数字构成。一至九位应按现行计量规范的规定设置，十至十二位应根据拟建工程的工程量清单项目名称和项目特征设置，同一招标工程的项目编码不得有重码。

　　在十二位数字中，一至二位为专业工程码，如建筑工程与装饰工程为01、仿古建筑工程为02、通用安装工程为03、市政工程为04、园林绿化工程为05、矿山工程为06、构筑物工程为07、城市轨道交通工程为08、爆破工程为09。

　　三至四位为附录分类顺序码；五至六位为分部工程顺序码；七、八、九位为分项工程项目名称顺序码；十至十二位为清单项目名称顺序码。例如：

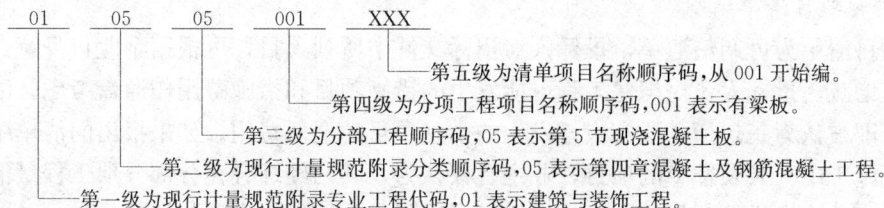

　　01　　05　　05　　001　　XXX
　　　　　　　　　　　　　　　　　　└── 第五级为清单项目名称顺序码，从001开始编。
　　　　　　　　　　　　　　└── 第四级为分项工程项目名称顺序码，001表示有梁板。
　　　　　　　　　　└── 第三级为分部工程顺序码，05表示第5节现浇混凝土板。
　　　　　　└── 第二级为现行计量规范附录分类顺序码，05表示第四章混凝土及钢筋混凝土工程。
　　　　└── 第一级为现行计量规范附录专业工程代码，01表示建筑与装饰工程。

　　【例4-1】　某标段的工程量清单中含有三个单位工程，每一单位工程中都有项目特征相同的实心砖墙砌体，在工程量清单编制中，应如何反映三个不同单位工程的实心砖墙砌体工程量？

　　【解】　根据同一招标工程项目编码不得有重码的规定，工程量清单应以单位工程为编制对象，可将第一个单位工程的实心砖墙的项目编码编成010401003001，第二个单位工程的实心砖墙的项目编码编成010401003002，第三个单位工程的实心砖墙的项目编码编成010401003003，并分别列出各单位工程实心砖墙的工程量。

　　2. 项目名称

　　分部分项工程项目清单的项目名称应按现行计量规范的项目名称结合拟建工程的实际确定。分项工程项目清单的项目名称一般以工程实体命名，项目名称如有缺项，编制人应作补充，并报省级或行业工程造价管理机构备案。补充项目的编码由现行计量规范的专业工程代码X(即01~09)与B和三位阿拉伯数字组成，并应从XB001起顺序编制，同一招标工程的项目不得重码。分部分项工程项目清单中应附补充项目名称、项目特征、计量单位、工程量计算规则、工作内容。

　　3. 项目特征

　　项目特征是确定分部分项工程项目清单综合单价的重要依据，在编制的分部分项工程项目清单时，必须对其项目特征进行准确和全面的描述。

　　但有的项目特征用文字往往又难以准确和全面地描述，因此为达到规范、简捷、准确、全面描述项目特征的要求，在描述分部分项工程项目清单项目特征时应按以下原则进行：

　　(1) 项目特征描述的内容应按现行计量规范，结合拟建工程的实际，满足确定综合单价的需要。

（2）对采用标准图集或施工图纸能够全部或部分满足项目特征描述要求的，项目特征描述可直接采用详见××图集或××图号的方式。但对不能满足项目特征描述要求的部分，仍应用文字描述。

4. 计量单位

分部分项工程项目清单的计量单位应按现行计量规范规定的计量单位确定。如"t"、"m³"、"m²"、"m"、"kg"或"项"、"个"等。在现行计量规范中有两个或两个以上计量单位的，如门窗工程的计量单位为"樘/m"，钢筋混凝土桩的单位为"m/根"，应结合拟建工程实际情况，确定其中一个为计量单位。同一工程项目计量单位应一致。

5. 工程量计算

现行计量规范明确了清单项目的工程量计算规则，其工程量是以形成工程实体为准，并以完成后的净值来计算的。这一计算方法避免了因施工方案不同而造成计算的工程量大小各异的情况，为各投标人提供了一个公平的平台。

（二）措施项目清单编制

措施项目清单为可调整清单，投标人对招标文件中所列项目，可根据企业自身特点做适当的变更增减。投标人要对拟建工程可能发生的措施项目和措施费用作通盘考虑，清单一经报出，即被认为是包括了所有应该发生的措施项目的全部费用。如果报出的清单中没有列项，且施工中又必须发生的项目，业主有权认为，其已经综合在分部分项工程量清单的综合单价中，将来措施项目发生时投标人不得以任何借口提出索赔与调整。

现行计价规范中，将措施项目分为能计量和不能计量的两类。

对能计量的措施项目（即单价措施项目），同分部分项工程量一样，编制措施项目清单时应列出项目编码、项目名称、项目特征、计量单位，并按现行计量规范规定，采用对应的工程量计算规则计算其工程量。

对不能计量的措施项目（即总价措施项目），措施项目清单中仅列出了项目编码、项目名称，但未列出项目特征、计量单位的项目，编制措施项目清单时，应按现行计量规范附录（措施项目）的规定执行。

由于工程建设施工的特点和承包人组织施工生产的施工装备水平、施工方案及其管理水平的差异，同一工程、不同的承包人组织施工采用的施工措施并不完全一致，因此，措施项目清单应根据拟建工程和承包人的实际情况列项。

（三）其他项目清单编制

其他项目清单是指因招标人的特殊要求而发生的与拟建工程有关的其他费用项目和相应数量的清单。其他项目清单应根据拟建工程的具体情况列项。

（1）暂列金额

暂列金额是招标人暂定并包括在合同中的一笔款项。中标人只有按照合同约定程序，实际发生了暂列金额所包含的工作，才能将其纳入合同结算价款中。扣除实际发生金额后的暂列金额余额仍属于招标人所有。

（2）暂估价

暂估价包括材料暂估价、工程设备暂估价和专业工程暂估价。暂估价中的材料、工程设备暂估单价应根据工程造价信息或参照市场价格估算，列出明细表；专业工程暂估价应分不同专业，按有关计价规定估算，列出明细表。

一般而言，为方便合同管理和计价，需要纳入分部分项工程量清单项目综合单价中的暂估价则最好只是材料、工程设备费，以方便投标人组价。对专业工程暂估价一般应是综合暂估价，应当包括除规费、税金以外的管理费、利润等。

（3）计日工

计日工是为了解决现场发生的零星工作的计价而设立的。计日工对完成零星工作所消耗的人工工时、材料数量、施工机械台班进行计量，并按照计日工表中填报的适用项目的单价进行计价支付。

计日工适用的零星工作一般是指合同约定之外的或者因变更而产生的、工程量清单中没有相应项目的额外工作，尤其是那些时间不允许事先商定价格的额外工作。为了获得合理的计日工单价，在计日工表中一定要尽可能把项目列全，并给出一个比较贴近实际的暂定数量。

（4）总承包服务费

总承包服务费是为了解决招标人在法律、法规允许的条件下进行专业工程发包以及自行采购供应材料、设备时，要求总承包人对发包的专业工程提供协调和配合服务（如分包人使用总包人的脚手架、水电接剥等）；对供应的材料、设备提供收、发和保管服务以及对施工现场进行统一管理；对竣工资料进行统一汇总整理等发生并向总承包人支付的费用。招标人应当预计该项费用并按投标人的投标报价向投标人支付该项费用。

（四）规费项目清单编制

规费是指按国家法律、法规规定，由省级政府和省级有关权力部门规定必须缴纳或计取的费用。现行的规费内容已在第二章列出，不再赘述。

（五）税金项目清单编制

目前国家税法规定应计入建筑安装工程造价内的税种，详见第二章。如国家税法发生变化或地方政府及税务部门依据职权对税种进行了调整，应对税金项目清单进行相应调整。

三、工程量清单计价

（一）工程量清单计价方法

工程量清单计价是按照工程造价的构成分别计算各类费用，再经过汇总而得。计算方法如下：

$$分部分项工程费 = \sum 分部分项工程量 \times 分部分项工程综合单价 \quad (4-1)$$

$$措施项目费 = \sum 措施项目工程量 \times 措施项目综合单价 + \sum 单项措施费 \quad (4-2)$$

$$单位工程造价 = 分部分项工程费 + 措施项目费 + 其他项目费 + 规费 + 税金 \quad (4-3)$$

$$单项工程造价 = \sum 单位工程造价 \quad (4-4)$$

$$建设项目造价 = \sum 单项工程造价 \quad (4-5)$$

（二）工程量清单计价表格

现行的工程量清单计价表格是《建设工程工程量清单计价规范》GB 50500—2013 中的附录 B～附录 L，包括了工程量清单、招标控制价、投标报价、竣工结算和工程造价鉴定等各个阶段计价使用的 5 种封面 22 种（类）表样。由于篇幅原因，以下只列举最基本的招标控制价使用的表格及投标报价使用的表格，其他表格详见《建设工程工程量清单计价规范》GB 50500—2013。

1. 封面、扉页

(1) 封面

《建设工程工程量清单计价规范》GB 50500—2013 中工程计价文件中的招标工程量清单、招标控制价、投标总价封面，应按规定的内容填写、盖章。如委托工程造价咨询人编制，还应由其加盖相应单位公章。见图 4-1～图 4-3。

________工程

招标工程量清单

招标人:________
(单位盖章)

造价咨询人:________
(单位盖章)

年 月 日

图 4-1 招标工程量清单封面

________工程

招标控制价

招标人:________
(单位盖章)

造价咨询人:________
(单位盖章)

年 月 日

图 4-2 招标控制价封面

________工程

投标总价

投标人:________
(单位盖章)

年 月 日

图 4-3 投标总价封面

________工程

招标工程量清单

招标人:________ (■■■■)
造价咨询人:________ (■■■■■■■)

法定代表人
或其授权人:________ (■■■■■)
法定代表人
或其授权人:________ (■■■■■)

编制人:________ (■■■■■■■■■■)
复核人:________ (■■■■■■■■■■■)

编制时间: 年 月 日 复核时间: 年 月 日

图 4-4 招标工程量清单扉页

(2) 扉页

扉页即签字盖章页，应按规定的内容填写、签字、盖章，由造价员编制的工程量清单应有负责审核的造价工程师签字、盖章。受委托编制的工程量清单，应有造价工程师签字、盖章以及工程造价咨询人盖章。见图 4-4、图 4-5、图 4-6。

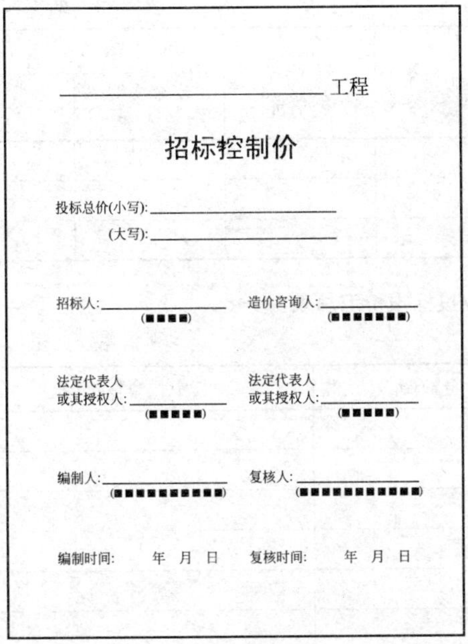

図 4-5　招标控制价扉页

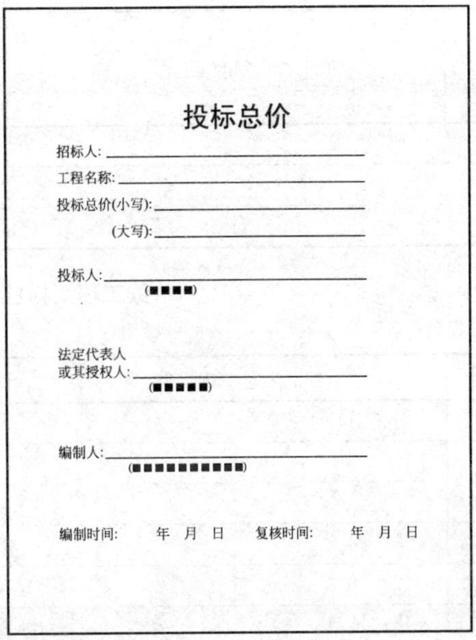

图 4-6　投标总价扉页

2. 总说明

总说明表适用于工程计价的各阶段。在工程计价的不同阶段，说明的内容有差别，要求也有所不同，如图 4-7 所示。

总说明应按下列内容填写：

（1）工程概况：建设规模、工程特征、计划工期、施工现场实际情况、自然地理条件、环境保护要求等。

（2）工程招标和专业工程发包范围。

（3）工程量清单编制依据。

（4）工程质量、材料、施工等的特殊要求。

（5）其他需要说明的问题。

3. 招标控制价/投标报价汇总表

招标控制价/投标报价汇总表包括：建设项目招标控制价/投标报价汇总表、单项工程招标控制价/投标报价汇总表和单位工程招标控制价/投标报价汇总表。

建设项目（或单项工程）招标控制价/投标报价汇总表见表 4-1。建设项目与单项工程招标控制价/投标报价汇总表在形式上是一样的，只是对价格的处理不同。

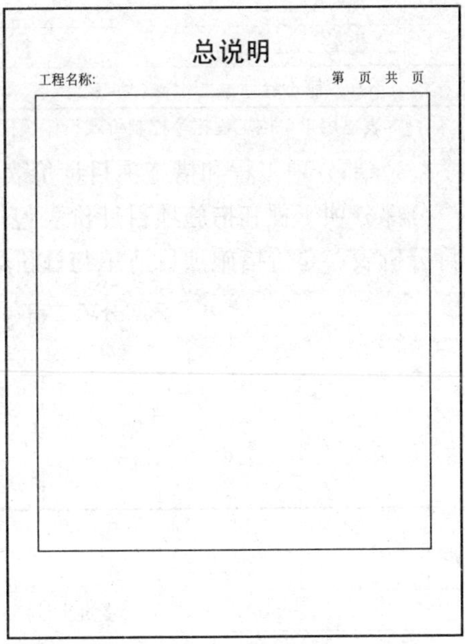

图 4-7　清单总说明

単位工程招标控制价/投标报价汇总表见表 4-2。

建设项目(或单项工程)招标控制价/投标报价汇总表　　表 4-1

工程名称：　　　　　　　　　　　　　　　　　　　　　　　　第 页共 页

序号	单项工程(或单位工程)名 称	金额(元)	其中：(元)		
			暂估价	安全文明施工费	规费
	合　计				

单位工程招标控制价/投标报价汇总表　　表 4-2

工程名称：　　　　　　标段：　　　　　　　　　　　　　　　第 页共 页

序号	汇 总 内 容	金额(元)	其中：暂估价(元)
1	分部分项工程		
1.1			
1.2			
...			
2	措施项目		
2.1	其中：安全文明施工费		
3	其他项目		
3.1	其中：暂列金额		
3.2	其中：专业工程暂估价		
3.3	其中：计日工		
3.4	其中：总承包服务费		
4	规费		
5	税金		
	招标控制价合计＝1＋2＋3＋4＋5		

注：本表适用于单位工程招标控制价或投标报价的汇总。但如无单位工程划分时，单项工程也使用本表汇总。

4. 分部分项工程和措施项目计价表

分部分项工程和措施项目计价表包括分部分项工程和单价措施项目清单计价表、综合单价分析表、总价措施项目清单与计价表，见表 4-3、表 4-4、表 4-5。

分部分项工程和单价措施项目清单与计价表　　表 4-3

工程名称：　　　　　　标段：　　　　　　　　　　　　　　　第 页共 页

序号	项目编码	项目名称	项目特征描述	计量单位	工程量	金 额(元)		
						综合单价	合价	其中
								暂估价
		本页小计						
		合　计						

注：为计取规费等的使用，可在表中增设其中："定额人工费"。

综合单价分析表　　　　　　　　　　　表 4-4

工程名称：　　　　　　　　标段：　　　　　　　　　　　第　页共　页

项目编码		项目名称		计量单位	

清单综合单价组成明细

定额编号	定额名称	定额单位	数量	单价				合价			
				人工费	材料费	机械费	管理费和利润	人工费	材料费	机械费	管理费和利润

人工单价		小　计									
元/工日		未 计 价 材 料 费									

清单项目综合单价

材料费明细	主要材料名称、规格、型号	单位	数量	单价（元）	合价（元）	暂估单价（元）	暂估合价（元）
	其他材料费			—		—	
	材料费小计			—		—	

注：1. 如不使用省级或行业建设主管部门发布的计价依据，可不填定额项目、编号等。
　　2. 招标文件提供了暂估单价的材料，按暂估的单价填入表内"暂估单价"栏及"暂估合价"栏。

总价措施项目清单与计价表　　　　　　表 4-5

工程名称：　　　　　　　　标段：　　　　　　　　　　　第　页共　页

序号	项目编码	项目名称	计算基础	费率（%）	金额（元）	调整费率（%）	调整后金额（元）	备注
		安全文明施工费						
		夜间施工增加费						
		二次搬运费						
		冬雨期施工增加费						
		已完工程及设备保护费						
		合　计						

编制人（造价人员）：　　　　　　　复核人（造价工程师）：

注：1. "计算基础"中安全文明施工费可为"定额人工费"或"定额人工费＋定额机械费"，其他项目可为"定额人工费"或"定额人工费＋定额机械费"。
　　2. 按施工方案计算的措施费，若无"计算基础"和"费率"的数字，也可只填"金额"数值，但应在备注栏说明施工方案出处或计算方法。

5. 其他项目计价表

其他项目计价表由其他项目清单与计价汇总表（表 4-6）以及汇总表中相关项目组成表构成，相关项目组成表包括暂列金额明细表、材料（工程设备）暂估单价及调整表、专业工程暂估价及结算表、计日工表、总承包服务费计价表等。如在工程实施中，发生索赔与现场签证，则还有索赔与现场签证计价汇总表、费用索赔申请(核准)表、现场签证表等，详见《建设工程工程量清单计价规范》GB 50500—2013。

表 4-6

其他项目清单与计价汇总表

工程名称：　　　　　　　　　　标段：　　　　　　　　　　　　　第　页　共　页

序号	项目名称	金额(元)	结算金额(元)	备注
1	暂列金额			明细详见《建设工程工程量清单计价规范》GB 50500—2013 表 12-1
2	暂估价			
2.1	材料(工程设备)暂估价/结算价			明细详见《建设工程工程量清单计价规范》GB 50500—2013 表 12-2
2.2	专业工程暂估价			明细详见《建设工程工程量清单计价规范》GB 50500—2013 表 12-3
3	计日工			明细详见《建设工程工程量清单计价规范》GB 50500—2013 表 12-4
4	总承包服务费			明细详见《建设工程工程量清单计价规范》GB 50500—2013 表 12-5
5	索赔与现场签证			明细详见《建设工程工程量清单计价规范》GB 50500—2013 表 12-6
	合　计			

注：材料(工程设备)暂估单价进入清单项目综合单价，此处不汇总。

6. 规费、税金项目计价表

规费、税金项目清单与计价表见表 4-7。

表 4-7

规费、税金项目计价表

工程名称：　　　　　　　　　　标段：　　　　　　　　　　　　　第　页共　页

序号	项目名称	计算基础	计算基数	计算费率(%)	金额(元)
1	规费	定额人工费			
1.1	社会保障费	定额人工费			
(1)	养老保险费	定额人工费			
(2)	失业保险费	定额人工费			
(3)	医疗保险费	定额人工费			
(4)	工伤保险费	定额人工费			
(5)	生育保险费	定额人工费			
1.2	住房公积金	定额人工费			
1.3	工程排污费	按工程所在地环保部门收取标准，按实计入			
2	税金	分部分项工程费＋措施项目费＋其他项目费＋规费－按规定不计税的工程设备金额			
	合　计				

编制人(造价人员)：　　　　　　　　　　　　　　复核人(造价工程师)：

7. 主要材料、工程设备一览表

主要材料、工程设备一览表见表 4-8、表 4-9。

发包人提供材料和工程设备一览表　　　　表 4-8

工程名称　　　　　　　　　　　　　　　　　　　　　第　页　共　页

序号	材料(工程设备)名称、规格、型号	单位	数量	单价(元)	交货方式	送达地点	备注

注：此表由招标人填写、供投标人在报价、确定总承包服务费时参考。

承包人提供材料和工程设备一览表　　　　表 4-9

工程名称　　　　　　　　　　　　　　　　　　　　　第　页　共　页

序号	名称、规格、型号	单位	数量	风险系数(%)	基准单价(元)	投标单价(元)	发承包人确认单价(元)	备注

注：1. 此表由招标人填写除"投标单价"栏的内容，投标人在投标时自主确定投标单价。

　　2. 招标人应优先采用工程造价管理机构发布的单价作为基准单价，未发布的，通过市场调查确定其基准单价。

四、招标控制价及确定方法

招标控制价是招标人根据国家或省级、行业建设主管部门颁发的有关计价依据和办法，以及拟定的招标文件和招标工程量清单，结合工程具体情况编制的招标工程的最高投标限价。

（一）招标控制价的编制原则

《建设工程工程量清单计价规范》GB 50500—2013 规定，国有资金投资的建设工程招标，招标人必须编制招标控制价。招标控制价应由具有编制能力的招标人或受其委托具有相应资质的工程造价咨询人编制和复核。工程造价咨询人接受招标人委托编制招标控制价，不得再就同一工程接受投标人委托编制投标报价。

（二）招标控制价的编制方法

1. 招标控制价的编制流程

招标控制价的编制流程如图 4-8 所示。

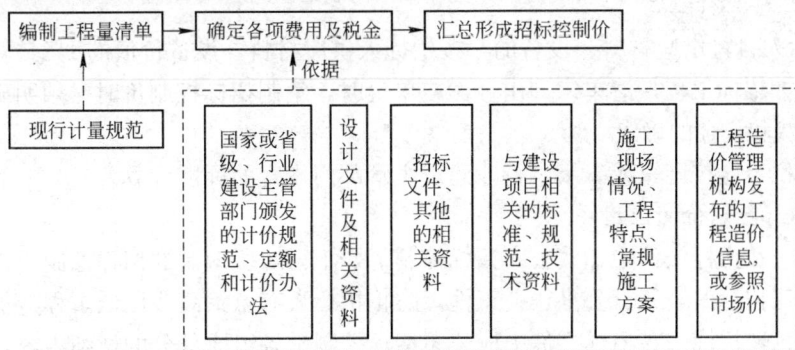

图 4-8　招标控制价的编制流程

2. 各项费用及税金的确定方法

（1）分部分项工程费的确定

分部分项工程费由各分项工程的综合单价与对应的工程量（清单所列工程量）相乘后汇总而得。

综合单价应根据拟定的招标文件和招标工程量清单项目中的特征描述及有关要求确定，综合单价还应包括招标文件中划分的应由投标人承担的风险范围及其费用。工程量按国家有关行政主管部门颁布的不同专业的工程量计算规范确定。

如招标文件提供了暂估单价材料的，按暂估的单价计入综合单价。

（2）措施项目费的确定

措施项目应按招标文件中提供的措施项目清单确定，措施项目采用分部分项工程综合单价形式进行计价的工程量，应按措施项目清单中的工程量确定综合单价；以"项"为单位的方式计价的，价格包括除规费、税金以外的全部费用。措施项目费中的安全文明施工费应当按照国家或省级、行业建设主管部门的规定标准计价。

（3）其他项目费的确定

1）暂列金额。应按招标工程量清单中列出的金额填写。

2）暂估价。暂估价中的材料、工程设备单价、控制价应按招标工程量清单列出的单价计入综合单价。暂估价中专业工程金额应按招标工程量清单中列出的金额填写。

3）计日工。编制招标控制价时，对计日工中的人工单价和施工机械台班单价应按省级、行业建设主管部门或其授权的工程造价管理机构公布的单价计算；材料应按工程造价管理机构发布的工程造价信息中的材料单价计算，工程造价信息未发布材料单价的，其价格应按市场调查确定的单价计算。

4）总承包服务费。编制招标控制价时，总承包服务费应按照省级或行业建设主管部门的规定计算，或参考相关规范计算。在现行计价规范条文的说明中，总承包服务费的参考值为：

① 当招标人仅要求总包人对其发包的专业工程进行现场协调和统一管理、对竣工资料进行统一汇总整理等服务时，总包服务费按发包的专业工程估算造价的 1.5% 左右计算。

② 当招标人要求总包人对其发包的专业工程既进行总承包管理和协调，又要求提供相应配合服务时，总承包服务费根据招标文件列出的配合服务内容，按发包的专业工程估算造价的 3%～5% 计算。

③ 招标人自行供应材料、设备的，按招标人供应材料、设备价值的 1% 计算。暂列金额、暂估价如招标工程量清单未列出金额或单价时，编制招标控制价时必须明确。

（4）规费和税金的确定

规费和税金应按国家或省级、行业建设主管部门规定的标准计算。

（三）招标控制价的应用

招标人应在招标文件中如实公布招标控制价，不得对所编制的招标控制价进行上浮或下调。为体现招标的公开、公平、公正性，防止招标人有意抬高或压低工程造价，给投标人以错误信息，招标人在招标文件中应公布招标控制价各组成部分的详细内容，不得只公布招标控制价总价，并应将招标控制价报工程所在地工程造价管理机构备查。

第二节　投标报价的审核

工程投标是投标人通过投标竞争，获得工程承包权的一种方法。投标价是投标人投标时，响应招标文件要求所报出的对已标价工程量清单（或项目涉及的工作内容）汇总后标明的总价。它是投标人对拟建工程的期望价格。

招标人必须熟悉投标人投标报价的流程、方法和可能采取的投标策略，才能提高投标价格的审核质量，选择到一个报价合理，实力雄厚的承包商。在工程实施阶段，监理工程师也应该了解承包商综合单价的确定方法，以便在进行工程变更和工程索赔处理时，合理确定合同中无价格参考依据的项目价格（或单价）。

一、投标价格的编制

（一）编制原则

（1）投标价应由投标人或受其委托具有相应资质的工程造价咨询人编制。

（2）投标人应依据行业部门的相关规定自主确定投标报价。

（3）执行工程量清单招标的，投标人必须按招标工程量清单填报价格。项目编码、项目名称、项目特征、计量单位、工程量必须与招标工程量清单一致。

（4）投标人的投标报价不得低于工程成本。

（5）投标人的投标报价高于招标控制价的应予废标。

（二）编制流程

投标价格的编制流程如图 4-9 所示。由图可知，投标价格的编制流程虽与招标控制价有相似之处，但却复杂一些，其关键问题是要合理的确定各项目的综合单价。投标报价既要保证没有遗漏的项目与费用，又要使其具有竞争性。

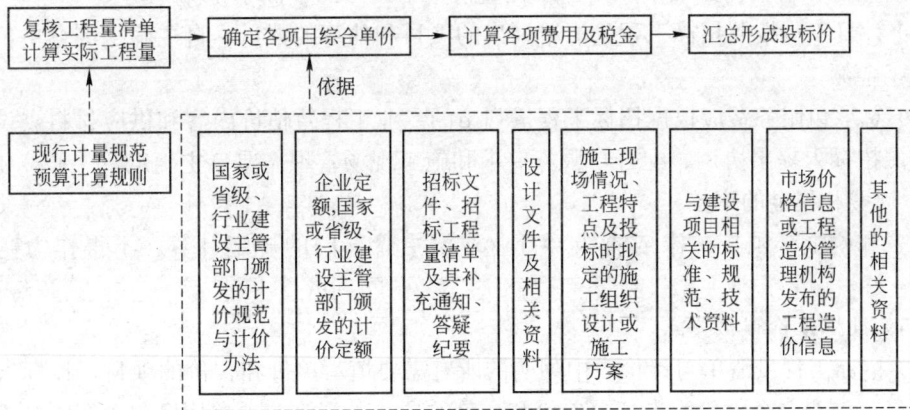

图 4-9　投标报价的编制流程

二、投标报价审核方法

投标人编制投标价格，可采用工料单价法或综合单价法（详见第三章）。编制方法选用取决于招标文件规定的合同形式。当拟建工程采用总价合同形式时，投标人应按规定对整个工程涉及的工作内容做出总报价。当拟建工程采用单价合同形式时，投标人关键是正确估算出各分部分项工程项目的综合单价。

（一）投标报价的审核内容

1. 分部分项工程和措施项目报价的审核

（1）分部分项工程和措施项目中的综合单价审核

1）综合单价的确定依据。投标人投标报价时应依据招标工程量清单项目的特征描述确定清单项目的综合单价。在招投标过程中，当出现招标工程量清单特征描述与设计图纸不符时，投标人应以招标工程量清单的项目特征描述为准，确定投标报价的综合单价。若在施工中施工图纸或设计变更导致项目特征与招标工程量清单项目特征描述不一致时，发承包双方应按实际施工的项目特征依据合同约定重新确定综合单价。

2）材料、工程设备暂估价。招标工程量清单中提供了暂估单价的材料、工程设备，按暂估的单价进入综合单价。

3）风险费用。招标文件中要求投标人承担的风险内容和范围，投标人应将其考虑到综合单价中。在施工过程中，当出现的风险内容及其范围（幅度）在招标文件规定的范围内时，合同价款不作调整。

（2）措施项目中的总价项目的报价审核

招标人提出的措施项目清单是根据一般情况确定的，由于各投标人拥有的施工装备、技术水平和采用的施工方法有所差异，投标人投标时应根据自身编制的投标施工组织设计（或施工方案）确定措施项目及报价，投标人根据投标施工组织设计（或施工方案）调整和确定的措施项目应通过评标委员会的评审。措施项目中的安全文明施工费应按照国家或省级、行业建设主管部门的规定计算，不作为竞争性费用。

2. 其他项目费的审核

（1）暂列金额应按照招标工程量清单中列出的金额填写，不得变动。

（2）暂估价不得变动和更改。暂估价中的材料、工程设备必须按照暂估单价计入综合单价；专业工程暂估价必须按照招标工程量清单中列出的金额填写。

（3）计日工应按照招标工程量清单列出的项目和估算的数量，自主确定综合单价并计算计日工金额。

（4）总承包服务费应根据招标工程量列出的专业工程暂估价内容和供应材料、设备情况，按照招标人提出协调、配合与服务要求和施工现场管理需要自主确定。

3. 规费和税金的审核

规费和税金必须按国家或省级、行业建设主管部门的规定计算，不得作为竞争性费用。

（二）投标报价审核要点

（1）招标工程量清单与计价表中列明的所有需要填写单价和合价的项目，投标人均应填写且只允许有一个报价。未填写单价和合价的项目，视为此项费用已包含在已标价工程量清单中其他项目的单价和合价之中。当竣工结算时，此项目不得重新组价予以调整。

（2）投标总价应与分部分项工程费、措施项目费、其他项目费和规费、税金的合计金额一致。即投标人在进行工程量清单招标的投标报价时，不能进行投标总价优惠（或降价、让利），投标人对投标报价的任何优惠（如降价、让利）均应反映在相应清单项目的综合单价中。

【例4-2】 某多层砖混住宅工程，其基础工程的招标工程量清单见表4-10，投标人根据自主报价原则，管理费按人料机三项费用之和的 10% 计取，利润按人料机三项费用之和的 5% 计取，不考虑措施项目费、其他项目费和规费、税金和风险时，其投标报价见表 4-11，试对该基础工程分部分项工程的综合单价和基础工程的投标价进行审核。

分部分项工程和单价措施项目清单与计价表　　　　　表 4-10

工程名称：多层砖混住宅工程

序号	项目编码	项目名称	项目特征描述	计量单位	工程量	金　额（元）		
						综合单价	合价	其中
								暂估价
1	010101003001	挖沟槽土方	土类别：三类土 挖土深度：3m 运距：60m	m³	96.91			
2	010103001001	回填方	密实度要求：夯实	m³	47.06			
3	010103002001	余方弃置	运距：4km	m³	49.85			
4	010401001001	砖基础	砖品种、强度等级：页岩标砖、MU10 基础类型：带形基础 砂浆强度等级：M5 水泥砂浆	m³	37.60			
5	010404001001	垫层	垫层材料种类、厚度：3：7 灰土、500mm 厚	m³	16.15			
…	……							

分部分项工程和单价措施项目清单与计价表　　　　　表 4-11

工程名称：多层砖混住宅工程　　　　　　　　　　　　　　　　　　　　第　页共　页

序号	项目编码	项目名称	项目特征描述	计量单位	工程量	金　额（元）		
						综合单价	合价	其中
								暂估价
1	010101003001	挖沟槽土方	土类别：三类土 挖土深度：3m 弃土运距：4km	m³	96.91	102.15	9899.36	
2	010103001001	回填方	密实度要求：机械夯实	m³	47.06	82.77	3895.16	
3	010103002001	余方弃置	运距：4km	m³	49.85	36.36	1812.55	
4	010401001001	砖基础	砖品种、强度等级：普通页岩标准砖、MU10 基础类型：带形基础 砂浆强度等级：M5 水泥砂浆	m³	37.60	459.16	17264.42	
5	010404001001	垫层	垫层材料种类、厚度：3：7 灰土、500mm 厚	m³	16.15	191.42	3091.43	
本页小计							35962.91	
合　计							35962.91	

【解】　（一）综合单价的审核

（1）根据施工图纸及投标人提供的施工组织设计，计算该基础工程的实际（预算）工程量，见表 4-12。

基础工程工程量统计表　表 4-12

项目名称	计量单位	工程量
挖沟槽土方	m³	232.41
回填方	m³	182.56
余方弃置	m³	49.85
砖基础	m³	37.60
垫层	m³	16.15

（2）根据招标人掌握的当地相关项目的人料机消耗量水平、现行人料机市场价格，将预算工程量与清单工程量进行对比，折算综合单价。

1）招标人掌握的基础工程所需人工工日、材料及机械台班的数量见表 4-13（节选）。

相关项目的人料机消耗量表（节选）　表 4-13

定额编号	项目名称	单位	数量
010101003-1-5	挖基础土方，深 4m 内，三类土	m³	1
R01	综合工日	工日	0.296
010103002-1-1	人工运土，运距 50m 以内	m³	1
R01	综合工日	工日	0.087
……			

2）通过人料机市场询价，结合表 4-13 确定对应项目的人料机单价，见表 4-14（节选）。

基础工程基价计算表（节选）　表 4-14

定额编号	项目名称	单位	数量	单价（元）	合价（元）	基价（元）
010101003-1-5	挖基础土方，深 4m 内，三类土	m³	1			31.08
人工费	综合工日	工日	0.296	105.00	31.08	31.08
010103002-1-1	人工运土，运距 50m 以内	m³	1			9.14
人工费	综合工日	工日	0.087	105	9.14	9.14
……						

（3）计算综合单价

工程量清单计价规范规定综合单价必须包括完成清单项目的全部费用，即施工方案等导致的增量费用应包含在综合单价内。由于工程量清单中的工程量不能变动，因此，在计算综合单价时，需要将增量费用分摊，进行组价，即由预算工程量乘以企业定额基价得出的总价应与清单工程量乘以综合单价得出的总价相等，两者的关系如图 4-10 所示。

根据现行工程量计量规范，挖沟槽土方项目的工作内容包括土方开挖和人工运土两项，挖沟槽土方综合单价分析见表 4-15。

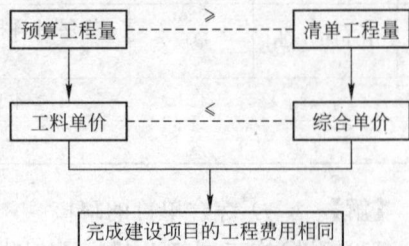

图 4-10　清单计价与预算计价的关系

综合单价分析表 表 4-15

工程名称：多层砖混住宅工程

| 项目编码 | 010101003001 | | 项目名称 | 挖沟槽土方 | | 计量单位 | | m³ |

清单综合单价组成明细

定额编号	定额名称	定额单位	数量	单价				合价			
				人工费	材料费	机械费	管理费和利润	人工费	材料费	机械费	管理费和利润
010101003-1-5	挖基础土方	m³	2.398	31.08			4.66	74.53			11.17
010103002-1-1	人工运土	m³	1.679	9.14			1.37	15.35			2.30
人工单价		小 计						89.88			13.47
105 元/工日		未计价材料费									
清单项目综合单价								103.35			

材料费明细	主要材料名称、规格、型号	单位	数量	单价(元)	合价(元)	暂估单价(元)	暂估合价(元)
	其他材料费				—		—
	材料费小计				—		—

表 4-13 中，挖基础土方有关数据计算如下：

挖基础土方数量＝预算量÷清单量＝232.41÷96.91＝2.398(m³)；

管理费和利润单价按人料机费用之和(本项目只有人工费)的百分比计算：

管理费和利润单价＝31.08×(10％＋5％)＝4.66(元/m³)；

人工费合价：31.08×2.398＝74.53(元)；

管理费和利润合价：4.66×2.398＝11.17(元)；

挖沟槽土方综合单价为：89.88＋13.47＝103.35(元/m³)；

将所计算的综合单价与投标人的报价(102.15 元/m³)相比，基本吻合，可以认为报价合理。基础工程其他项目的综合单价按相同的方法审核，其报价均在合理范围。

(二) 分部分项工程的投标价审核

多层砖混住宅工程基础部分的投标价由表 4-11 五个项目的合价构成，经验算，计算正确，基础工程的投标价为 35962.91 元。

第三节 合同价款约定

不同的合同价款形式，其价款约定方式与内容也有差异。建设项目中，应根据项目特点，选择合适的合同价款形式，以保证项目投资的有效控制。

一、合同价格分类

建设工程承包合同的计价方式通常可分为总价合同、单价合同和成本加酬金合同三

第四章

大类。

（一）总价合同

总价合同是指支付给承包方的工程款项在承包合同中是一个规定的金额。它是以设计图纸和工程说明书为依据，由承包方与发包方经过协商确定的。总价合同的主要特征为：

（1）根据招标文件的要求由承包方实施全部工程任务，按承包方在投标报价中提出的总价确定；

（2）拟实施项目的工程性质和工程量应在事先基本确定。

总价合同的计价有以下两种形式：

（1）业主为了方便承包商投标，在招标文件中给出工程量表，但业主对工程量表中的数量不承担责任，承包人根据清单数量填报单价并进行价款的汇总。

（2）招标文件中没有提供工程量清单，由承包商自己编制工程量清单并报价。

在总价合同中，工程量表和相应的报价表仅仅作为阶段付款和工程变更计价的依据，而不作为承包商按照合同规定应完成的工程范围的全部内容，所以工程量表的分项常常带有随意性和灵活性。

合同价款总额由每一分项工程的包干价款（固定总价）构成。承包商必须根据工程信息计算工程量。如果业主提供的或承包商自己编制的工程量表有漏项或计算错误，所涉及的工程价款被认为已包括在整个合同总价中，因此承包商必须认真复核工程量。

显然，总价合同对承包方具有一定的风险。采用这种合同时，必须明确工程承包合同标的物的详细内容及其各种技术经济指标，一方面承包方在投标报价时要仔细分析风险因素，需在报价中考虑一定的风险费；另一方面发包方也应考虑到使承包方承担的风险是可以承受的，以获得合格而又有竞争力的投标人。

总价合同可以分为固定总价合同和可调总价合同两类。

1. 固定总价合同

固定总价合同的价格计算是以设计图纸、工程量及现行规范等为依据，发承包双方就承包工程协商一个固定的总价，即承包方按投标时发包方接受的合同价格实施工程，并一笔包死，无特定情况不作变化。

采用这种合同，合同总价只有在设计和工程范围发生变更的情况下才能随之作相应的变更，除此之外，合同总价一般不得变动。因此，采用固定总价合同，承包方要承担合同履行过程中的主要风险，要承担实物工程量、工程单价等变化而可能造成损失的风险。在合同执行过程中，发承包双方均不能以工程量、设备和材料价格、工资等变动为理由，提出对合同总价调值的要求。因此，作为合同总价计算依据的设计图纸、说明及相关规定需对工程做出详尽的描述，承包方要在投标时对一切费用上升的因素做出估计并将其包含在投标报价之中。由于承包方可能要为许多不可预见的因素付出代价，所以往往会加大不可预见费用，致使这种合同的投标价格偏高。

固定总价合同的适用范围有：

（1）工程范围清楚明确，工程图纸完整、详细、清楚，报价的工程量应准确而不是估计数字。

（2）工程量小、工期短，在工程过程中环境因素（特别是物价）变化小，工程条件稳定。

（3）工程结构、技术简单，风险小，报价估算方便。

（4）投标期相对宽裕，承包商可以详细作现场调查，复核工程量，分析招标文件，拟定计划。

（5）合同条件完备，双方的权利和义务关系十分清楚。

但目前总价合同的应用范围有扩展的趋势。在一些大型工程的"设计—采购—施工"总承包合同也使用总价合同形式。有些工程中业主只用初步设计资料招标，却要求承包商以固定总价合同承包，因此，承包商应充分意识到风险，通过采用有效的工程管理方法，回避风险，将不可预见费用转为企业利润。

2. 可调总价合同

可调总价合同的总价一般也是以设计图纸及规定、现行规范为基础，在报价及签约时，按招标文件的要求和当时的物价计算合同总价。但合同总价是一个相对固定的价格，在合同执行过程中，由于通货膨胀而使所用的工料成本增加，可对合同总价进行相应的调整。可调总价合同在合同条款中设有调价条款，如果出现通货膨胀这一不可预见的费用因素，合同总价就可按约定的调价条款作相应调整。

可调总价合同列出的有关调价的特定条款，往往是在合同专用条款中列明。调价工作必须按照这些特定的调价条款进行。这种合同与固定总价合同的不同之处在于，它对合同实施中出现的风险做了分摊，发包方承担了通货膨胀的风险，而承包方承担合同实施中实物工程量、成本和工期因素等的其他风险。

可调总价合同适用于工程内容和技术经济指标规定很明确的项目，由于合同中列有调值条款，所以工期在1年以上的工程项目较适于采用这种合同计价方式。

（二）单价合同

单价合同是指承包方按发包方提供的工程量清单内的分部分项工程内容填报单价，并据此签订承包合同，而实际总价则是按实际完成的工程量与合同单价计算确定，合同履行过程中无特殊情况，一般不得变更单价。

单价合同的执行原则是，单价合同的工程量清单内所列出的分部分项工程的工程量为估计工程量，而非准确工程量，工程量在合同实施过程中允许有上下的浮动变化，但分部分项工程的合同单价却不变，结算支付时以实际完成工程量为依据。因此，采用单价合同时按招标文件工程量清单中的预计工程量乘以所报单价计算得到的合同价格，并不一定就是承包方圆满实施合同规定的任务后所获得的全部工程款项，实际工程价格可能大于原合同价格，也可能小于原合同价格。

单价合同分为固定单价合同和可调单价合同。

1. 固定单价合同

（1）估算工程量单价合同

这种合同形式是以工程量清单和相应的综合单价表为基础和依据来计算合同价格的，也称为计量估价合同。估算工程量单价合同通常是由发包方提出工程量清单，列出分部分项工程量，由承包方以此为基础填报相应单价，累计计算后得出合同价格。但最后的工程结算价应按照实际完成的工程量来计算，即按合同中的分部分项工程单价和实际工程量，计算得出工程结算和支付的工程总价格。采用这种合同时，要求实际完成的工程量与原估计的工程量不能有实质性的变更。因为承包方给出的单价是以相应的工程量为基础的，如果工程量大幅度增减可能影响工程成本。

这种合同计价方式较为合理地分担了合同履行过程中的风险。承包方据以报价的清单工程量为估计工程量，这样可以避免当实际完成工程量与估计工程量有较大差异时，总价合同计价可能导致发包方过大的额外支出或是承包方较大的亏损。此外，承包方在投标时可不必将不能合理准确预见的风险计入投标报价内，有利于发包方获得较为合理的合同价格。采用估算工程量单价合同时，工程量是统一计算出来的，承包方只要经过复核后填上适当的单价即可；发包方也只需审核单价是否合理，对双方都较为方便。由于具有这些特点，估算工程量单价合同是比较常用的一种合同计价方式，它可在不能精确地计算出工程量的条件下，避免发包或承包的任何一方承担过大的风险。

估算工程量单价合同大多用于工期长、技术复杂、实施过程中可能会发生各种不可预见因素较多的建设工程，或发包方为了缩短项目建设周期，如在初步设计完成后就拟进行施工招标的工程。在施工图不完整或当准备招标的工程项目内容、技术经济指标一时尚不能明确和具体予以规定时，往往要采用这种合同计价方式。

（2）纯单价合同

采用纯单价合同时，发包方只向承包方给出发包工程的有关分部分项工程以及工程范围，不对工程量作任何规定。即在招标文件中仅给出工程内各个分部分项工程一览表、工程范围和必要的说明，而不必提供实物工程量。承包方在投标时只需要对这类给定范围的分部分项工程做出报价即可，合同实施过程中按实际完成的工程量进行结算。

这种合同计价方式主要适用于没有施工图，工程量不明，却急需开工的紧迫工程，如设计单位来不及提供正式施工图纸，或虽有施工图但由于某些原因不能比较准确地计算工程量等。当然，对于纯单价合同来说，发包方必须对工程范围的划分做出明确的规定，以使承包方能够合理地确定工程单价。

2. 可调单价合同

可调单价合同一般是在工程招标文件中规定，合同中签订的单价，根据合同约定的条款进行调整。如有些单价合同规定，若实际工程量与工程量清单表中的工程量相差超过±10%时，允许承包方调整合同单价；也有些单价合同在材料价格变动较大时允许承包方调整单价，即"调值"；有的工程在招标或签约时，因某些不确定因素难以估计其变化，故先在合同中暂定某些分部分项工程的单价，在工程结算时，再根据实际情况和合同约定对合同单价进行调整，确定实际结算单价。具体调价办法见第五章。

【例 4-3】 某招标工程采用单价合同计价，投标人提交的分部分项工程计价表（节选）见表 4-16。

（1）在评标过程中，投标人的挖沟槽土方合价中出现明显的数字错误（实际应为10015.65 元），评标委员会应如何处理？

（2）项目中标后，在工程实施中承包人发现由于笔误，将砖基础的单价写错（实际应为 459.16 元/ m^3），故向发包人提出修改综合单价的请求，发包人应如何处理？

【解】 （1）由于本招标工程采用的是单价合同，评标委员会可以要求投标人对投标文件中的挖沟槽土方合价错误以书面方式修正，评标委员会再进行评标。

（2）单价合同以单价优先，砖基础计价仍应以所报的综合单价进行计价，不得调整。

分部分项工程和单价措施项目清单与计价表(节选)　　　　表 4-16

序号	项目编码	项目名称	项目特征描述	计量单位	工程量	金　额(元)		
						综合单价	合价	其中
								暂估价
1	010101003001	挖沟槽土方	土类别：三类土 挖土深度：3m 弃土运距：4km	m³	96.91	103.35	1001.57	
	......							
8	010401001001	砖基础	砖品种、强度等级：普通页岩标准砖、MU10 基础类型：带形基础 砂浆强度等级：M5 水泥砂浆	m³	37.60	45.916	17264.42	
	......							

（三）成本加酬金合同

成本加酬金合同是将工程项目的实际投资划分成直接成本费和承包方完成工作后应得酬金两部分。工程实施过程中发生的直接成本费由发包方实报实销，再按合同约定的方式另外支付给承包方相应报酬。

这种合同计价方式主要适用于以下情况：

（1）招投标阶段工程范围无法界定，缺少工程的详细说明，无法准确估价。

（2）工程特别复杂，工程技术、结构方案不能预先确定。故这类合同经常被用于一些带研究、开发性质的工程项目中。

（3）时间特别紧急，要求尽快开工的工程。如抢救、抢险工程。

（4）发包方与承包方之间有着高度的信任，承包方在某些方面具有独特的技术、特长或经验。

这种合同有两个明显缺点：一是发包方对工程总价不能实施有效的控制；二是承包方对降低成本不感兴趣。因此，采用这种合同计价方式，其条款必须非常严格，才能加强对工程投资的控制，否则容易造成不应有的损失。

按照酬金的计算方式不同，成本加酬金合同又分为以下四种形式。

1. 成本加固定百分比酬金

采用这种合同计价方式，承包方的实际成本实报实销，同时按照实际成本的固定百分比付给承包方一笔酬金。

这种合同计价方式，工程总价及付给承包方的酬金随工程成本增加而增加，不利于鼓励承包方降低成本，故这种合同计价方式很少被采用。

2. 成本加固定金额酬金

采用这种合同计价方式与成本加固定百分比酬金合同相似。其不同之处仅在于在成本上所增加的费用是一笔固定金额的酬金。酬金按估算工程成本的一定百分比确定，数额是固定不变的。

这种计价方式的合同虽然也不能鼓励承包商关心和降低成本，但从尽快获得全部酬金减少管理投入出发，会有利于缩短工期。

第四章

采用上述两种合同计价方式时，为了避免承包方企图获得更多的酬金而对工程成本不加控制，往往在承包合同中规定一些补充条款，以鼓励承包方节约工程费用的开支，降低成本。

3. 成本加奖罚

采用成本加奖罚合同，在签订合同时双方事先约定该工程的预期成本和固定酬金，以及实际发生的成本与预期成本比较后的奖罚计算办法。

在合同实施后，根据工程实际成本的发生情况，承包商得到的金额分以下几种情况：

(1) 实际成本 ＝预期成本：承包商得到实际发生的工程成本，同时获得酬金。

(2) 实际成本 < 预期成本：承包商得到实际发生的工程成本，获得酬金，并根据成本节约额的多少，得到预先约定的奖金。

(3) 实际成本 > 预期成本：承包方可得到实际成本和酬金，但视实际成本高出预期成本的情况，被处以一笔罚金。

成本加奖罚计价方式可以促使承包方关心和降低成本，缩短工期，而且预期成本可以随着设计的进展加以调整，所以发承包双方都不会承担太大的风险，故这种合同计价方式应用较多。

4. 最高限额成本加固定最大酬金

在这种计价方式的合同中，首先要确定最高限额成本(高于报价成本)、报价成本和最低成本(预期成本)。

(1) 实际成本<预期成本：承包商得到实际发生的工程成本，获得酬金，并根据节约额的多少，得到预先约定的奖金。

(2) 预期成本<实际成本<报价成本：承包商得到实际发生的工程成本，获得酬金。

(3) 报价成本<实际成本< 限额成本：承包商得到实际发生的工程成本。

(4) 实际成本>限额成本：超过部分由承包商承担，发包方不予支付。

这种合同计价方式有利于控制工程投资，并能鼓励承包方最大限度地降低工程成本。

(四) 影响合同价格方式选择的因素

在工程实践中，采用哪种合同计价方式，应根据建设工程的特点，业主对筹建工作的设想，对工程费用、工期和质量的要求等综合考虑后进行确定。

1. 项目的复杂程度

规模大且技术复杂的工程项目，承包风险较大，各项费用不易估算准确，不宜采用固定总价合同。有时在同一工程中可以采用不同的合同形式，如承包商可以力争对有把握的部分采用固定总价合同，估算不准的部分采用单价合同或成本加酬金合同，以降低合同风险。

2. 工程设计工作的深度

工程招标时所依据的设计文件的深度，即工程范围的明确程度和预计完成工程量的准确程度，经常是选择合同计价方式时应考虑的重要因素。因为招标图纸和工程量清单的详细程度决定了投标人能否合理报价。

3. 工程施工的难易程度

如果施工中有较大部分采用新技术和新工艺，当发包方和承包方在这方面过去都没有经验，且在国家颁布的标准、规范、定额中又没有可作为依据的标准时，为了避免投标人盲目地提高承包价格或由于对施工难度估计不足而导致承包亏损，不宜采用固定总价合同，较为保险的做法是选用成本加酬金合同。

4. 工程进度要求的紧迫程度

在招标过程中，对一些紧急工程，如灾后恢复工程、要求尽快开工且工期较紧的工程等，可能仅有实施方案，还没有施工图纸，因此承包商不可能报出合理的价格。此时，采用成本加酬金合同比较合理。

二、合同价款约定内容

（一）合同价款约定的一般规定

（1）实行招标的工程合同价款应在中标通知书发出之日起 30 天内，由发承包双方依据招标文件和中标人的投标文件在书面合同中约定。

合同约定不得违背招标、投标文件中关于工期、造价、质量等方面的实质性内容。招标文件与中标人投标文件不一致的地方应以投标文件为准。

（2）不实行招标的工程合同价款，应在发承包双方认可的工程价款基础上，由发承包双方在合同中约定。

（3）实行工程量清单计价的工程，应采用单价合同；建设规模较小，技术难度较低，工期较短，且施工图设计已审查批准的建设工程可采用总价合同；紧急抢险、救灾以及施工技术特别复杂的建设工程可采用成本加酬金合同。

（二）约定内容

在签订合同时，合同双方应就以下内容进行约定。

1. 预付工程款的数额、支付时间及抵扣方式

工程预付款是建设工程施工合同订立后由发包人按照合同约定，在正式开工前预先支付给承包人的工程款。其主要作用是发包人为解决承包人在施工准备阶段资金周转问题提供的协助。

（1）工程预付款的支付额度

预付款可以是一个绝对数，如 100 万元，也可以是额度，如合同金额的 10%。每次付款金额应根据工程规模、工期长短等具体情况，在合同中约定。

（2）工程预付款的支付及抵扣时间

工程预付款的支付时间按合同约定，如合同签订后一个月支付或开工日前 7 天支付等。

工程款具有预支性质，所以将以抵扣方式扣回。即从每一个支付期应支付给承包人的工程进度款中扣回一部分，直到扣回的金额达到合同约定的预付款金额为止。常见的抵扣时间是当承包商累计完成了合同金额一定比例（如 20%～30%）后，从应支付的工程进度款中按比例抵扣。

2. 安全文明施工费的支付计划、使用要求

安全文明施工费应专款专用，发包人应按相关规定合理支付，并写明使用要求。

3. 工程计量与支付工程价款的方式、额度及时间

工程款的计量与进度款支付均应在合同中约定时间和方式，如可按月计量或按工程形象部位（目标）分段计量，进度款支付周期与计量周期保持一致。约定的支付时间可以是计量后 7 天或 10 天支付；支付数额可以约定为已完工作量的 90%。

4. 工程价款的调整因素、方法、程序、支付及时间

（1）工程价款的调整因素

在施工阶段，影响工程价款变化的因素很多，如工程变更、材料价格、人工费用、施工机具使用费价格的变化等。在签订合同时，双方应对量、价的变化幅度进行一个约定，超过这个约定范围，应允许按规定进行合同价款的调整，这既可以避免因素变化导致工程价款大幅度上升给承包商带来资金困难，同时也可以避免由于工程变更，导致承包商获得大量的超额利润。

（2）工程价款的调整方法与程序

1）人工费：可按工程造价管理机构发布的人工费调整；

2）材料费：可在工程结算时一次性调整，也可在材料采购时报发包人调整；

3）调整程序：承包人提交调整报告交发包人，由发包人现场代表审核签字。

（3）支付及时间

调整的工程价款由双方约定支付时间，一般与工程进度款同时支付。

5. 施工索赔与现场签证的程序、金额确认与支付时间

（1）程序：如果施工中出现施工索赔与现场签证，通常由承包人在索赔事件发生后的28天内提出索赔金额，发包人现场代表或授权的监理工程师在收到索赔报告后7天或10天以内对其进行核对。

（2）支付时间：原则上与工程进度款同期支付。

6. 承担计价风险的内容、范围以及超出约定内容、范围的调整办法

在合同中应对双方应承担的风险进行明确的界定，如一般会约定主要材料如钢材、水泥价格涨幅在投标报价时的3%以内，其他材料价格涨幅在投标报价时的5%以内，由承包商承担其涨价风险，当超出该额度时，应允许其进行价格的调整，调整方法见第五章。

7. 工程竣工价款结算编制与核对、支付及时间

在合同中应约定承包人提交竣工结算书的时间，发包人或其委托的工程造价咨询企业接到竣工结算书后按规定时间完成核对，并按合同约定的工程竣工价款支付时间及时支付。

8. 工程质量保证金的数额、预留方式及时间

质量保证金是发承包双方在工程合同中约定，用以保证承包人在缺陷责任期内履行缺陷修复义务的金额。

工程质量保证金按合同中约定数额（常见为合同价款的3%～5%）扣留。传统做法是从每期应支付的工程进度款中按比例预留，直到预留金额达到合同约定的金额为止。

我国现行计价规范规定，进度款支付比例最高不超过90%，该规定实质上就已将质量保证金预留了，因此，按现行规定，可不再从每期应支付的工程进度款中预留，而是改为在竣工结算时一次性扣清，这既可以减少财务结算工作量，也使质量保证金数额的扣留变得非常方便。

工程质量保证金的约定归还时间可以根据工程质量缺陷期的规定及合同的约定按期退还。

9. 违约责任以及发生工程价款争议的解决方法及时间

由于影响工程项目的因素很多，为了避免在合同实施过程中由于合同双方因违约或因

工程价款问题产生争议，合同中应约定解决产生争议的方法与时间。

争议解决的常用方法有协商、调解、仲裁和诉讼等。

（1）协商

协商是解决合同争执的最基本、最常见和最有效的方法。协商的特点是：简单，时间短，双方都不需额外花费，气氛平和。

争执通常表现在对索赔报告的分歧上，如双方对事实根据、索赔理由、干扰事件影响范围、索赔值计算方法看法不一致。所以索赔方必须提交有说服力的索赔报告，并通过沟通与谈判，弄清干扰事件的实情，按合同条文辩明是非，确定各自责任，经过友好磋商，互作让步，解决索赔问题。

（2）调解

如果合同双方经过协商谈判不能就争议的解决达成一致，则可以邀请中间人进行调解。调解人经过分析索赔和反索赔报告，了解合同实施过程和干扰事件实情，按合同做出判断（调解决定），并劝说双方再作商讨，互作让步，仍以和平的方式解决争执。

调解的特点是由于调解人的介入，增加了索赔解决的公正性；灵活性较大，程序较为简单；节约时间和费用；双方关系比较友好，气氛平和。

在合同中，一般应约定调解机构。合同实施过程中，日常索赔争执的调解人通常为监理工程师。监理工程师在接受合同任何一方委托后，在合同约定的期限内作出调解意见，书面通知合同双方。如果双方认为调解决定是合理与公正的，在此基础可再进行协商。对于较大的索赔，可以聘请知名的工程专家、法律专家，或请对双方都有影响的人物作调解人。

在我国，承包工程争执的调解通常还有以下两种形式：

1）行政调解。由合同管理机关，工商管理部门，业务主管部门等作为调解人。

2）司法调解。在仲裁和诉讼过程中，首先提出调解，并为双方接受。

调解在自愿的基础上进行，其结果无法律约束力。如合同一方对调解结果不满，可按合同关于争执解决的规定，在限定期限内提请仲裁或诉讼要求。

（3）仲裁

当争执双方不能通过协商和调解达成一致时，可按合同仲裁条款的规定，由双方约定的仲裁机关采用仲裁方式解决。仲裁作为正规的法律程序，其结果对双方都有约束力。在仲裁中可以对工程师所作的所有指令、决定，签发的证书等进行重新审议。

在我国，仲裁实行一裁终局制度。裁决做出后，当事人就同一争执再申请仲裁，或向人民法院起诉，则不再予以受理。

（4）诉讼

诉讼是运用司法程序解决争执，由人民法院受理并行使审判权，对合同争执做出强制性判决。人民法院受理合同争执可能有如下几种情况：

1）合同双方没有仲裁协议，或仲裁协议无效，当事人一方可向人民法院提出起诉状。

2）虽有仲裁协议，当事人向人民法院提出起诉，未声明有仲裁协议；人民法院受理后另一方在首次开庭前对人民法院受理本案件未提出异议，则该仲裁协议被视为无效，人民法院继续受理。

3）如果仲裁裁决被人民法院依法裁定撤销或不予执行。当事人可以向人民法院提出起诉，人民法院依法审理该争执。

人民法院在判决前再作一次调解，如仍然达不成一致，则依法判决。

10. 与履行合同、支付价款有关的其他事项

合同中涉及价款的事项较多，能够详细约定的事项应尽可能具体约定，约定的用词应尽可能惟一，如有几种解释，最好对用词进行定义，尽量避免因理解上的歧义造成合同纠纷。

合同中如出现未按上述各条要求约定或约定不明的，发承包双方在合同履行中发生争议由双方协商确定；当协商不能达成一致时，应按现行计价规范的相应规定执行。

思 考 题

1. 简述工程量清单的构成与作用。

2. 简述分部分项工程项目清单的特点与编制内容。

3. 简述建设工程承包合同价格的分类。

4. 简述合同价款约定的主要内容。

5. 某回填方项目，清单工程量为 $47.06m^3$，预算工程量为 $182.56m^3$。已知完成 $1m^3$ 回填方需用人工 0.169 工日（人工单价 105 元/工日），机械 0.029 台班（机械台班单价 28 元/台班）。根据企业自主报价原则，管理费按人工费、施工机具使用费二项之和的 10% 计取，利润按人工费、施工机具使用费二项之和的 5% 计取，不考虑措施项目费、其他项目费和规费、税金和风险时，投标人所报回填方项目的综合单价为 85.20 元/m^3，审核该项目的综合单价是否正确。

第五章 建设工程施工阶段的投资控制

第一节 施工阶段投资目标控制

监理工程师在施工阶段进行投资控制的基本原理是把计划投资额作为投资控制的目标值，在工程施工过程中定期进行投资实际值与目标值的比较，通过比较发现并找出实际支出额与投资控制目标值之间的偏差，分析产生偏差的原因，并采取有效措施加以控制，以保证投资控制目标的实现。

一、投资控制的工作流程

建设工程施工阶段涉及的面很广，涉及的人员很多，与投资控制有关的工作也很多，我们不能逐一加以说明，只能对实际情况加以适当简化。图 5-1 为施工阶段投资控制的工作流程图。

二、资金使用计划的编制

投资控制的目的是为了确保投资目标的实现。因此，监理工程师必须编制资金使用计划，合理地确定投资控制目标值，包括建设工程投资的总目标值、分目标值、各详细目标值。如果没有明确的投资控制目标，就无法进行项目投资实际支出值与目标值的比较，不能进行比较也就不能找出偏差，不知道偏差程度，就会使控制措施缺乏针对性。在确定投资控制目标时，应有科学的依据。如果投资目标值与人工单价、材料预算价格、设备价格及各项有关费用和各种取费标准不相适应，那么投资控制目标便没有实现的可能，则控制也是徒劳的。

由于人们对客观事物的认识有个过程，也由于人们在一定时间内所占有的经验和知识有限，因此，对工程项目的投资控制目标应辩证地对待，既要维护投资控制目标的严肃性，也要允许对脱离实际的既定投资控制目标进行必要的调整，调整并不意味着可以随意改变项目投资目标值，而必须按照有关的规定和程序进行。

（一）投资目标的分解

编制资金使用计划过程中最重要的步骤，就是项目投资目标的分解。根据投资控制目标和要求的不同，投资目标的分解可以分为按投资构成、按子项目、按时间分解三种类型。

1. 按投资构成分解的资金使用计划

工程项目的投资主要分为建筑安装工程投资、设备及工器具购置投资及工程建设其他投资。由于建筑工程和安装工程在性质上存在着较大差异，投资的计算方法和标准也不尽相同。因此，在实际操作中往往将建筑工程投资和安装工程投资分解开来。这样，工程项目投资的总目标就可以按图 5-2 分解。

图 5-2 中的建筑工程投资、安装工程投资、工器具购置投资可以进一步分解。另外，在按项目投资构成分解时，可以根据以往的经验和建立的数据库来确定适当的比例。必要时也可以作一些适当的调整。例如：如果估计所购置的设备大多包括安装费，则可将安装

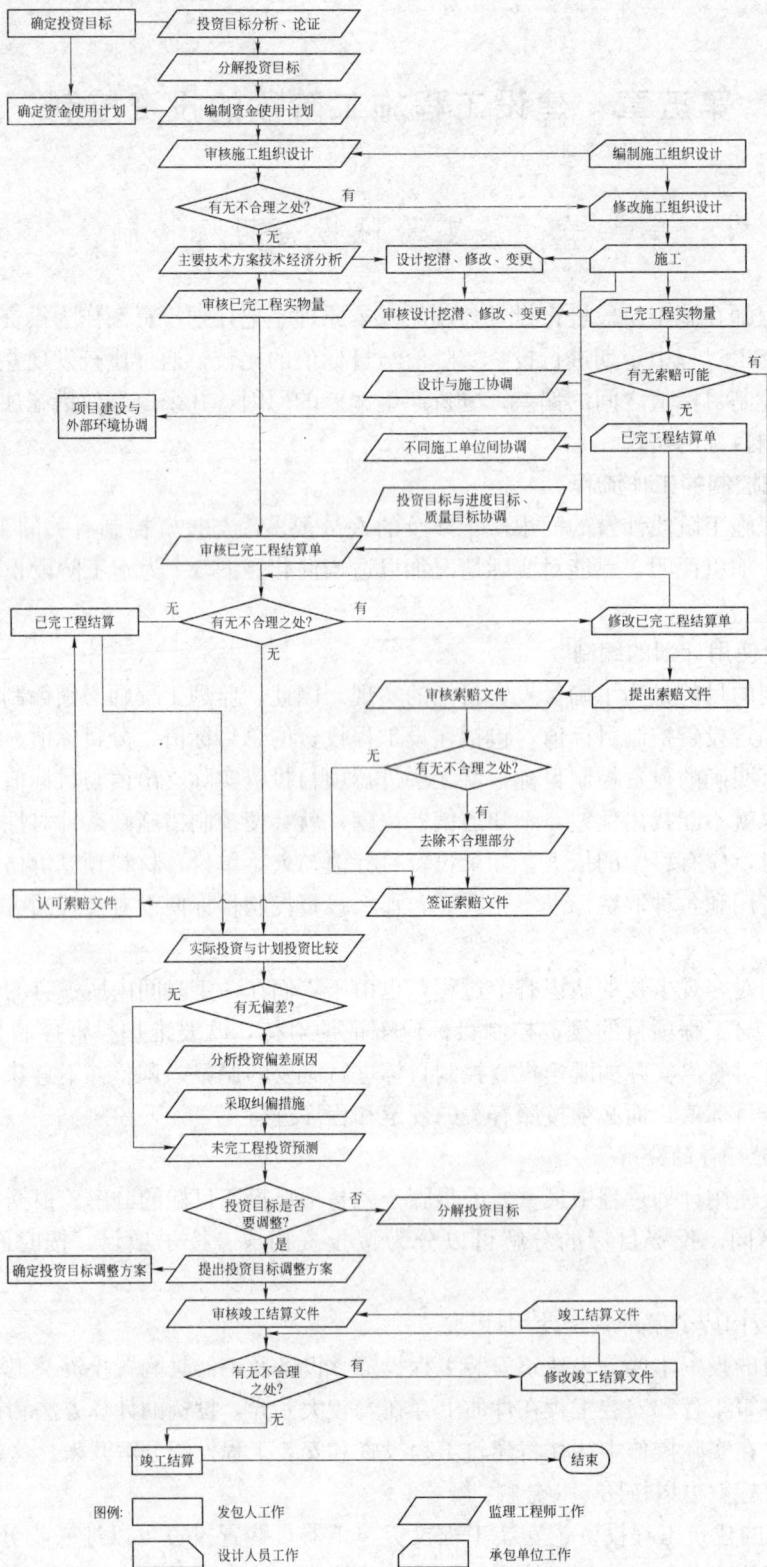

图 5-1 施工阶段投资控制的工作流程

工程投资和设备购置投资作为一个整体来确定它们所占的比例，然后再根据具体情况决定细分或不细分。按投资的构成来分解的方法比较适合于有大量经验数据的工程项目。

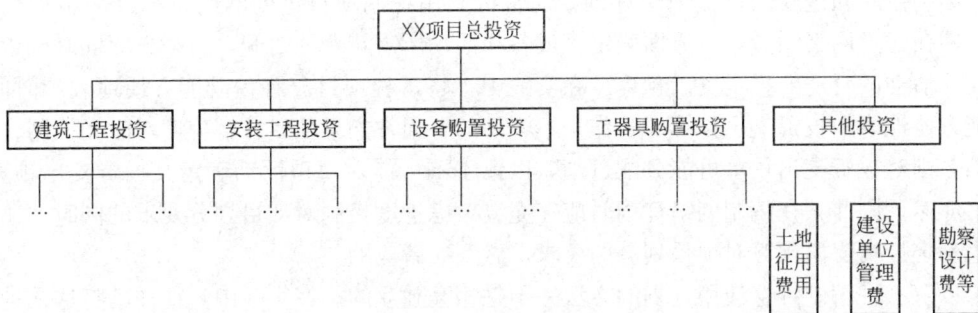

图 5-2　按投资构成分解目标

2. 按子项目分解的资金使用计划

大中型的工程项目通常是由若干单项工程构成的，而每个单项工程包括了多个单位工程，每个单位工程又是由若干个分部分项工程构成的，因此，首先要把项目总投资分解到单项工程和单位工程中，如图 5-3 所示。

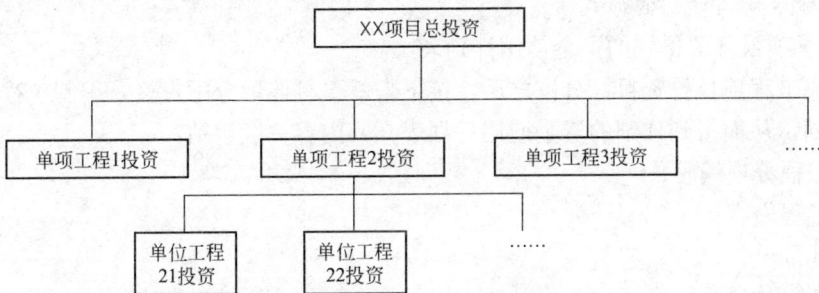

图 5-3　按子项目分解投资目标

一般来说，由于概算和预算大都是按照单项工程和单位工程来编制的，所以将项目总投资分解到各单项工程和单位工程是比较容易的。需要注意的是，按照这种方法分解项目总投资，不能只是分解建筑工程投资、安装工程投资和设备工器具购置投资，还应该分解项目的其他投资。但项目其他投资所包含的内容既与具体单项工程或单位工程直接有关，也与整个项目建设有关，因此必须采取适当的方法将项目其他投资合理分解到各个单项工程和单位工程中。最常用的也是最简单的方法，就是按照单项工程的建筑安装工程投资和设备工器具购置投资之和的比例分摊。但其结果可能与实际支出的投资相差甚远。因此实践中一般应对工程项目的其他投资的具体内容进行分析，将其中确实与各单项工程和单位工程有关的投资分离出来，按照一定比例分解到相应的工程内容上。其他与整个项目有关的投资则不分解到各单项工程和单位工程上。

另外，对各单位工程的建筑安装工程投资还需要进一步分解，在施工阶段一般可分解到分部分项工程。

3. 按时间进度分解的资金使用计划

工程项目的投资总是分阶段、分期支出的，资金应用是否合理与资金的时间安排有密切关系。为了编制项目资金使用计划，并据此筹措资金，尽可能减少资金占用和利息支出，有必要将项目总投资按其使用时间进行分解。

编制按时间进度的资金使用计划，通常可利用控制项目进度的网络图进一步扩充而得。即在建立网络图时，一方面确定完成各项活动所需花费的时间，另一方面同时确定完成这一活动的合适的投资支出预算。在实践中，将工程项目分解为既能方便地表示时间，又能方便地表示投资支出预算的工作是不容易的，通常如果项目分解程度对时间控制合适的话，则对投资支出预算可能分配过细，以致于不可能对每项活动确定其投资支出预算。反之亦然。因此，在编制网络计划时应在充分考虑进度控制对项目划分要求的同时，还要考虑确定投资支出预算对项目划分的要求，做到二者兼顾。

以上三种编制资金使用计划的方法并不是相互独立的。在实践中，往往是将这几种方法结合起来使用，从而达到扬长避短的效果。例如，将按子项目分解项目总投资与按投资构成分解项目总投资两种方法相结合，横向按子项目分解，纵向按投资构成分解，或相反。这种分解方法有助于检查各单项工程和单位工程投资构成是否完整，有无重复计算或缺项；同时还有助于检查各项具体的投资支出的对象是否明确或落实，并且可以从数字上校核分解的结果有无错误。或者还可将按子项目分解项目总投资目标与按时间分解项目总投资目标结合起来，一般是纵向按子项目分解，横向按时间分解。

（二）资金使用计划的形式

1. 按子项目分解得到的资金使用计划表

在完成工程项目投资目标分解之后，接下来就要具体地分配投资，编制工程分项的投资支出计划，从而得到详细的资金使用计划表。其内容一般包括：

（1）工程分项编码；

（2）工程内容；

（3）计量单位；

（4）工程数量；

（5）计划综合单价；

（6）本分项总计。

在编制投资支出计划时，要在项目总的方面考虑总的预备费，也要在主要的工程分项中安排适当的不可预见费，避免在具体编制资金使用计划时，可能发现个别单位工程或工程量表中某项内容的工程量计算有较大出入，使原来的投资预算失实，并在项目实施过程中对其尽可能地采取一些措施。

2. 时间—投资累计曲线

通过对项目投资目标按时间进行分解，在网络计划基础上，可获得项目进度计划的横道图，并在此基础上编制资金使用计划。其表示方式有两种：一种是在总体控制时标网络图上表示，见图5-4；另一种是利用时间—投资曲线（S形曲线）表示，见图5-5。

时间—投资累计曲线的绘制步骤如下：

（1）确定工程项目进度计划，编制进度计划的横道图。

（2）根据每单位时间内完成的实物工程量或投入的人力、物力和财力，计算单位时间（月或旬）的投资，在时标网络图上按时间编制投资支出计划，如图5-4所示。

（3）计算规定时间 t 计划累计完成的投资额。其计算方法为：各单位时间计划完成的

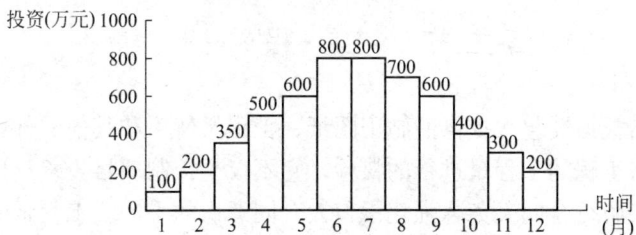

图 5-4　时标网络图上按月编制的资金使用计划

投资额累加求和，即：

$$Q_t = \sum_{n=1}^{t} q_n \tag{5-1}$$

式中　Q_t——某时间 t 计划累计完成投资额；

　　　q_n——单位时间 n 的计划完成投资额；

　　　t——某规定计划时刻。

（4）按各规定时间的 Q_t 值，绘制 S 形曲线，如图 5-5 所示。

每一条 S 形曲线都对应某一特定的工程进度计划。因为在进度计划的非关键路线中存在许多有时差的工序或工作，因而 S 形曲线（时间—投资曲线）必然包络在由全部工作都按最早开始时间开始和全部工作都按最迟必须开始时间开始的曲线所组成的"香蕉图"内。发包人可根据编制的投资支出预算合理安排资金，同时发包人也可以根据筹措的建设资金来调整 S 形曲线，即通过调整非关键路线上的工序项目的最早或最迟开工时间，力争将实际的投资支出控制在计划的范围内。

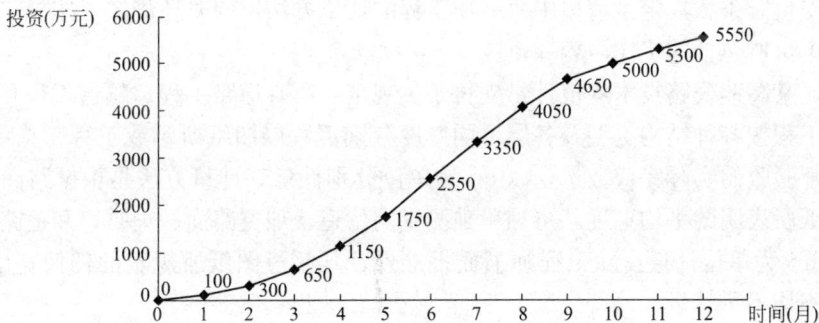

图 5-5　时间—投资累计曲线（S 形曲线）

一般而言，所有工作都按最迟开始时间开始，对节约发包人的建设资金贷款利息是有利的，但同时，也降低了项目按期竣工的保证率。因此，监理工程师必须合理地确定投资支出计划，达到既节约投资支出，又能控制项目工期的目的。

3. 综合分解资金使用计划表

将投资目标的不同分解方法相结合，会得到比前者更为详尽、有效的综合分解资金使用计划表。综合分解资金使用计划表一方面有助于检查各单项工程和单位工程的投资构成是否合理，有无缺陷或重复计算；另一方面也可以检查各项具体的投资支出的对象是否明确和落实，并可校核分解的结果是否正确。

第五章

第二节 工 程 计 量

工程计量是指根据发包人提供的施工图纸、工程量清单和其他文件，项目监理机构对承包人申报的合格工程的工程量进行的核验，它不仅是控制项目投资支出的关键环节，同时也是约束承包人履行合同义务，强化承包人合同意识的手段。工程量的正确计量是发包人向承包人支付工程进度款的前提和依据，必须按照相关工程现行国家计量规范规定的工程量计算规则计算。工程计量可选择按月或按工程形象进度分段计量，具体计量周期在合同中约定。因承包人原因造成的超出合同工程范围施工或返工的工程量，发包人不予计量。成本加酬金合同参照单价合同计量。

一、工程计量的依据

计量依据一般有质量合格证书，工程量清单前言，技术规范中的"计量支付"条款和设计图纸。也就是说，计量时必须以这些资料为依据。

（一）质量合格证书

对于承包人已完的工程，并不是全部进行计量，而只是质量达到合同标准的已完工程才予以计量。所以工程计量必须与质量监理紧密配合，经过专业工程师检验，工程质量达到合同规定的标准后，由专业工程师签署报验申请表（质量合格证书），只有质量合格的工程才予以计量。所以说质量监理是计量监理的基础，计量又是质量监理的保障，通过计量支付，强化承包人的质量意识。

（二）工程量清单前言和技术规范

工程量清单前言和技术规范是确定计量方法的依据。因为工程量清单前言和技术规范的"计量支付"条款规定了清单中每一项工程的计量方法，同时还规定了按规定的计量方法确定的单价所包括的工作内容和范围。

例如，某高速公路技术规范计量支付条款规定：所有道路工程、隧道工程和桥梁工程中的路面工程按各种结构类型及各层不同厚度分别汇总以图纸所示或工程师指示为依据，按经工程师验收的实际完成数量，以 m^2 为单位分别计量。计量方法是根据路面中心线的长度乘图纸所表明的平均宽度，再加单独测量的岔道、加宽路面、喇叭口和道路交叉处的面积，以 m^2 为单位计量。除工程师书面批准外，凡超过图纸所规定的任何宽度、长度、面积或体积均不予计量。

（三）设计图纸

单价合同以实际完成的工程量进行结算，但被工程师计量的工程数量，并不一定是承包人实际施工的数量。计量的几何尺寸要以设计图纸为依据，工程师对承包人超出设计图纸要求增加的工程量和自身原因造成返工的工程量，不予计量。例如：在京津塘高速公路施工监理中，灌注桩的计量支付条款中规定按照设计图纸以延米计量，其单价包括所有材料及施工的各项费用，根据这个规定，如果承包人做了 35m，而桩的设计长度 30m，则只计量 30m，发包人按 30m 付款。承包人多做了 5m 灌注桩所消耗的钢筋及混凝土材料，发包人不予补偿。

二、单价合同的计量

工程量必须以承包人完成合同工程应予计量的工程量确定。施工中进行工程量计量时，当发现招标工程量清单中出现缺项、工程量偏差，或因工程变更引起工程量增减时，应按承包人在履行合同义务中实际完成的工程量计量。

（一）计量程序

关于单价合同的计量程序，《建设工程施工合同(示范文本)》GF—2013—0201 中约定：

（1）承包人应于每月 25 日向监理人报送上月 20 日至当月 19 日已完成的工程量报告，并附具进度付款申请单、已完成工程量报表和有关资料。

（2）监理人应在收到承包人提交的工程量报告后 7 天内完成对承包人提交的工程量报表的审核并报送发包人，以确定当月实际完成的工程量。监理人对工程量有异议的，有权要求承包人进行共同复核或抽样复测。承包人应协助监理人进行复核或抽样复测，并按监理人要求提供补充计量资料。承包人未按监理人要求参加复核或抽样复测的，监理人复核或修正的工程量视为承包人实际完成的工程量。

（3）监理人未在收到承包人提交的工程量报表后的 7 天内完成审核的，承包人报送的工程量报告中的工程量视为承包人实际完成的工程量，据此计算工程价款。

同时《建设工程工程量清单计价规范》GB 50500—2013 还有如下规定：

（1）发包人认为需要进行现场计量核实时，应在计量前 24 小时通知承包人，承包人应为计量提供便利条件并派人参加。双方均同意核实结果时，则双方应在上述记录上签字确认。承包人收到通知后不派人参加计量，视为认可发包人的计量核实结果。发包人不按照约定时间通知承包人，致使承包人未能派人参加计量，计量核实结果无效。

（2）当承包人认为发包人核实后的计量结果有误时，应在收到计量结果通知后的 7 天内向发包人提出书面意见，并附上其认为正确的计量结果和详细的计算资料。发包人收到书面意见后，应在 7 天内对承包人的计量结果进行复核后通知承包人。承包人对复核计量结果仍有异议的，按照合同约定的争议解决办法处理。

（3）承包人完成已标价工程量清单中每个项目的工程量并经发包人核实无误后，发承包人应对每个项目的历次计量报表进行汇总，以核实最终结算工程量，并应在汇总表上签字确认。

（二）工程计量的方法

监理人一般只对以下三方面的工程项目进行计量：

（1）工程量清单中的全部项目；

（2）合同文件中规定的项目；

（3）工程变更项目。

一般可按照以下方法进行计量：

（1）均摊法

所谓均摊法，就是对清单中某些项目的合同价款，按合同工期平均计量。如：为监理人提供宿舍，保养测量设备，保养气象记录设备，维护工地清洁和整洁等。这些项目都有一个共同的特点，即每月均有发生。所以可以采用均摊法进行计量支付。例如：保养气象记录设备，每月发生的费用是相同的，如本项合同款额为 2000 元，合同工期为 20 个月，则每月计量、支付的款额为：2000 元/20 月＝100 元/月。

（2）凭据法

所谓凭据法，就是按照承包人提供的凭据进行计量支付。如建筑工程险保险费、第三方责任险保险费、履约保证金等项目，一般按凭据法进行计量支付。

（3）估价法

所谓估价法，就是按合同文件的规定，根据监理人估算的已完成的工程价值支付。如为监理人提供办公设施和生活设施，为监理人提供用车，为监理人提供测量设备、天气记录设备、通信设备等项目。这类清单项目往往要购买几种仪器设备，当承包人对于某一项清单项目中规定购买的仪器设备不能一次购进时，则需采用估价法进行计量支付。其计量过程如下：

1）按照市场的物价情况，对清单中规定购置的仪器设备分别进行估价；

2）按下式计量支付金额：

$$F = A \cdot \frac{B}{D} \tag{5-2}$$

式中 F——计算支付的金额；

A——清单所列该项的合同金额；

B——该项实际完成的金额（按估算价格计算）；

D——该项全部仪器设备的总估算价格。

从上式可知：

① 该项实际完成金额 B 必须按估算各种设备的价格计算，它与承包人购进的价格无关。

② 估算的总价与合同工程量清单的款额无关。

当然，估价的款额与最终支付的款额无关，最终支付的款额总是合同清单中的款额。

（4）断面法

断面法主要用于取土坑或填筑路堤土方的计量。对于填筑土方工程，一般规定计量的体积为原地面线与设计断面所构成的体积。采用这种方法计量，在开工前承包人需测绘出原地形的断面，并需经工程师检查，作为计量的依据。

（5）图纸法

在工程量清单中，许多项目都采取按照设计图纸所示的尺寸进行计量。如混凝土构筑物的体积，钻孔桩的桩长等。

（6）分解计量法

所谓分解计量法，就是将一个项目，根据工序或部位分解为若干子项。对完成的各子项进行计量支付。这种计量方法主要是为了解决一些包干项目或较大的工程项目的支付时间过长，影响承包人的资金流动等问题。

三、总价合同的计量

总价合同的计量活动非常重要。采用工程量清单方式招标形成的总价合同，其工程量的计算与上述单价合同的工程量计量规定相同。采用经审定批准的施工图纸及其预算方式发包形成的总价合同，除按照工程变更规定的工程量增减外，总价合同各项目的工程量应为承包人用于结算的最终工程量。此外，总价合同约定的项目计量应以合同工程经审定批准的施工图纸为依据，发承包双方应在合同中约定工程计量的形象目标或事件节点进行计量。

按月计量支付的总价合同，《建设工程施工合同（示范文本）》GF—2013—0201 中约定的计量支付程序如下：

（1）承包人应于每月 25 日向监理人报送上月 20 日至当月 19 日已完成的工程量报告，并附具进度付款申请单、已完成工程量报表和有关资料。

（2）监理人应在收到承包人提交的工程量报告后 7 天内完成对承包人提交的工程量报表的审核并报送发包人，以确定当月实际完成的工程量。监理人对工程量有异议的，有权要求承包人进行共同复核或抽样复测。承包人应协助监理人进行复核或抽样复测并按监理人要求提供补充计量资料。承包人未按监理人要求参加复核或抽样复测的，监理人审核或修正的工程量视为承包人实际完成的工程量。

（3）监理人未在收到承包人提交的工程量报表后的 7 天内完成复核的，承包人提交的工程量报告中的工程量视为承包人实际完成的工程量。

总价合同采用支付分解表计量支付的，可以根据上述约定进行计量，但合同价款按照支付分解表进行支付。

第三节　合同价款调整

工程项目建设周期长，在整个建设周期内会受到多种因素的影响，《建设工程工程量清单计价规范》GB 50500—2013 参照国内外多部合同范本，结合工程建设合同的实践经验和建筑市场的交易习惯，对所有涉及合同价款调整、变动的因素或其范围进行了归并，主要包括五大类：一是法规变化类（法律法规变化）；二是工程变更类（工程变更、项目特征不符、工程量清单缺项、工程量偏差、计日工）；三是物价变化类（物价变化、暂估价）；四是工程索赔类（不可抗力、提前竣工、索赔等）；五是其他类（现场签证等）。

一、合同价款应当调整的事项及调整程序

（一）合同价款应当调整的事项

以下事项发生，发承包双方应当按照合同约定调整合同价款：

（1）法律法规变化；

（2）工程变更；

（3）项目特征不符；

（4）工程量清单缺项；

（5）工程量偏差；

（6）计日工；

（7）物价变化；

（8）暂估价；

（9）不可抗力；

（10）提前竣工（赶工补偿）；

（11）误期赔偿；

（12）索赔；

（13）现场签证；

（14）暂列金额；

（15）发承包双方约定的其他调整事项。

（二）合同价款调整的程序

合同价款调整应按照以下程序进行：

（1）出现合同价款调增事项（不含工程量偏差、计日工、现场签证、施工索赔）后的14天内，承包人应向发包人提交合同价款调增报告并附上相关资料；承包人在14天内未提交合同价款调增报告的，应视为承包人对该事项不存在调整价款请求。

（2）出现合同价款调减事项（不含工程量偏差、施工索赔）后的14天内，发包人应向承包人提交合同价款调减报告并附相关资料；发包人在14天内未提交合同价款调减报告的，应视为发包人对该事项不存在调整价款请求。

（3）发（承）包人应在收到承（发）包人合同价款调增（减）报告及相关资料之日起14天内对其核实，予以确认的应书面通知承（发）包人。当有疑问时，应向承（发）包人提出协商意见。发（承）包人在收到合同价款调增（减）报告之日起14天内未确认也未提出协商意见的，视为承（发）包人提交的合同价款调增（减）报告已被发（承）包人认可。发（承）包人提出协商意见的，承（发）包人应在收到协商意见后的14天内对其核实，予以确认的应书面通知发（承）包人。承（发）包人在收到发（承）包人的协商意见后14天内既不确认也未提出不同意见的，视为发（承）包人提出的意见已被承（发）包人认可。

如果发包人与承包人对合同价款调整的不同意见不能达成一致，只要对承发包双方履约不产生实质影响，双方应继续履行合同义务，直到其按照合同约定的争议解决方式得到处理。关于合同价款调整后的支付原则，《建设工程工程量清单计价规范》GB 50500—2013做了如下规定：经发承包双方确认调整的合同价款，作为追加（减）合同价款，与工程进度款或结算款同期支付。

二、法律法规变化

施工合同履行过程中经常出现法律法规变化引起的合同价格调整问题。

招标工程以投标截止日前28天，非招标工程以合同签订前28天为基准日，其后因国家的法律、法规、规章和政策发生变化引起工程造价增减变化的，发承包双方应当按照省级或行业建设主管部门或其授权的工程造价管理机构据此发布的规定调整合同价款。

但因承包人原因导致工期延误的，按上述规定的调整时间，在合同工程原定竣工时间之后，合同价款调增的不予调整，合同价款调减的予以调整。

此外，如果承发包双方在商议有关合同价格和工期调整时无法达成一致的。2013版施工合同条件在处理该问题时，借鉴了FIDIC合同与《标准施工招标文件》（2007年）的做法，即双方可以在合同中约定由总监理工程师承担商定与确定的组织和实施责任。

三、项目特征不符

《建设工程工程量清单计价规范》GB 50500—2013中规定：

（1）发包人在招标工程量清单中对项目特征的描述，应被认为是准确和全面的，并且与实际施工要求相符合。承包人应按照发包人提供的招标工程量清单，根据其项目特征描述的内容及有关要求实施合同工程，直到项目被改变为止。

（2）承包人应按照发包人提供的设计图纸实施工程合同，若在合同履行期间出现设计图纸（含设计变更）与招标工程量清单任一项目的特征描述不符，且该变化引起该项目的工程造价增减变化的，应按照实际施工的项目特征，按规范中工程变更相关条款的规定重新确定相应工程量清单项目的综合单价，并调整合同价款。

其中第一条规定了项目特征描述的要求。项目特征是构成清单项目价值的本质特征，单价的高低与其必然有联系。因此发包人在招标工程量清单中对项目特征的描述应被认为是准确和全面的，并且与实际工程施工要求相符合，否则，承包人无法报价。

而当项目特征变化后，发承包双方应按实际施工的项目特征重新确定综合单价。

例如：招标时，某现浇混凝土构件项目特征描述中描述混凝土强度等级为 C25，但施工图纸本来就标明（或在施工过程中发包人变更）混凝土强度等级为 C30，很显然，这时应该重新确定综合单价，因为 C25 与 C30 的混凝土，其价值是不一样的。

四、工程量清单缺项

施工过程中，工程量清单项目的增减变化必然带来合同价款的增减变化。而导致工程量清单缺项的原因，一是设计变更，二是施工条件改变，三是工程量清单编制错误。

《建设工程工程量清单计价规范》GB 50500—2013 对这部分的规定如下：

（1）合同履行期间，由于招标工程量清单中缺项，新增分部分项工程量清单项目的，应按照规范中工程变更相关条款确定单价，并调整合同价款。

（2）新增分部分项工程量清单项目后，引起措施项目发生变化的，应按照规范中工程变更相关规定，在承包人提交的实施方案被发包人批准后调整合同价款。

（3）由于招标工程量清单中措施项目缺项，承包人应将新增措施项目实施方案提交发包人批准后，按照规范相关规定调整合同价款。

五、工程量偏差

施工过程中，由于施工条件、地质水文、工程变更等变化以及招标工程量清单编制人专业水平的差异，往往在合同履行期间，应予计量的工程量与招标工程量清单出现偏差，工程量偏差过大，对综合成本的分摊带来影响，如突然增加过多，仍然按原综合单价计价，对发包人不公平；而突然减少过多，仍然按原综合单价计价，对承包人不公平。并且，有经验的承包人可能乘机进行不平衡报价。因此，为维护合同的公平，应当对工程量偏差带来的合同价款调整做出规定。

《建设工程工程量清单计价规范》GB 50500—2013 对这部分的规定如下：

（1）合同履行期间，当予以计算的实际工程量与招标工程量清单出现偏差，且符合下述两条规定的，发承包双方应调整合同价款。

（2）对于任一招标工程量清单项目，如果因工程量偏差和工程变更等原因导致工程量偏差超过 15% 时，可进行调整。当工程量增加 15% 以上时，增加部分的工程量的综合单价应予调低；当工程量减少 15% 以上时，减少后剩余部分的工程量的综合单价应予调高。

（3）如果工程量出现超过 15% 的变化，且该变化引起相关措施项目相应发生变化时，按系数或单一总价方式计价的，工程量增加的措施项目费调增，工程量减少的措施项目费调减。

上述规定中，工程量偏差超过 15% 时的调整方法，可参照如下公式：

1）当 $Q_1 > 1.15Q_0$ 时

$$S = 1.15Q_0 \times P_0 + (Q_1 - 1.15Q_0) \times P_1 \qquad (5-3)$$

2）当 $Q_1 < 0.85Q_0$ 时

$$S = Q_1 \times P_1 \qquad (5-4)$$

式中　S——调整后的某一分部分项工程费结算价；

Q_1——最终完成的工程量；

Q_0——招标工程量清单列出的工程量；

P_1——按照最终完成工程量重新调整后的综合单价；

P_0——承包人在工程量清单中填报的综合单价。

采用上述两式的关键是确定新的综合单价，即 P_1。确定的方法，一是承发包双方协商确定，二是与招标控制价相联系，当工程量偏差项目出现承包人在工程量清单中填报的综合单价与发包人招标控制价相应清单项目的综合单价偏差超过 15% 时，工程量偏差项目综合单价的调整可参考以下公式。

3）当 $P_0 < P_2 \times (1-L) \times (1-15\%)$ 时，该类项目的综合单价：

$$P_1 \text{ 按照 } P_2 \times (1-L) \times (1-15\%) \text{ 调整} \tag{5-5}$$

4）当 $P_0 > P_2 \times (1+15\%)$ 时，该类项目的综合单价：

$$P_1 \text{ 按照 } P_2 \times (1+15\%) \text{ 调整} \tag{5-6}$$

5）当 $P_0 > P_2 \times (1-L) \times (1-15\%)$ 或 $P_0 < P_2 \times (1+15\%)$ 时，可不予调整。

式中 P_0——承包人在工程量清单中填报的综合单价；

P_2——发包人在招标控制价相应项目的综合单价；

L——计价规范中定义的承包人报价浮动率。

【例 5-1】

（1）某工程项目招标控制价的综合单价为 350 元，投标报价的综合单价为 287 元，该工程投标报价下浮率为 6%，综合单价是否调整？

【解】 $287 \div 350 = 82\%$，偏差为 18%；

按式(5-5)：$350 \times (1-6\%) \times (1-15\%) = 279.65$（元）。

由于 287 元大于 279.65 元，所以该项目变更后的综合单价可不予调整。

（2）某工程项目招标控制价的综合单价为 350 元，投标报价的综合单价为 406 元，工程变更后的综合单价如何调整？

【解】 $406 \div 350 = 1.16$，偏差为 16%；

按式(5-6)：$350 \times (1+15\%) = 402.50$（元）。

由于 406 元大于 402.50 元，该项目变更后的综合单价应调整为 402.50 元。

（3）某工程项目招标工程量清单数量为 1520m³，施工中由于设计变更调整为 1824m³，增加 20%，该项目招标控制综合单价为 350 元，投标报价为 406 元，应如何调整？

【解】 ① 根据(2)，综合单价 P_1 应调整为 402.50 元；

② 按公式(5-3)，$S = 1.15 \times 1520 \times 406 + (1824 - 1.15 \times 1520) \times 402.50$

$$= 709608 + 76 \times 402.50$$

$$= 740198（元）。$$

（4）某工程项目招标工程量清单数量为 1520m³，施工中由于设计变更调整为 1216m³，减少 20%，该项招标控制综合单价为 350 元，投标报价为 287 元，应如何调整？

【解】 ① 根据(1)，综合单价 P_1 可不调整；

② 按公式(5-4)，$S = 1216 \times 287$

$$= 348992（元）。$$

第五章

六、计日工

计日工是指在施工过程中，承包人完成发包人提出的工程合同范围以外的零星工程或工作，按合同中约定的单价计价的一种方式。发包人通知承包人以计日工方式实施的零星工作，承包人应予执行。

采用计日工计价的任何一项变更工作，在该项变更的实施过程中，承包人应按合同约定提交下列报表和有关凭证送发包人复核：

(1) 工作名称、内容和数量；

(2) 投入该工作所有人员的姓名、工种、级别和耗用工时；

(3) 投入该工作的材料名称、类别和数量；

(4) 投入该工作的施工设备型号、台数和耗用台时；

(5) 发包人要求提交的其他资料和凭证。

此外，《建设工程工程量清单计价规范》GB 50500—2013 对计日工生效计价的原则做了以下规定：任一计日工项目持续进行时，承包人应在该项工作实施结束后的 24h 内向发包人提交有计日工记录汇总的现场签证报告一式三份。发包人在收到承包人提交现场签证报告后的 2 天内予以确认并将其中一份返还给承包人，作为计日工计价和支付的依据。发包人逾期未确认也未提出修改意见的，应视为承包人提交的现场签证报告已被发包人认可。

每个支付期末，承包人应按照规范中进度款的相关条款规定向发包人提交本期间所有计日工记录的签证汇总表，以说明本期间自己认为有权得到的计日工金额，调整合同价款，列入进度款支付。

七、物价变化

施工合同履行时间往往较长，合同履行过程中经常出现人工、材料、工程设备和机械台班等市场价格起伏引起价格波动的现象，该种变化一般会造成承包人施工成本的增加或减少，进而影响到合同价格调整，最终影响到合同当事人的权益。

因此，为解决由于市场价格波动引起合同履行的风险问题，《建设工程施工合同(示范文本)》GF—2013—0201 中引入了适度风险适度调价的制度，亦称之为合理调价制度，其法律基础是合同风险的公平合理分担原则。

合同履行期间，因人工、材料、工程设备、机械台班价格波动影响合同价款时应根据合同约定的方法(如价格指数调整法或造价信息差额调整法)计算调整合同价款。承包人采购材料和工程设备的，应在合同中约定主要材料、工程设备价格变化的范围或幅度，如没有约定，则材料、工程设备单价变化超过 5% 时，超过部分的价格应按照价格指数调整法或造价信息差额调整法计算调整材料、工程设备费。

发生合同工程工期延误的，应按照下列规定确定合同履行期应予调整的价格：

(1) 因非承包人原因导致工期延误的，计划进度日期后续工程的价格，应采用计划进度日期与实际进度日期两者的较高者；

(2) 因承包人原因导致工期延误的，则计划进度日期后续工程的价格，采用计划进度日期与实际进度日期两者的较低者。

发包人供应材料和工程设备的，不适用上述规定，应由发包人按照实际变化调整，列入合同工程的工程造价内。

如前所述,物价变化合同价款调整方法有价格指数调整法和造价信息差额调整法,对此,《建设工程工程量清单计价规范》GB 50500—2013 中有如下规定:

(一)采用价格指数进行价格调整

(1)价格调整公式

因人工、材料和工程设备等价格波动影响合同价格时,根据投标函附录中的价格指数和权重表约定的数据,按以下公式计算差额并调整合同价款:

$$\Delta P = P_0 \left[A + \left(B_1 \times \frac{F_{t1}}{F_{01}} + B_2 \times \frac{F_{t2}}{F_{02}} + B_3 \times \frac{F_{t3}}{F_{03}} + \cdots + B_n \times \frac{F_{tn}}{F_{0n}} \right) - 1 \right] \tag{5-7}$$

式中
ΔP——需调整的价格差额;

P_0——约定的付款证书中承包人应得到的已完成工程量的金额。此项金额应不包括价格调整、不计质量保证金的扣留和支付、预付款的支付和扣回。约定的变更及其他金额已按现行价格计价的,也不计在内;

A——定值权重(即不调部分的权重);

B_1,B_2,B_3,$\cdots$,B_n——各可调因子的变值权重(即可调部分的权重),为各可调因子在签约合同价中所占的比例;

F_{t1},F_{t2},F_{t3},$\cdots$,F_{tn}——各可调因子的现行价格指数,指约定的付款证书相关周期最后一天的前 42 天的各可调因子的价格指数;

F_{01},F_{02},F_{03},$\cdots$,F_{0n}——各可调因子的基本价格指数,指基准日期的各可调因子的价格指数。

以上价格调整公式中的各可调因子、定值和变值权重,以及基本价格指数及其来源在投标函附录价格指数和权重表中约定。价格指数应首先采用工程造价管理机构提供的价格指数,缺乏上述价格指数时,可采用工程造价管理机构提供的价格代替。

(2)暂时确定调整差额

在计算调整差额时得不到现行价格指数的,可暂用上一次价格指数计算,并在以后的付款中再按实际价格指数进行调整。

(3)权重的调整

约定的变更导致原定合同中的权重不合理时,由承包人和发包人协商后进行调整。

(4)因承包人原因工期延误后的价格调整

由于承包人原因未在约定的工期内竣工的,则对原约定竣工日期后继续施工的工程,在使用价格调整公式时,应采用原约定竣工日期与实际竣工日期的两个价格指数中较低的一个作为现行价格指数。

(二)采用造价信息进行价格调整

合同履行期间,因人工、材料、工程设备和机械台班价格波动影响合同价格时,人工、机械使用费按照国家或省、自治区、直辖市建设行政管理部门、行业建设管理部门或其授权的工程造价管理机构发布的人工、机械使用费系数进行调整;需要进行价格调整的材料,其单价和采购数量应由发包人审批,发包人确认需调整的材料单价及数量,作为调整合同价格的依据。

(1)人工单价发生变化时,发承包双方应按省级或行业建设主管部门或其授权的工程造价管理机构发布的人工成本文件调整合同价款。

【例5-2】　××工程在施工期间，省工程造价管理机构发布了人工费调整10%的文件，适用时间为××年×月×日，该工程本期完成合同价款1576893.50元，其中人工费283840.83元，与定额人工费持平，本期人工费应否调整，调增多少？

【解】　因为人工费与定额人工费持平，则低于发布价格，应予调增：
$$283840.83 \times 10\% = 28384.08(元)$$

（2）材料、工程设备价格变化的价款调整按照发包人提供的主要材料和工程设备一览表，发承包双方约定的风险范围按以下规定进行。

1）当承包人投标报价中材料单价低于基准单价：施工期间材料单价涨幅以基准单价为基础超过合同约定的风险幅度值时，或材料单价跌幅以投标报价为基础超过合同约定的风险幅度值时，其超过部分按实调整。

2）当承包人投标报价中材料单价高于基准单价：施工期间材料单价跌幅以基准单价为基础超过合同约定的风险幅度值时，材料单价涨幅以投标报价为基础超过合同约定的风险幅度值时，其超过部分按实调整。

3）当承包人投标报价中材料单价等于基准单价：施工期间材料单价涨、跌幅以基准单价为基础超过合同约定的风险幅度值时，其超过部分按实调整。

4）承包人应在采购材料前将采购数量和新的材料单价报发包人核对，确认用于本合同工程时，发包人应确认采购材料的数量和单价。发包人在收到承包人报送的确认资料后3个工作日不予答复的视为已经认可，作为调整合同价款的依据。如果承包人未报经发包人核对即自行采购材料，再报发包人确认调整合同价款的，如发包人不同意，则不作调整。

前述基准价格是指由发包人在招标文件或专用合同条款中给定的材料、工程设备的价格，该价格原则上应当按照省级或行业建设主管部门或其授权的工程造价管理机构发布的信息价编制。

（3）施工机械台班单价或施工机械使用费发生变化超过省级或行业建设主管部门或其授权的工程造价管理机构规定的范围时，按其规定调整合同价款。

【例5-3】　××工程约定采用价格指数法调整合同价款，具体约定见表5-1数据，本期完成合同价款为1584629.37元，其中：已按现行价格计算的计日工价款为5600元，发承包双方确认应增加的索赔金额2135.87元，计算应调整的合同价款差额。

承包人提供材料和工程设备一览表　　　　　　　表5-1

（适用于价格指数调整方法）

工程名称：××　标段：　　　　　　　　　　　　　　　第1页共1页

序号	名称、规格、型号	变值权重 B	基本价格指数 F_0	现行价格指数 F_t	备注
1	人工费	0.18	110%	121%	
2	钢材	0.11	4000元/t	4320元/t	
3	预拌混凝土C30	0.16	340元/m³	357元/m³	
4	页岩砖	0.05	300元/千匹	318元/千匹	

第五章

续表

序号	名称、规格、型号	变值权重 B	基本价格指数 F_0	现行价格指数 F_t	备注
5	机械费	0.08	100%	100%	
	定值权重 A	0.42	—	—	
	合计	1	—	—	

【解】 （1）本期完成合同价款应扣除已按现行价格计算的计日工价款和确认的索赔金额：

$$1584629.37-5600-2135.87=1576893.50(元)$$

（2）用公式(5-7)计算：

$$\Delta P=1576893.50\left[0.42+\left(0.18\times\frac{121}{110}+0.11\times\frac{4320}{4000}+0.16\times\frac{357}{340}+0.05\times\frac{318}{300}+0.08\times\frac{100}{100}\right)-1\right]$$

$$=1576893.50[0.42+(0.18\times1.1+0.11\times1.08+0.16\times1.05+0.05\times1.06+0.08\times1)-1]$$

$$=1576893.50[0.42+(0.198+0.1188+0.168+0.053+0.08)-1]$$

$$=1576893.50\times0.0378$$

$$=59606.57(元)$$

本期应增加合同价款 59606.57 元。

【例 5-4】 某工程采用预拌混凝土由承包人提供，所需品种见表 5-2，在施工期间，在采购预拌混凝土时，其单价分别为 C20：327 元/m^3，C25：335 元/m^3，C30：345 元/m^3，合同约定的材料单价如何调整？

承包人提供材料和工程设备一览表　　表 5-2
（适用于造价信息差额调整方法）

工程名称：××中学教学楼工程　标段：　　　　　　　　　　第 1 页共 1 页

序号	名称、规格、型号	单位	数量	风险系数（%）	基准单价（元）	投标单价（元）	发包人确认单价（元）	备注
1	预拌混凝土 C20	m^3	25	≤5	310	308	309.50	
2	预拌混凝土 C25	m^3	560	≤5	323	325	325	
3	预拌混凝土 C30	m^3	3120	≤5	340	340	340	

【解】 （1）C20：$327\div310-1=5.45\%$

投标单价低于基准价，按基准价算，已超过约定的风险系数，应予调整。

$308+310\times0.45\%=308+1.395=309.40(元)$

（2）C25：$335\div325-1=3.08\%$

投标单价高于基准价，按报价算，未超过约定的风险系数，不予调整。

（3）C30：$345\div340-1=1.39\%$

投标单价等于基准价，按基准价算，未超过约定的风险系数，不予调整。

【例 5-5】 某工程合同总价为 1000 万元。其组成为：土方工程费 100 万元，占

10%；砌体工程费 400 万元，占 40%；钢筋混凝土工程费 500 万元，占 50%。这三个组成部分的人工费和材料费占工程价款 85%，人工材料费中各项费用比例如下：

（1）土方工程：人工费 50%，机具折旧费 26%，柴油 24%。

（2）砌体工程：人工费 53%，钢材 5%，水泥 20%，骨料 5%，空心砖 12%，柴油 5%。

（3）钢筋混凝土工程，人工费 53%，钢材 22%，水泥 10%，骨料 7%，木材 4%，柴油 4%。

假定该合同的基准日期为 2012 年 1 月 4 日，2012 年 9 月完成的工程价款占合同总价的 10%，有关月报的工资、材料物价指数如表 5-3 所示。（注：F_{t1}，F_{t2}，F_{t3}，…，F_{tn} 等应采用 8 月份的物价指数）。

工资、物价指数表　　　　表 5-3

费用名称	代号	2012 年 1 月指数	代号	2012 年 8 月指数
人工费	F_{01}	100.0	F_{t1}	116.0
钢材	F_{02}	153.4	F_{t2}	187.6
水泥	F_{03}	154.8	F_{t3}	175.0
骨料	F_{0t4}	132.6	F_{t4}	169.3
柴油	F_{05}	178.3	F_{t5}	192.8
机具折旧	F_{06}	154.4	F_{t6}	162.5
空心砖	F_{07}	160.1	F_{t7}	162.0
木材	F_{08}	142.7	F_{t8}	159.5

问题：2012 年 9 月需调整的价格差额是多少？

【解】 该工程其他费用，即不调值的费用占工程价款的 15%，计算出各项参加调值的费用占工程价款比例如下：

人工费：（50%×10%＋53%×40%＋53%×50%）×85%≈45%；

钢材：（5%×40%＋22%×50%）×85%≈11%；

水泥：（20%×40%＋10%×50%）×85%≈11%；

骨料：（5%×40%＋7%×50%）×85%≈5%；

柴油：（24%×10%＋5%×40%＋4%×50%）×85%≈5%；

机具折旧：26%×10%×85%≈2%；

空心砖：12%×40%×85%≈4%；

木材：4%×50%×85%≈2%；

不调值费用占工程价款的比例为 15%；

根据公式（5-7），得：

$$\Delta P = 10\% \times 1\,000 \left[0.15 + \left(0.45 \times \frac{116}{100} + 0.11 \times \frac{187.6}{153.4} + 0.11 \times \frac{175.0}{154.8} + 0.05 \times \frac{169.3}{132.6} \right. \right.$$

$$\left. \left. + 0.05 \times \frac{192.8}{178.3} + 0.02 \times \frac{162.5}{154.4} + 0.04 \times \frac{162.0}{160.1} + 0.02 \times \frac{159.5}{142.7} \right) - 1 \right]$$

$$= 13.27（万元）$$

第五章

即：通过调值，2012年9月实得工程款比原价款多13.27万元。

八、暂估价

暂估价是指招标人在工程量清单中提供的用于支付必然发生但暂时不能确定价格的材料、工程设备的单价以及专业工程的金额。

发包人在招标工程量清单中给定暂估价的材料、工程设备属于依法必须招标的，由发承包双方以招标的方式选择供应商，确定价格，并以此为依据取代暂估价，调整合同价款。实践中，恰当的做法是仍由总承包中标人作为招标人，采购合同应由总承包人签订。

发包人在招标工程量清单中给定暂估价的材料、工程设备不属于依法必须招标的，由承包人按照合同约定采购，经发包人确认后以此为依据取代暂估价，调整合同价款。

发包人在工程量清单中给定暂估价的专业工程不属于依法必须招标的，应按照工程变更价款的确定方法确定专业工程价款。并以此为依据取代专业工程暂估价，调整合同价款。

发包人在招标工程量清单中给定暂估价的专业工程，依法必须招标的，应当由发承包双方依法组织招标选择专业分包人，并接受有管辖权的建设工程招标投标管理机构的监督，还应符合下列要求：

(1) 除合同另有约定外，承包人不参加投标的专业工程发包招标，应由承包人作为招标人，但拟定的招标文件、评标工作、评标结果应报送发包人批准。与组织招标工作有关的费用应当被认为已经包括在承包人的签约合同价(投标总报价)中。

(2) 承包人参加投标的专业工程发包招标，应由发包人作为招标人，与组织招标工作有关的费用由发包人承担。同等条件下，应优先选择承包人中标。

(3) 应以专业工程发包中标价为依据取代专业工程暂估价，调整合同价款。

总承包招标时，专业工程设计深度往往不够，一般需要交由专业设计人员设计。出于提高可建造性考虑，国际上一般由专业承包人员负责设计，以纳入其专业技能和专业施工经验。这类专业工程交由专业分包人完成是国际工程的良好实践，目前在我国工程建设领域也已经比较普遍。公开透明地合理确定这类暂估价的实际开支金额的最佳途径就是通过总承包人与建设项目招标人共同组织的招标。

例如：某工程招标，将现浇混凝土构件钢筋作为暂估价，为4000元/t，工程实施后，根据市场价格变动，将各规格现浇钢筋加权平均认定为4295元/t，此时，应在综合单价中以4295元取代4000元。

暂估材料或工程设备的单价确定后，在综合单价中只应取代原暂估单价，不应再在综合单价中涉及企业管理费或利润等其他费的变动。

九、不可抗力

根据《中华人民共和国合同法》第一百一十七条第二款规定："本法所称不可抗力，是指不能预见，不可避免并不能克服的客观情况"。

因不可抗力事件导致的人员伤亡、财产损失及其费用增加，发承包双方应按以下原则分别承担并调整合同价款和工期：

(1) 合同工程本身的损害、因工程损害导致第三方人员伤亡和财产损失以及运至施工场地用于施工的材料和待安装的设备的损害，由发包人承担；

（2）发包人、承包人人员伤亡由其所在单位负责，并承担相应费用；

（3）承包人的施工机械设备损坏及停工损失，应由承包人承担；

（4）停工期间，承包人应发包人要求留在施工场地的必要的管理人员及保卫人员的费用应由发包人承担；

（5）工程所需清理、修复费用，应由发包人承担。

不可抗力解除后复工的，若不能按期竣工，应合理延长工期。发包人要求赶工的，赶工费用应由发包人承担。

【例 5-6】 某工程在施工过程中，因不可抗力造成损失。承包人及时向项目监理机构提出了索赔申请，并附有相关证明材料，要求补偿的经济损失如下：

（1）在建工程损失 26 万元。

（2）承包人受伤人员医药费、补偿金 4.5 万元。

（3）施工机具损坏损失 12 万元。

（4）施工机具闲置、施工人员窝工损失 5.6 万元。

（5）工程清理、修复费用 3.5 万元。

问题：逐项分析事件中的经济损失是否补偿给承包人，分别说明理由。项目监理机构应批准的补偿金额为多少？

【解】（1）在建工程损失 26 万元的经济损失应补偿给承包人。理由：不可抗力造成工程本身的损失，由发包人承担；

（2）承包人受伤人员医药费、补偿费 4.5 万元的经济损失不应补偿给承包人。理由：不可抗力造成承、发包双方的人员伤亡，分别各自承担；

（3）施工机具损坏损失 12 万元的经济损失不应补偿给承包人。理由：不可抗力造成施工机械设备损坏，由承包人承担；

（4）施工机具闲置、施工人员窝工损失 5.6 万元的经济损失不应补偿给承包人。理由：不可抗力造成承包人机械设备的停工损失，由承包人承担；

（5）工程清理、修复费用 3.5 万元的经济损失应补偿给承包人。理由：不可抗力造成工程所需清理、修复费用，由发包人承担。

项目监理机构应批准的补偿金额：26＋3.5＝29.5（万元）。

十、提前竣工（赶工补偿）

为了保证工程质量，承包人除了根据标准规范、施工图纸进行施工外，还应当按照科学合理的施工组织设计，按部就班地进行施工作业。因为有些施工流程必须有一定的时间间隔，例如，现浇混凝土必须有一定时间的养护才能进行下一个工序，刷油漆必须等上道工序所刮腻子干燥后方可进行等。所以，《建设工程质量管理条例》第十条规定："建设工程发包单位不得迫使承包方以低于成本的价格竞标，不得任意压缩合理工期"，据此，《建设工程工程量清单计价规范》GB 50500—2013 作了以下规定：

（1）工程发包时，招标人应当依据相关工程的工期定额合理计算工期，压缩的工期天数不得超过定额工期的 20％，将其量化。超过者，应在招标文件中明示增加赶工费用。

（2）工程实施过程中，发包人要求合同工程提前竣工的，应征得承包人同意后与承包人商定采取加快工程进度的措施，并应修订合同工程进度计划。发包人应承担承包人由此增加的提前竣工（赶工补偿）费用。

(3) 发承包双方应在合同中约定提前竣工每日历天应补偿额度，此项费用应作为增加合同价款列入竣工结算文件中，应与结算款一并支付。

赶工费用主要包括：1)人工费的增加，例如新增加投入人工的报酬，不经济使用人工的补贴等；2)材料费的增加，例如可能造成不经济使用材料而损耗过大，材料提前交货可能增加的费用、材料运输费的增加等；3)机械费的增加，例如可能增加机械设备投入，不经济地使用机械等。

十一、暂列金额

暂列金额是指招标人在工程量清单中暂定并包括在合同价款中的一笔款项。用于工程合同签订时尚未确定或者不可预见的所需材料、工程设备、服务的采购，施工中可能发生的工程变更、合同约定调整因素出现时的合同价款调整以及发生的索赔、现场签证确认等的费用。

已签约合同价中的暂列金额由发包人掌握使用。发包人按照合同的规定做出支付后，如有剩余，则暂列金额余额归发包人所有。

例如：根据上述定义，暂列金额在实际履行过程中可能发生，也可能不发生。某工程招标工程量清单中给出的暂列金额及拟用项目如表5-4，投标人只需要直接将招标工程量清单中所列的暂列金额纳入投标总价，并且不需要在所列的暂列金额以外再考虑任何其他费用。

暂列金额明细表 表 5-4

工程名称：××中学教学楼工程　　标段：　　　　　　第1页共1页

序号	项目名称	计量单位	暂定金额(元)	备注
1	自行车车棚工程	项	100000	正在设计图纸
2	工程量偏差和设计变更	项	100000	
3	政策性调整和材料价格波动	项	100000	
4	其他	项	50000	
5				
6				
合计			350000	—

注：此表由招标人填写，如不能详列，也可只列暂列金额总额，投标人应将上述暂列金额计入投标总价中。

第四节　工程变更价款的确定

在工程项目的实施过程中，由于多方面的情况变更，经常出现工程量变化、施工进度变化，以及发包方与承包方在执行合同中的争执等许多问题。这些问题的产生，一方面是由于勘察设计工作不细，以致在施工过程中发现许多招标文件中没有考虑或估算不准确的工程量，因而不得不改变施工项目或增减工程量；另一方面，是由于发生不可预见的事件，如自然或社会原因引起的停工或工期拖延等。由于工程变更所引起的工程量的变化、承包人的索赔等，都有可能使项目投资超出原来的预算投资，监理工程师必须严格予以控制，密切注意其对未完工程投资支出的影响及对工期的影响。

一、工程变更处理程序

承包人提出工程变更的情形有：一是图纸出现错、漏、碰、缺等缺陷无法施工；二是图纸不便施工，变更后更经济、方便；三是采用新材料、新产品、新工艺、新技术的需要；四是承包人考虑自身利益，为费用索赔提出工程变更。项目监理机构可按下列程序处理承包人提出的工程变更。

（1）总监理工程师组织专业监理工程师审查承包人提出的工程变更申请，提出审查意见。对涉及工程设计文件修改的工程变更，应由发包人转交原设计单位修改工程设计文件。必要时，项目监理机构应建议发包人组织设计、施工等单位召开论证工程设计文件修改方案的专题会议。

（2）总监理工程师组织专业监理工程师对工程变更费用及工期影响做出评估。

（3）总监理工程师组织发包人、承包人等共同协商确定工程变更费用及工期变化，会签工程变更单。

（4）项目监理机构根据批准的工程变更文件督促承包人实施工程变更。

除承包人提出的工程变更外，发包人可能由于局部调整使用功能，也可能是方案阶段考虑不周而提出工程变更。项目监理机构应对发包人要求的工程变更可能造成的设计修改、工程暂停、返工损失、增加工程造价等进行全面评估，为发包人正确决策提供依据，避免反复和不必要的浪费。

此外，《建设工程工程量清单计价规范》GB 50500—2013还规定了因非承包人原因删减合同工作的补偿要求：如果发包人提出的工程变更，因非承包人原因删减了合同中的某项原定工作或工程，致使承包人发生的费用或（和）得到的收益不能被包括在其他已支付或应支付的项目中，也未被包含在任何替代的工作或工程中，则承包人有权提出并得到合理的费用及利润补偿。

【示例1】　隆翔商务大厦项目的发包人是隆翔置业有限公司，工程设计单位为滨海时代建筑设计研究院，工程监理单位为汉华建设工程监理有限公司。承包人，即海鸿建筑安装有限公司，在施工过程中因某材料不能及时供货，因此提出工程变更，请发包人和设计单位确认，工程变更单如表5-5所示。根据施工合同的相关约定，该项材料代换不涉及费用及工期变更。

工程变更单

表5-5

工程名称：隆翔商务大厦　　　　　　　　　　　　　　　　　　　编号：BG-010

致：隆翔置业有限公司、滨海时代建筑设计研究院、汉华建设工程监理有限公司隆翔商务大厦监理项目部

由于HRB365Φ12钢筋不能及时供货原因，兹提出工程19、20层楼板钢筋改用HRB400Φ12钢筋代替，钢筋间距作相应调整工程变更，请予以审批。

附件：
☑变更内容
☑变更设计图
☑相关会议纪要
☐其他

负责人：
××年×月×日

工程数量增或减	无

续表

费用增或减	无	
工期变化	无	
同意	同意	
施工项目经理部(盖章) 项目经理(签字)_____	设计单位(盖章) 设计负责人(签字)_____	
同意	同意	
项目监理机构(盖章) 总监理工程师(签字)_____	发包人(盖章) 负责人(签字)_____	

注: 1. 本表一式四份,发包人、项目监理机构、设计单位、承包人各一份。
2. 本表应由提出方填写,写明工程变更原因、工程变更内容,并附必要的附件,包括:工程变更的依据、详细内容、图纸;对工程造价、工期的影响程度分析,及对功能、安全影响的分析报告。
3. 对涉及工程设计文件修改的工程变更,应由发包人转交原设计单位修改工程设计文件。

二、工程变更价款的确定方法

(一)已标价工程量清单项目或其工程数量发生变化的调整办法

《建设工程工程量清单计价规范》GB 50500—2013 规定,工程变更引起已标价工程量清单项目或其工程数量发生变化,应按照下列规定调整:

(1)已标价工程量清单中有适用于变更工程项目的,采用该项目的单价;但当工程变更导致该清单项目的工程数量发生变化,且工程量偏差超过 15%。此时,调整的原则为:当工程量增加 15% 以上时,其增加部分的工程量的综合单价应予调低;当工程量减少 15% 以上时,减少后剩余部分的工程量的综合单价应予调高。

(2)已标价工程量清单中没有适用,但有类似于变更工程项目的,可在合理范围内参照类似项目的单价。

(3)已标价工程量清单中没有适用也没有类似于变更工程项目的,由承包人根据变更工程资料、计量规则和计价办法、工程造价管理机构发布的信息价格和承包人报价浮动率提出变更工程项目的单价,报发包人确认后调整。承包人报价浮动率可按下列公式计算:

1)招标工程

$$承包人报价浮动率 L = (1 - 中标价/招标控制价) \times 100\% \qquad (5-8)$$

2)非招标工程

$$承包人报价浮动率 L = (1 - 报价值/施工图预算) \times 100\% \qquad (5-9)$$

(4)已标价工程量清单中没有适用也没有类似于变更工程项目,且工程造价管理机构发布的信息价格缺价的,由承包人根据变更工程资料、计量规则、计价办法和通过市场调查等取得有合法依据的市场价格提出变更工程项目的单价,报发包人确认后调整。

(二)措施项目费的调整

工程变更引起施工方案改变并使措施项目发生变化时,承包人提出调整措施项目费的，应事先将拟实施的方案提交发包人确认，并应详细说明与原方案措施项目相比的变化情况。拟实施的方案经发承包双方确认后执行，并应按照下列规定调整措施项目费：

（1）安全文明施工费按照实际发生变化的措施项目调整，不得浮动。

（2）采用单价计算的措施项目费，按照实际发生变化的措施项目及前述已标价工程量清单项目的规定确定单价。

（3）按总价（或系数）计算的措施项目费，按照实际发生变化的措施项目调整，但应考虑承包人报价浮动因素，即调整金额按照实际调整金额乘以公式（5-8）或公式（5-9）得出的承包人报价浮动率计算。

如果承包人未事先将拟实施的方案提交给发包人确认，则视为工程变更不引起措施项目费的调整或承包人放弃调整措施项目费的权利。

（三）工程变更价款调整方法的应用

（1）直接采用适用的项目单价的前提是其采用的材料、施工工艺和方法相同，也不因此增加关键线路上工程的施工时间。

例如：某工程施工过程中，由于设计变更，新增加轻质材料隔墙1200m²，已标价工程量清单中有此轻质材料隔墙项目综合单价，且新增部分工程量在15%以内，就应直接采用该项目综合单价。

（2）采用适用的项目单价的前提是其采用的材料、施工工艺和方法基本类似，不增加关键线路上工程的施工时间，可仅就其变更后的差异部分，参考类似的项目单价由承发包双方协商新的项目单价。

例如：某工程现浇混凝土梁为C25，施工过程中设计调整为C30，此时，可仅将C30混凝土价格替换C25混凝土价格，其余不变，组成新的综合单价。

【例5-7】　某工程项目的施工招标文件中表明该工程采用综合单价计价方式，其中，合同约定，实际完成工作量超过估计工作量15%以上时允许调整单价。原来合同中有A、B两项土方工程，工程量均为16万m³，土方工程的合同单价为16元/m³。实际工程量与估计工程量相等。施工过程中，总监理工程师以设计变更通知发布新增土方工程C的指示，该工作的性质和施工难度与A、B工作相同，工程量为32万m³。总监理工程师与承包单位依据合同约定协商后，确定的土方变更单价为14元/m³。

问题：确定承包人提出的上述索赔费用，并说明理由。

【解】　承包人的变更费用计算如下：

1）工程量清单中计划土方＝16＋16＝32（万m³）；

2）新增土方工程量＝32（万m³）；

3）按照合同约定，应按原单价计算的新增工程量＝32×15%＝4.8（万m³）；

4）新增土方工程款＝4.8万m³×16元/m³＋（32－4.8）万m³×14元/m³＝457.6（万元）。

（3）无法找到适用和类似的项目单价时，应采用招投标时的基础资料和工程造价管理机构发布的信息价格，按成本加利润的原则由发承包双方协商新的综合单价。

【例5-8】　某工程招标控制价为8413949元，中标人的投标报价为7972282元，承包人报价浮动率为多少？施工过程中，屋面防水采用PE高分子防水卷材（1.5mm），清单项目中无类似项目，工程造价管理机构发布有该卷材单价为18元/m²，则该项目综合单价为多少？

解： 1）用公式（5-8）：$L = (1 - 7972282/8413949) \times 100\%$

$$= (1 - 0.9475) \times 100\%$$

$$= 5.25\%$$

2）查项目所在地该项目定额人工费为 3.78 元，除卷材外的其他材料费为 0.65 元，管理费和利润为 1.13 元。

该项目综合单价 $= (3.78 + 18 + 0.65 + 1.13) \times (1 - 5.25\%)$

$$= 23.56 \times 94.75\%$$

$$= 22.32（元）$$

发承包双方可按 22.32 元协商确定该项目综合单价。

（4）无法找到适用和类似的项目单价、工程造价管理机构也没有发布此类信息价格，由发承包双方协商确定。

例如：某合同钻孔桩的工程情况是：直径为 1.0m 的共计长 1501m；直径为 1.2m 的共计长 8178m；直径为 1.3m 的共计长 2017m。原合同规定选择直径为 1.0m 的钻孔桩做静载破坏试验。显然，如果选择直径为 1.2m 的钻孔桩做静载破坏试验对工程更具有代表性和指导意义。因此，监理工程师决定变更。但在原工程量清单中仅有直径为 1.0m 静载破坏试验的价格，没有直接或其他可套用的价格供参考。经过认真分析，监理工程师认为，钻孔桩做静载破坏试验的费用主要由两部分构成，一部分为试验费用，另一部分为桩本身的费用，而试验方法及设备并未因试验桩直径的改变而发生变化。因此，可认为试验费用没有增减，费用的增减主要由钻孔桩直径变化而引起的桩本身的费用的变化。直径为 1.2m 的普通钻孔桩的单价在工程量清单中就可以找到，且地理位置和施工条件相近。因此，采用直径为 1.2m 的钻孔桩做静载破坏试验的费用为：直径为 1.0m 静载破坏试验费＋直径为 1.2m 的钻孔桩的清单价格。此案例就是直接采用合同中工程量清单的单价和价格。

例如：某合同路堤土方工程完成后，发现原设计在排水方面考虑不周，为此发包人同意在适当位置增设排水管涵。在工程量清单上有 100 多道类似管涵，但承包人却拒绝直接从中选择适合的作为参考依据。理由是变更设计提出时间较晚，其土方已经完成并准备开始路面施工，新增工程不但打乱了其进度计划，而且二次开挖土方难度较大，特别是重新开挖用石灰土处理过的路堤，与开挖天然表土不能等同。监理工程师认为承包人的意见可以接受，不宜直接套用清单中的管涵价格。经与承包人协商，决定采用工程量清单上的几何尺寸、地理位置等条件相近的管涵价格作为新增工程的基本单价，但对其中的"土方开挖"一项在原报价基础上按某个系数予以适当提高，提高的费用叠加在基本单价上，构成新增工程价格。此案例就是通过发承包双方协商确定单价和价格。

第五节　施工索赔与现场签证

《建设工程工程量清单计价规范》GB 50500—2013 在《建设工程工程量清单计价规

范》GB 50500—2008 的基础上，对索赔进行了调整，其中，未对索赔范围做出限制，这与国际工程所指的广义索赔保持一致，即在合同履行过程中，对于非己方的过错而应由对方承担责任的情况造成的损失，向对方提出补偿的要求。建设工程施工中的索赔是发、承包双方行使正当权利的行为，承包人可向发包人索赔，发包人也可向承包人索赔。索赔是工程承包中经常发生并随处可见的正常现象。由于施工现场条件、气候条件的变化，施工进度的变化，以及合同条款、规范、标准文件和施工图纸的变更、差异、延误等因素的影响，使得工程承包中不可避免地出现索赔，进而导致项目的投资发生变化。因此索赔的控制是建设工程施工阶段投资控制的重要手段。项目监理机构应及时收集、整理有关工程费用的原始资料，包括施工合同、采购合同、工程变更单、监理记录、监理工作联系单等，为处理费用索赔提供证据。

现场签证由于施工生产的特殊性，在施工过程中往往会出现一些与合同工程或合同约定不一致或未约定的事项，现场签证就是指发包人现场代表(或其授权的监理人、工程造价咨询人)与承包人现场代表就这类事项所作的签认证明。

一、索赔的主要类型

(一) 承包人向发包人的索赔

1. 不利的自然条件与人为障碍引起的索赔

不利的自然条件是指施工中遭遇到的实际自然条件比招标文件中所描述的更为困难和恶劣，是一个有经验的承包人无法预测的不利的自然条件与人为障碍，导致了承包人必须花费更多的时间和费用，在这种情况下，承包人可以向发包人提出索赔要求。

(1) 地质条件变化引起的索赔。一般来说，在招标文件中规定，由发包人提供有关该项工程的勘察所取得的水文及地表以下的资料。但在合同中往往写明承包人在提交投标书之前，已对现场和周围环境及与之有关的可用资料进行了考察和检查，包括地表以下条件及水文和气候条件。承包人应对其上述资料的解释负责。但合同条件中经常还有另外一条：在工程施工过程中，承包人如果遇到了现场气候条件以外的外界障碍或条件，在他看来这些障碍和条件是一个有经验的承包人也无法预见到的，则承包人应就此向监理工程师提供有关通知，并将一份副本呈交发包人。收到此类通知后，如果监理工程师认为这类障碍或条件是一个有经验的承包人无法合理预见到的，在与发包人和承包人适当协商以后，应给予承包人延长工期和费用补偿的权利，但不包括利润。以上两条并存的合同文件，往往是承包人同发包人及监理工程师各执一端争议的缘由所在。

例如：某承包人投标获得一项铺设管道工程。根据标书中介绍的情况算标。工程开工后，当挖掘深 7.5m 的坑时，遇到了严重的地下渗水，不得不安装抽水系统，并开动了达35 日之久，承包人对不可预见的额外成本要求索赔。但监理工程师根据承包人投标时业已承认考察过现场并了解现场情况，包括地表地下条件和水文条件等，认为安装抽水机是承包人自己的事，拒绝补偿任何费用。承包人则认为这是发包人提供的地质资料不实造成的。监理工程师则解释为，地质资料是真实的，钻探是在 5 月中旬进行，这意味着是在旱季季尾。而承包人的挖掘工程是在雨季中期进行。承包人应预先考虑到会有一较高的水位，这种风险不是不可预见，因此，拒绝索赔。

(2) 工程中人为障碍引起的索赔。在施工过程中，如果承包人遇到了地下构筑物或文物，如地下电缆、管道和各种装置等，只要是图纸上并未说明的，承包人应立即通知监理工程师，并共同讨论处理方案。如果导致工程费用增加（如原计划是机械挖土，现在不得不改为人工挖土），承包人即可提出索赔。这种索赔发生争议较少。由于地下构筑物和文物等确属是有经验的承包人难以合理预见的人为障碍，一般情况下，因遭遇人为障碍而要求索赔的数额并不太大，但闲置机器而引起的费用是索赔的主要部分。如果要减少突然发生的障碍的影响，监理工程师应要求承包人详细编制其工作计划，以便在必须停止一部分工作时，仍有其他工作可做。当未预知的情况所产生的影响是不可避免时，监理工程师应立即与承包人就解决问题的办法和有关费用达成协议，给予工期延长和成本补偿。如果办不到的话，可发出变更命令，并确定合适的费率和价格。

2. 工程变更引起的索赔

在工程施工过程中，由于工地上不可预见的情况，环境的改变，或为了节约成本等，在监理工程师认为必要时，可以对工程或其任何部分的外形、质量或数量做出变更。任何此类变更，承包人均不应以任何方式使合同作废或无效。但如果监理工程师确定的工程变更单价或价格不合理，或缺乏说服承包人的依据，则承包人有权就此向发包人进行索赔。

3. 工期延期的费用索赔

工期延期的索赔通常包括两个方面：一是承包人要求延长工期；二是承包人要求偿付由于非承包人原因导致工程延期而造成的损失。一般这两方面的索赔报告要求分别编制。因为工期和费用索赔并不一定同时成立。例如：由于特殊恶劣气候等原因承包人可以要求延长工期，但不能要求赔偿；也有些延误时间并不影响关键路线的施工，承包人可能得不到延长工期的承诺。但是，如果承包人能提出证据说明其延误造成的损失，就有可能有权获得这些损失的赔偿，有时两种索赔可能混在一起，即可以要求延长工期，又可以获得对其损失的赔偿。

（1）工期索赔。承包人提出工期索赔，通常是由于下述原因：

1）合同文件的内容出错或互相矛盾；

2）监理工程师在合理的时间内未曾发出承包人要求的图纸和指示；

3）有关放线的资料不准；

4）不利的自然条件；

5）在现场发现化石、钱币、有价值的物品或文物；

6）额外的样本与试验；

7）发包人和监理工程师命令暂停工程；

8）发包人未能按时提供现场；

9）发包人违约；

10）业主风险；

11）不可抗力。

以上这些原因要求延长工期，只要承包人能提出合理的证据，一般可获得监理工程师及发包人的同意，有的还可索赔损失。

（2）延期产生的费用索赔

以上提出的工期索赔中，凡属于客观原因造成的延期，属于发包人也无法预见到的情况，如特殊反常天气等，承包人可得到延长工期，但得不到费用补偿。凡纯属发包人方面的原因造成拖期，不仅应给承包人延长工期，还应给予费用补偿。

4. 加速施工费用的索赔

一项工程可能遇到各种意外的情况或由于工程变更而必须延长工期。但由于发包人的原因（例如：该工程已经出售给买主，需按议定时间移交给买主），坚持不给延期，迫使承包人加班赶工来完成工程，从而导致工程成本增加，如何确定加速施工所发生的附加费用，合同双方可能差距很大。因为影响附加费用款额的因素很多，如：投入的资源量，提前的完工天数，加班津贴，施工新单价等。解决这一问题建议采用"奖金"的办法，鼓励承包人克服困难，加速施工。即规定当某一部分工程或分部工程每提前完工一天，发给承包人奖金若干。这种支付方式的优点是：不仅促使承包人早日建成工程，早日投入运行，而且计价方式简单，避免了计算加速施工、延长工期、调整单价等许多容易扯皮的繁琐计算和讨论。

【例 5-9】　指定加速施工引起的索赔

美国某工程公司承包建设一栋大型办公楼。按原定施工计划，从基坑挖出的松土要倒运到需要填高的停车场地方。但在开工初期连降大雨，土壤过湿，无法采用这种施工方法。承包人多次发出书面通知，要求发包人给予延长工期，以便土壤稍干后再按原定计划实行以挖补填的施工方法。

但发包人不同意给予工期延长，坚持认为：在承包人提交来自"认可部门"（如美国气象局）的证明文件证明该气候是非常恶劣之前，发包人不批准拖期。

为了按期完成工程，承包人不得不采取在恶劣天气继续施工，从大楼基坑运走开挖出的湿土，再从别处运来干土填筑停车场。这样形成了计划外的成本支出，承包人因而向发包人提出索赔，要求补偿额外的成本支出。

在承包人第一次提出延长工期要求后的 16 个月，发包人同意因大雨和湿土而延长工期，但拒绝向承包人补偿额外的成本开支，原因是在合同文件中并没有要求以挖补填的施工方法是惟一可行的。

承包人认为，自己按发包人的要求进行了加速施工，蒙受了额外开支亏损，但发包人不同意给予补偿，故提交仲裁。

仲裁机构考察以下五个方面的实际情况：

（1）承包人遇到了可原谅的延误。承包人在恶劣天气条件下进行施工；发包人最终亦批准了工期延长，即承认了气候条件特别恶劣这一事实。

（2）承包人已经及时地提出了延长工期的要求，发包人已满足了这一要求。

（3）发包人未能在合理时间内批准工期延长。既然现场的每个人都知道土质过湿，不能用于回填，就没必要要求来自"认可部门"的正式文件。

（4）发包人的行为表明他要求承包人按期建成工程。通过未及时批准延长工期等其他行为，发包人有力地表达了希望按期完工的愿望，这实质上已经有效地指令承包人加速施工，按期建成工程，形成了可推定的加速施工指令。

（5）承包人已经证明，他实际上已加速施工，并发生了额外成本。以挖补填法是本工程最合理的施工方法，它要比运出湿土、运进干土填筑的方法便宜得多。

根据以上分析，仲裁员同意承包人的申辩，要求发包人向承包人补偿相应的额外成本开支。

5. 发包人不正当地终止工程而引起的索赔

由于发包人不正当地终止工程，承包人有权要求补偿损失，其数额是承包人在被终止工程中的人工、材料、机械设备的全部支出，以及各项管理费用、保险费、贷款利息、保函费用的支出(减去已结算的工程款)，并有权要求赔偿其盈利损失。

【例 5-10】 发包人自便终止合同引起的索赔

某项水利工程，计划进行河道拓宽，并修建两座小型水坝。通过竞争性招标，发包人于 2008 年 11 月与选中的承包公司签订了施工合同，合同金额约为 40000 万美元，工期为 2 年。

该河流上游有一个大湖泊，属于自然保护区，大量的动植物在这块潮湿地区繁育生长。河道拓宽后，从湖泊向下游的泄水量将大增，势必导致湖水位下降，对生态环境造成不良影响。因此，国际绿色和平组织不断向该国政府和有关人员施加压力，要求终止此项工程，取消已签订的施工合同。

发包人国家政府最终接受了国际绿色和平组织的请愿，于 2009 年 2 月解除此项水利工程施工合同。承包人对此提出了索赔，要求发包人补偿已经发生的所有费用，以及完成全部工程所应得的利润。

由于此项工程的终止出自发包人的方便，而不是承包人的过失，是属于"发包人自便终止合同"的情况。因此，发包人应对承包人的损失予以合理补偿。经过谈判，发包人付给了承包人 10000 万美元的补偿。

6. 法律、货币及汇率变化引起的索赔

(1) 法律改变引起的索赔。如果在基准日期(招标工程以投标截止日期前的 28 天、非招标工程以合同签订前 28 天)以后，由于发包人国家或地方的任何法规、法令、政令或其他法律或规章发生了变更，导致了承包人成本增加。对承包人由此增加的开支，发包人应予补偿。

(2) 货币及汇率变化引起的索赔。如果在基准日期以后，工程施工所在国政府或其授权机构对支付合同价格的一种或几种货币实行货币限制或货币汇兑限制，则发包人应补偿承包人因此而受到的损失。

如果合同规定将全部或部分款额以一种或几种外币支付给承包人，则这项支付不应受上述指定的一种或几种外币与工程施工所在国货币之间的汇率变化的影响。

7. 拖延支付工程款的索赔

如果发包人在规定的应付款时间内未能按工程师的任何证书向承包人支付应支付的款额，承包人可在提前通知发包人的情况下，暂停工作或减缓工作速度，并有权获得任何误期的补偿和其他额外费用的补偿(如利息)。

8. 业主的风险

(1) FIDIC 合同条件对业主风险的定义

业主的风险是指：

1) 战争、敌对行动(不论宣战与否)、入侵、外敌行动；

2) 工程所在国内的叛乱、恐怖主义、革命、暴动、军事政变或篡夺政权，或内战；

3) 承包人人员及承包人和分包商的其他雇员以外的人员在工程所在国内的暴乱、骚动或混乱；

4）工程所在国内的战争军火、爆炸物资、电离辐射或放射性引起的污染，但可能由承包人使用此类军火、炸药、辐射或放射性引起的除外；

5）由音速或超音速飞行的飞机或飞行装置所产生的压力波；

6）除合同规定以外业主使用或占有的永久工程的任何部分；

7）由业主人员或业主对其负责的其他人员所做的工程任何部分的设计；

8）不可预见的或不能合理预期一个有经验的承包人已采取适宜预防措施的任何自然力的作用。

（2）业主风险的后果

如果上述业主风险列举的任何风险达到对工程、货物，或承包人文件造成损失或损害的程度，承包人应立即通知工程师，并应按照工程师的要求，修正此类损失或损害。

如果因修正此类损失或损害使承包人遭受延误和（或）招致增加费用，承包人应进一步通知工程师，并根据［承包人的索赔］的规定，有权要求：

（1）根据［竣工时间的延长］的规定，如果竣工已经或将受到延误，对任何此类延误给予延长期；

（2）任何此类成本应计入合同价格，给予支付。如有［业主的风险］的 6）和 7）项的情况，还应包括合理的利润。

9. 不可抗力

（1）FIDIC 合同条件对不可抗力的定义

不可抗力系指某种异常事件或情况：

1）一方无法控制的；

2）该方在签订合同前，不能对之进行合理准备的；

3）发生后，该方不能合理避免或克服的；

4）不能主要归因于他方的。

只要满足上述 1）和 2）项的条件，不可抗力可以包括但不限于下列各种异常事件或情况：

1）战争、敌对行动（不论宣战与否）、入侵、外敌行为；

2）叛乱、恐怖主义、革命、暴动、军事政变或篡夺政权，或内战；

3）承包人人员和承包人及其他雇员以外的人员的骚动、喧闹、混乱、罢工或停工；

4）战争军火、爆炸物资、电离辐射或放射性污染，但可能因承包人使用此类军火、炸药、辐射或放射性引起的除外；

5）自然灾害，如地震、飓风、台风或火山活动。

（2）不可抗力的后果

如果承包人因不可抗力，妨碍其履行合同规定的任何义务，使其遭受延误和（或）招致增加费用，承包人有权根据［承包人的索赔］的规定要求：

1）根据［竣工时间的延长］的规定，如果竣工已经或将受到延误，对任何此类延误给予延长期；

2）如果是［不可抗力的定义］中第 1）～4）条所述的事件或情况，并且 2）～4）条所述事件或情况发生在工程所在国时，对任何此类费用给予支付。

表 5-6 为 FIDIC《施工合同条件》1999 年第一版中承包人可引用的索赔条款。

FIDIC《施工合同条件》1999 年第一版中承包人可引用的索赔条款　　　表 5-6

序号	合同条款	条款主要内容	索赔内容
1	1.3	通信交流	T+C+P
2	1.5	文件的优先次序	T+C+P
3	1.8	文件有缺陷或技术性错误	T+C+P
4	1.9	延误的图纸或指示	T+C+P
5	1.13	遵守法律	T+C+P
6	2.1	发包人未能提供现场	T+C+P
7	2.3	发包人人员引起的延误、妨碍	T+C
8	3.3	工程师的指示	T+C+P
9	4.7	因工程师数据差错，放线错误	T+C+P
10	4.10	发包人应提供现场数据	T+C+P
11	4.12	不可预见的物质条件	T+C
12	4.20	发包人设备和免费供应的材料	T+C
13	4.24	发现化石、硬币或有价值的文物	T+C
14	5.2	指定分包商	T+C+P
15	7.4	工程师改变规定试验细节或附加试验	T+C+P
16	8.3	进度计划	T+C+P
17	8.4	竣工时间的延长	T(+C+P)
18	8.5	当局造成的延长	T
19	8.9	暂停施工	T+C
20	10.2	发包人接受或使用部分工程	C+P
21	10.3	工程师对竣工试验干扰	T+C+P
22	11.8	工程师指令承包人调查	C+P
23	12.3	工作测出的数量超过工程量表的 10%	T+C+P
24	12.4	删减	C
25	13	工程变更	T+C+P
26	13.7	法规改变	T+C
27	13.8	成本的增减	C
28	14.8	延误的付款	T+C+P
29	15.5	发包人终止合同	C+P
30	16.1	承包人暂停工作的权利	T+C+P
31	16.4	终止时的付款	T+C+P
32	17.4	业主的风险	T+C(+P)

续表

序号	合同条款	条款主要内容	索赔内容
33	18.1	当发包人为应投保方而未投保时	C
34	19.4	不可抗力	T+C
35	20.1	承包人的索赔	T+C+P

注：T——工期，C——成本，P——利润。

（二）发包人向承包人的索赔

由于承包人不履行或不完全履行约定的义务，或者由于承包人的行为使发包人受到损失时，发包人可向承包人提出索赔。

1. 工期延误索赔

在工程项目的施工过程中，由于多方面的原因，往往使竣工日期拖后，影响到发包人对该工程的利用，给发包人带来经济损失，按国际惯例，发包人有权对承包人进行索赔，即由承包人支付误期损害赔偿费。承包人支付误期损害赔偿费的前提是：这一工期延误的责任属于承包人方面。施工合同中的误期损害赔偿费，通常是由发包人在招标文件中确定的。发包人在确定误期损害赔偿费的标准时，一般要考虑以下因素：

（1）发包人盈利损失；

（2）由于工程拖期而引起的贷款利息增加；

（3）工程拖期带来的附加监理费；

（4）由于工程拖期不能使用，继续租用原建筑物或租用其他建筑物的租赁费。

至于误期损害赔偿费的计算方法，在每个合同文件中均有具体规定。一般按每延误一天赔偿一定的款额计算，累计赔偿额一般不超过合同总额的 5%～10%。

【例 5-11】 某招标工程，合同总价确定为 8000 万元，合同约定：拖延工期每天赔偿金为合同总价的 1‰，最高拖延工期索赔限额为合同总价的 10%；若能提前竣工，每提前一天的奖金按合同总价的 1‰计算。该项目的合同工期应为 14 个月，但因承包人原因，承包人完成该项目的施工用了 15 个月，计算误期损害赔偿费。

【解】 由于实际工期为 15 个月，故承包人应承担 1 个月的拖延工期违约赔偿责任。

误期损害赔偿费=8000 万元×0.001×30=240（万元）<最高补偿限额=8000 万元×10%=800（万元），故误期损害赔偿费为 240 万元。

2. 质量不满足合同要求索赔

当承包人的施工质量不符合合同的要求，或使用的设备和材料不符合合同规定，或在缺陷责任期未满以前未完成应该负责修补的工程时，发包人有权向承包人追究责任，要求补偿所受的经济损失。如果承包人在规定的期限内未完成缺陷修补工作，发包人有权雇佣他人来完成工作，发生的成本和利润由承包人负担。如果承包人自费修复，则发包人可索赔重新检验费。

3. 承包人不履行的保险费用索赔

如果承包人未能按照合同条款指定的项目投保，并保证保险有效，发包人可以投保并保证保险有效，发包人所支付的必要的保险费可在应付给承包人的款项中扣回。

4. 对超额利润的索赔

如果工程量增加很多，使承包人预期的收入增大，因工程量增加承包人并不增加任何

第五章

固定成本，合同价应由双方讨论调整，收回部分超额利润。

由于法规的变化导致承包人在工程实施中降低了成本，产生了超额利润，应重新调整合同价格，收回部分超额利润。

5. 发包人合理终止合同或承包人不正当地放弃工程的索赔

如果发包人合理地终止承包人的承包，或者承包人不合理放弃工程，则发包人有权从承包人手中收回由新的承包人完成工程所需的工程款与原合同未付部分的差额。

二、索赔费用的计算

(一) 索赔费用的组成

索赔费用的主要组成部分，同工程价款的计价内容相似。详见第二章第二节。

1. 分部分项工程量清单费用

工程量清单漏项或非承包人原因的工程变更，造成增加新的工程量清单项目，其对应的综合单价的确定参见工程变更价款的确定原则。

(1) 人工费。人工费的索赔包括：

1) 完成合同之外的额外工作所花费的人工费用；

2) 由于非承包人责任的工效降低所增加的人工费用；

3) 超过法定工作时间加班增加的费用；

4) 法定人工费增长以及非承包人责任工程延误导致的人员窝工费和工资上涨费等。

(2) 材料费。材料费的索赔包括：

1) 由于索赔事项材料实际用量超过计划用量而增加的材料费；

2) 由于客观原因材料价格大幅度上涨；

3) 由于非承包人责任工程延误导致的材料价格上涨和超期储存费用。

材料费中应包括运输费、仓储费，以及合理的损耗费用。如果由于承包人管理不善，造成材料损坏失效，则不能列入索赔计价。

(3) 施工机具使用费。施工机具使用费的索赔包括：

1) 由于完成额外工作增加的机械、仪器仪表使用费；

2) 非承包人责任工效降低增加的机械、仪器仪表使用费；

3) 由于发包人或监理工程师原因导致机械、仪器仪表停工的窝工费。窝工费的计算，如系租赁设备，一般按实际租金和调进调出费的分摊计算；如系承包人自有设备，一般按台班折旧费计算，而不能按台班费计算，因台班费中包括了设备使用费。

(4) 管理费。此项又可分为现场管理费和总部管理费两部分。索赔款中的现场管理费是指承包人完成额外工程、索赔事项工作以及工期延长期间的现场管理费，包括管理人员工资、办公、通信、交通费等。索赔款中的总部管理费主要指的是工程延期期间所增加的管理费。包括总部职工工资、办公大楼、办公用品、财务管理、通信设施以及企业领导人员赴工地检查指导工作等开支。这项索赔款的计算，目前没有统一的方法。在国际工程施工索赔中总部管理费的计算有以下几种：

1) 按照投标书中总部管理费的比例(3%～8%)计算：

$$总部管理费＝合同中总部管理费比率(\%)×(人、料、机费用索赔款额$$
$$＋现场管理费索赔款额等)$$

2) 按照公司总部统一规定的管理费比率计算：

$$总部管理费＝公司管理费比率(\%)×(人、料、机费用索赔款额$$
$$＋现场管理费索赔款额等)$$

3）以工程延期的总天数为基础，计算总部管理费的索赔额，计算步骤如下：

$$对某一工程提取的管理费＝同期内公司的总管理费×$$
$$该工程的合同额/同期内公司的总合同额$$
$$该工程的每日管理费＝该工程向总部上缴的管理费/合同实施天数$$
$$索赔的总部管理费＝该工程的每日管理费×工程延期的天数$$

（5）利润。一般来说，由于工程范围的变更、文件有缺陷或技术性错误、发包人未能提供现场等引起的索赔，承包人可以列入利润。但对于工程暂停的索赔，由于利润通常是包括在每项实施工程内容的价格之内的，而延长工期并未影响削减某些项目的实施，也未导致利润减少。所以，一般监理工程师很难同意在工程暂停的费用索赔中加进利润损失。索赔利润的款额计算通常是与原报价单中的利润百分率保持一致。

（6）迟延付款利息。发包人未按约定时间进行付款的，应按银行同期贷款利率支付迟延付款的利息。

在不同的索赔事件中可以索赔的费用是不同的，根据国家发改委、财政部、住房和城乡建设部等九部委第 56 号令发布的《标准施工招标文件》中通用条款的内容，可以合理补偿承包人的条款如表 5-7 所示。

《标准施工招标文件》中合同条款规定的可以合理补偿承包人索赔的条款　　　表 5-7

序号	条款号	主要内容	可补偿内容		
			工期	费用	利润
1	1.10.1	施工过程中发现文物、古迹以及其他遗迹、化石、钱币或物品	√	√	
2	4.11.2	承包人遇到不利物质条件	√	√	
3	5.2.4	发包人要求向承包人提前交付材料和工程设备		√	
4	5.2.6	发包人提供的材料和工程设备不符合合同要求		√	√
5	8.3	发包人提供资料错误导致承包人的返工或造成工程损失	√	√	√
6	11.3	发包人的原因造成工期延误	√	√	√
7	11.4	异常恶劣的气候条件	√		
8	11.6	发包人要求承包人提前竣工		√	
9	12.2	发包人原因引起的暂停施工	√	√	
10	12.4.2	发包人原因引起造成暂停施工后无法按时复工	√	√	
11	13.1.3	发包人原因造成工程质量达不到合同约定验收标准的	√	√√	√
12	13.5.3	监理人对隐蔽工程重新检查，经检验证明工程质量符合合同要求的	√	√	√
13	16.2	法律变化引起的价格调整		√	
14	18.4.2	发包人在全部工程竣工前，使用已接受的单位工程导致承包人费用增加的	√	√	√

序号	条款号	主要内容	可补偿内容		
			工期	费用	利润
15	18.6.2	发包人的原因导致试运行失败的		√	√
16	19.2	发包人原因导致的工程缺陷和损失		√	√
17	21.3.1	不可抗力	√		

2. 措施项目费用

因分部分项工程量清单漏项或非承包人原因的工程变更，引起措施项目发生变化，造成施工组织设计或施工方案变更，造成措施费中发生变化时，已有的措施项目，按原有措施费的组价方法调整；原措施费中没有的措施项目，由承包人根据措施项目变更情况，提出适当的措施费变更，经发包人确认后调整。

3. 其他项目费

其他项目费中所涉及的人工费、材料费等按合同的约定计算。

4. 规费与税金

除工程内容的变更或增加，承包人可以列入相应增加的规费与税金。其他情况一般不能索赔。

索赔规费与税金的款额计算通常是与原报价单中的百分率保持一致。

(二) 索赔费用的计算方法

1. 实际费用法

实际费用法是施工索赔时最常用的一种方法。该方法是按照各索赔事件所引起损失的费用项目分别分析计算索赔值，然后将各个项目的索赔值汇总，即可得到总索赔费用值。这种方法以承包人为某项索赔工作所支付的实际开支为根据，但仅限于由于索赔事件引起的、超过原计划的费用，故也称额外成本法。在这种计算方法中，需要注意的是不要遗漏费用项目。

2. 总费用法

总费用法即总成本法，就是当发生多次索赔事件以后，重新计算该工程的实际总费用，实际总费用减去投标报价时的估算总费用，即为索赔金额，即：

$$索赔金额＝实际总费用－投标报价估算总费用 \tag{5-10}$$

但这种方法对发包人不利，因为实际发生的总费用中可能有承包人的施工组织不合理因素；承包人在投标报价时为竞争中标而压低报价，中标后通过索赔可以得到补偿。所以这种方法只有在难以采用实际费用法时采用。

3. 修正的总费用法

修正的总费用法是对总费用法的改进，即在总费用计算的基础上，去掉一些不合理的因素，使其更合理。

修正的内容如下：

(1) 将计算索赔款的时段局限于受到外界影响的时间，而不是整个施工期。

(2) 只计算受影响时段内的某项工作所受影响的损失，而不是计算该时段内所有施工工作所受的损失。

（3）与该项工作无关的费用不列入总费用中。

（4）对投标报价费用重新进行核算：按受影响时段内该项工作的实际单价进行核算，乘以实际完成的该项工作的工程量，得出调整后的报价费用。

按修正后的总费用计算索赔金额的公式如下：

索赔金额＝某项工作调整后的实际总费用－该项工作调整后的报价费用　　（5-11）

修正的总费用法与总费用法相比，有了实质性的改进，它的准确程度已接近于实际费用法。

《建设工程施工合同（示范文本）》GF—2013—0201 通用条款第 19 条规定："发承包双方都应在知道或应当知道索赔事件发生后 28 天内，向监理人递交索赔意向通知书，并明确规定，如当事人未在 28 天内对索赔事项提出书面的索赔通知，视为该项索赔的权利已经丧失"。

【示例 2】　索赔意向通知书

隆翔商务大厦项目的发包人是隆翔置业有限公司，汉华建设工程监理有限公司为工程监理单位，并组建了项目监理机构，承包人为海鸿建筑安装有限公司。在施工过程中因甲供进口大理石石材未按时到货，造成承包人窝工损失和工期延误，承包人在合同约定的时间向发包人及项目监理机构提出了索赔意向书。本表应发送给拟进行相关索赔的对象，并同时抄送给项目监理机构。

索赔意向通知书填写时应注意：

（1）事件发生的时间和情况的简单描述；

（2）合同依据的条款和理由；

（3）有关后续资料的提供，包括及时记录和提供事件发展的动态；

（4）对工程成本和工期产生的不利影响及其严重程度的初步评估；

（5）声明/告知拟进行相关索赔的意向。

索赔意向通知书　　　　　　　　　　表 5-8

工程名称：隆翔商务大厦　　　　　　　　　　　　　　　　　编号：SPTZ-002

致：隆翔置业有限公司
汉华建设工程监理有限公司隆翔商务大厦监理项目部
根据《建设工程施工合同》专用合同条款第 16.1.2 第（4）、（5）（条款）的约定，由于发生了甲供材料未及时进场，致使工程工期延误，且造成我公司现场施工人员窝工事件，且该事件的发生非我方原因所致。为此，我方向隆翔置业有限公司（单位）提出索赔要求。
附：索赔事件资料

　　　　　　　　　　　　　　　　　提出单位（盖章）
　　　　　　　　　　　　　　　　　承包人（签字）＿＿＿＿＿
　　　　　　　　　　　　　　　　　××年×月×日

【示例 3】　费用索赔报审表

上述示例 1 索赔意向通知书中提到的索赔事件，工程结算时承包人应向发包人提出费用索赔。费用索赔报审表的证明材料应包括：索赔意向通知书、索赔事项的相关证明材料。承包人应在费用索赔事件结束后的规定时间内，填报费用索赔报审表，向项目监理机构提出费用索赔。表中应详细说明索赔事件的经过、索赔理由、索赔金额的计算，并附上证明材料。收到承包人报送的费用索赔报审表后，总监理工程师应组织专业监理工程师按标准规范及合同文件有关章节要求进行审核与评估，并与发包人、承包人协商一致后进行签认，报发包人审批，不同意部分应说明理由。

费用索赔报审表

表 5-9

工程名称：隆翔商务大厦

编号：SPTZ-002

致：汉华建设工程监理有限公司隆翔商务大厦监理项目部(项目监理机构)

　　根据《建设工程施工合同》专用合同条款第 16.1.2 第(4)、(5)(条款)，由于甲供材料未及时进场，致使工程工期延误，且造成我公司现场施工人员停工的原因，我方申请索赔金额(大写)叁万伍仟元人民币，请予以批准。

　　索赔理由：因甲供进口大理石石材，未按时到货，造成我公司现场人员窝工，及其他后续工序无法进行。

附：□索赔金额的计算

　　□证明材料

施工项目经理部(盖章)
项目经理(签字)_____
××年×月×日

审核意见：

　　□不同意此项索赔。

　　☑同意此项索赔，索赔金额为(大写)人民币壹万肆仟元整。

　　同意/不同意索赔的理由：由于停工 10 天中有 3 天为承包人应承担的责任，另外 2 天虽为开发商应承担的责任，但不影响机械使用及人员可安排别的工种工作，此 2 天只须赔付人工降效费，只有 5 天须赔付机械租赁费及人员窝工费。

　　$5 \times (1000 + 15 \times 100) + 2 \times 15 \times 50 = 14000$ 元

　　注：根据协议机械租赁费每天按 1000 元、人员窝工费每天按 100 元、人工降效费每天按 50 元计算。

　　附件：□索赔审查报告

项目监理机构(盖章)
总监理工程师(签字)　加盖执业印章_____
2011 年 8 月 18 日

审批意见：

　　同意监理意见。

发包人代表(签字)
2011 年 8 月 25 日

注：1. 本表一式三份，项目承包人、发包人、承包人各一份；

　　2. 该表为承包人报请项目监理机构审核工程费用索赔事项的用表。

【例 5-12】 某工程，发包人和承包人按照《建设工程施工合同(示范文本)》签订了合同，经总监理工程师批准的施工总进度计划如图 5-6 所示(时间单位：天)，各项工作均按最早开始时间安排且匀速施工。

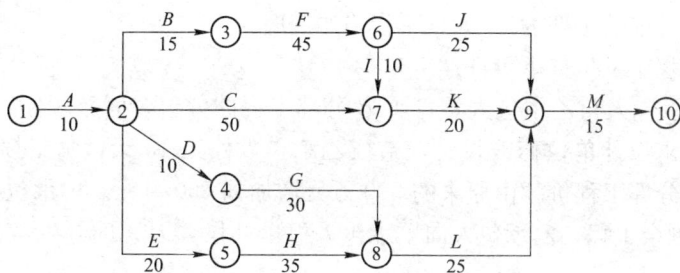

图 5-6 施工总进度计划

工程施工过程中发生如下事件：

事件 1：合同约定开工日期前 10 天，承包人向项目监理机构递交了书面申请，请求将开工日期推迟 5 天。理由是：已安装的施工起重机械未通过有资质检验机构的安全验收，需要更换主要支撑部件。

事件 2：主体结构施工时，发包人收到用于工程的商品混凝土不合格的举报，立刻指令总包单位暂停施工。经检测鉴定单位对商品混凝土的抽样检验及混凝土实体质量抽芯检测，质量符合要求。为此，施工总包单位向项目监理机构提交了暂停施工后人员窝工及机械闲置的费用索赔申请。

事件 3：施工总进度计划调整后，工作 L 按期开工。施工合同约定，工作 L 需安装的设备由发包人采购，由于设备到货检验不合格，发包人进行了退还。由此导致承包人吊装机械台班费损失 8 万元，L 工作拖延 9 天。承包人向项目监理机构提出了费用补偿和工程延期申请。

问题 1：事件 1 中，项目监理机构是否应批准工程推迟开工？说明理由。

问题 2：事件 2 中，发包人的做法是否妥当？项目监理机构是否应批准施工总包单位的索赔申请？分别说明理由。

问题 3：事件 3 中，项目监理机构是否应批准费用补偿和工程延期？分别说明理由。

【解】 (1) 总监理工程师应批准事件 1 中承包人提出的延期开工申请。理由：根据《建设工程施工合同(示范文本)》的规定，如果承包人不能按时开工，应在不迟于协议约定的开工日期前 7 天以书面形式向监理工程师提出延期开工的理由和要求，本案例是在开工前 10 天提出的。承包人在合同规定的有效期内提出了申请，承包人不具备施工条件。总监理工程师应批准承包人提出的延期 5 天开工申请。但由于承包人自身责任，相应工期不予顺延。

(2) 发包人的做法不妥。理由：根据《建设工程监理规范》GB/T 50319—2013 规定，发包人与承包人之间与建设工程有关的联系活动应通过监理单位进行，故发包人收到举报后，应通过总监理工程师下达《工程暂停施工令》应批准索赔申请，因质量符合要求，应由发包人承但相关费用。

(3) 费用补偿批准。因为是发包人采购的材料出现质量检测不合格导致的，故监理机构应批准承包人因此发生的费用损失。

工期不予顺延。因为 L 工作拖延后的工期 9 天未超过其总时差 10 天，故不应补偿工期。

【例 5-13】 某工程，甲承包人按照施工合同约定，拟将 B 分部工程分包给乙承包人，经总监理工程师批准的工期为 75 天且工作匀速进展。

工程施工过程中发生如下事件：

事件 1：甲承包人与乙承包人签订了 B 分部工程的分包合同。B 分部工程开工 45 天后，建设单位要求设计单位修改设计，造成乙承包人停工 15 天，窝工损失合计 8 万元。修改设计后，B 分部工程价款由原来的 500 万元增加到 560 万元。甲承包人要求乙承包人在 30 天内完成剩余工程，乙承包人向甲承包人提出补偿 3 万元的赶工费，甲单位确认了赶工补偿。

事件 2：由于事件 1 中 B 分部工程修改设计，乙承包人向项目监理机构提出工程延期的要求。

问题 1：事件 1 中，考虑设计变更和费用补偿，乙承包人完成 B 分部工程每月（按 30 天计）应获得的工程价款分别为多少万元？B 分部工程的最终合同价款为多少万元？

问题 2：事件 2 中，乙承包人的做法有何不妥？写出正确做法。

【解】 （1）B 分部工程第 1 个月应得的工程价款：$500/75 \times 30 = 200$（万元）

B 分部工程第 2 个月应得的工程价款：$500/75 \times 15 + 8 = 108$（万元）

B 分部工程第 3 个月应得的工程价款：$500/75 \times 30 + (560 - 500) + 3 = 263$（万元）

B 分部工程的最终工程价款：$200 + 108 + 263 = 571$（万元）

（2）乙承包人的做法不妥之处：乙承包人向项目监理机构提出工程延期的申请。正确做法：乙承包人向甲承包人提出工程延期申请，甲承包人再向项目监理机构提出工程延期的申请。

三、现场签证

（一）现场签证的情形

签证有多种情形，一般包括：

（1）发包人的口头指令，需要承包人将其提出，由发包人转换成书面签证；

（2）发包人的书面通知如涉及工程实施，需要承包人就完成此通知需要的人工、材料、机械设备等内容向发包人提出，取得发包人的签证确认；

（3）合同工程招标工程量清单中已有，但施工中发现与其不符，比如土方类别等，需承包人及时向发包人提出签证确认，以便调整合同价款；

（4）由于发包人原因，未按合同约定提供场地、材料、设备或停水、停电等造成承包人停工，需承包人及时向发包人提出签证确认，以便计算索赔费用；

（5）合同中约定的材料等价格由于市场发生变化，需承包人向发包人提出采购数量及单价，以取得发包人的签证确认。

（二）现场签证的范围

现场签证的范围一般包括：

（1）适用于施工合同范围以外零星工程的确认；

（2）在工程施工过程中发生变更后需要现场确认的工程量；

（3）非承包人原因导致的人工、设备窝工及有关损失；

（4）符合施工合同规定的非承包人原因引起的工程量或费用增减；

（5）确认修改施工方案引起的工程量或费用增减；

（6）工程变更导致的工程施工措施费增减等。

（三）现场签证的程序

（1）承包人应发包人要求完成合同以外的零星项目、非承包人责任事件等工作的，发包人应及时以书面形式向承包人发出指令，提供所需的相关资料；承包人在收到指令后，应及时向发包人提出现场签证要求。

（2）承包人应在收到发包人指令后的7天内，向发包人提交现场签证报告，发包人应在收到现场签证报告后的48h内对报告内容进行核实，予以确认或提出修改意见。发包人在收到承包人现场签证报告后的48h内未确认也未提出修改意见的，视为承包人提交的现场签证报告已被发包人认可。

（3）现场签证的工作如已有相应的计日工单价，现场签证中应列明完成该类项目所需的人工、材料、工程设备和施工机械台班的数量。

如现场签证的工作没有相应的计日工单价，应在现场签证报告中列明完成该签证工作所需的人工、材料设备和施工机械台班的数量及其单价。

（4）合同工程发生现场签证事项，未经发包人签证确认，承包人便擅自施工的，除非征得发包人书面同意，否则发生的费用由承包人承担。

（5）现场签证工作完成后的7天内，承包人应按照现场签证内容计算价款，报送发包人确认后，作为增加合同价款，与进度款同期支付。

（6）在施工过程中，当发现合同工程内容因场地条件、地质水文、发包人要求等不一致时，承包人应提供所需的相关资料，提交发包人签证认可，作为合同价款调整的依据。

（四）现场签证费用的计算

现场签证费用的计价方式包括两种：第一种是完成合同以外的零星工作时，按计日工作单价计算。此时提交现场签证费用申请时，应包括下列证明材料：

（1）工作名称、内容和数量；

（2）投入该工作所有人员的姓名、工种、级别和耗用工时；

（3）投入该工作的材料类别和数量；

（4）投入该工作的施工设备型号、台数和耗用台时；

（5）监理人要求提交的其他资料和凭证。

第二种是完成其他非承包人责任引起的事件，应按合同中的约定计算。

现场签证种类繁多，发承包双方在工程施工过程中来往信函就责任事件的证明均可称为现场签证，但并不是所有的签证均可马上算出价款，有的需要经过索赔程序，这时的签证仅是索赔的依据，有的签证可能根本不涉及价款。表5-10仅是针对现场签证需要价款结算支付的一种，其他内容的签证也可适用。考虑到招标时招标人对计日工项目的预估难免会有遗漏，造成实际施工发生后，无相应的计日工单价，现场签证只能包括单价一并处理，因此，在汇总时，有计日工单价的，可归并于计日工，如无计日工单价的，归并于现场签证，以示区别。当然，现场签证全部汇总于计日工也是一种可行的处理方式。

现场签证表 **表 5-10**

工程名称：××中学教学楼工程　　标段：　　　　　　　　　　　　　　编号：002

施工部分	学校指定位置	日　期	××年×月×日

致：××中学住宅建设办公室

　　根据×××2013 年 8 月 25 日的口头指令，我方要求完成此项工作应支付价款金额为(大写)贰仟伍佰元(小写 2500.00 元)，请予核准。

附：1. 签证事由及原因：为迎接新学期的到来，改变校容、校貌，学校新增 5 座花池；

　　2. 附图及计算式(略)。

承包人(章)略

包人代表：×××

日期：××年×月×日

复核意见：	复核意见：
你方提出的此项签证申请经复核： □不同意此项签证，具体意见见附件。 ☑同意此项签证，签证余额的计算，由造价工程师复核。 监理工程师：××× 日　　　期：××年×月×日	☑此项签证按承包人中标的计日工单价计算，金额为(大写)贰仟伍佰元(小写2500.00 元)。 □此项签证因无计日工单价，金额为(大写)_____(小写_____)。 造价工程师：××× 日　　　期：××年×月×日

审核意见：

　　□不同意此项签证。

　　☑同意此项签证，价款与本期进度款同期支付。

发包人(章)略

发包人代表：×××

日　　　期：××年×月×日

注：1. 在选择栏中的"□"内做标识"√"；

　　2. 本表一式四份，由承包人在收到发包人(监理人)的口头或书面通知后，需要价款结算支付时填写，发包人、监理人、造价咨询人、承包人各存一份。

进行现场签证时，要关注以下几个问题。

(1) 时效性问题

　　例如：某工程对镀锌钢管价格的确认，既没有标明签署时间，也没有施工发生的时间。按照当地造价信息公布的市场指导价，五月份 DN5 镀锌钢管单价与七月份的单价相差额 150 元。合同约定竣工结算时此材料按公布的市场指导价执行，施工企业取七月份的镀锌钢管单价增加了价款。如地下障碍物以及建好需拆除的临时工程，承包人等拆除后再签证，靠回忆录签字。

　　监理工程师应关注变更签证的时效性，避免事隔多日才补办签证，导致现场签证内容与实际不符的情况发生。此外，应加强工程变更的责任及审批手续的管理控制，防止签证随意性、无正当理由拖延和拒签现象。

（2）重复计量问题：某些现场签证没有考虑单元工程中已给的工程量。

例如：承包人在申请计量时报给监理一个《现场签证单》，内容为："堤基范围内清除垃圾，回填砂砾料 $6230m^3$；回填垃圾 $3123m^3$；动迁户遗留生活垃圾回填砂砾 $2224m^3$"。

监理工程师按照《现场签证单》上的工程量，在《工程计量报验单》和《已完工程量汇总表》上签字，报给了总监，程序似乎一切正常。但总监在审核时发现：①《现场签证单》中注明："堤基范围内清除垃圾，回填砂砾料"，是否存在重复计量？②《现场签证单》中写明："回填垃圾"，在堤基范围内可以回填垃圾吗？③垃圾清除后的高程是多少没有标明，而高程直接涉及清基高程线是否包含在里面。依据计量要求，设计清基高程以上部分的填筑工程量已经在堤防填筑单元的工程量中核定，在计算垃圾坑填筑工程量时，应将清基高程以上部分的填筑量予以扣除。

经监理工程师按照设计图纸的高程认真计算后，扣除了重复计量的部分。"回填垃圾"经监理工程师核实，回填的确实是砂砾料。"回填垃圾"属于写法上的失误，遗漏了一个关键字"坑"，即"回填垃圾坑"。

经验总结：监理工程师不能仅核实工程量，更应该从全局把握工程量计量是否合理、准确。

（3）要掌握标书中对计日工的规定

例如：某承包人按监理工程师的《计日工通知》在申报河道料场围堰计日工工程量时，按投标书中计日工的人工、材料和施工机械使用费的单价上报了《计日工工程量签证单》，同时申报了人工、材料和施工机械使用费共三项费用，见表 5-11。

人工、材料和施工机械使用费　　　　　　　　　　表 5-11

序号	工程项目名称	计日工内容	单位	申报工程量	监理核准工程量
1	修筑料场围堰	工长	工时	20	20
2		司机	工时	48	0
3		柴油	kg	840	0
4		挖掘机	台时	48	48
	合计			956	68

监理工程师在批复工程量时，只批复了工长的工时和挖掘机台时，没有批复司机的工时和柴油量，为什么？

监理工程师在审核工程量时，查阅了招标文件中对计日工中施工机械使用费单价的规定，其中对于施工机械使用费是这样规定的："施工机械使用费的单价除包括机械折旧费、修理费、保养费、机上人工费和燃料动力费、牌照税、车船使用税、养路费外，还应包括分摊的其他人工费、材料费、其他费用和税金等一切费用和利润"。按照规定：施工机械使用费中已包含了人工费和燃料动力费。因此人工费和燃料动力费的申报就属于重复计量了。

第六节　合同价款期中支付

期中支付的合同价款包括预付款、安全文明施工费和进度款。监理工程师应做好合同价款期中支付工作。

一、预付款

工程预付款是建设工程施工合同订立后由发包人按照合同约定，在正式开工前预先支付给承包人的工程款。它是施工准备和所需要材料、结构件等流动资金的主要来源。工程是否实行预付款，取决于工程性质、承包工程量的大小及发包人在招标文件中的规定。工程实行预付款的，发包人应按照合同约定支付工程预付款，承包人应将预付款专用于合同工程。支付的工程预付款，按照合同约定在工程进度款中抵扣。

(一)预付款的支付

(1)预付款的额度。包工包料工程的预付款的支付比例不得低于签约合同价(扣除暂列金额)的10%，不宜高于签约合同价(扣除暂列金额)的30%。对重大工程项目，按年度工程计划逐年预付。实行工程量清单计价的工程，实体性消耗和非实体性消耗部分应在合同中分别约定预付款比例(或金额)。

(2)预付款的支付时间。承包人应在签订合同或向发包人提供与预付款等额的预付款保函后向发包人提交预付款支付申请。发包人应在收到支付申请的7天内进行核实后向承包人发出预付款支付证书，并在签发支付证书后的7天内向承包人支付预付款。发包人没有按合同约定按时支付预付款的，承包人可催告发包人支付；发包人在预付款期满后的7天内仍未支付的，承包人可在付款期满后的第8天起暂停施工。发包人应承担由此增加的费用和延误的工期，并应向承包人支付合理利润。

(二)预付款的扣回

发包人拨付给承包人的工程预付款属于预支的性质。随着工程进度的推进，拨付的工程进度款数额不断增加，工程所需主要材料、构件的储备逐步减少，原已支付的预付款应以抵扣的方式从工程进度款中予以陆续扣回。预付款应从每一个支付期应支付给承包人的工程进度款中扣回，直到扣回的金额达到合同约定的预付款金额为止。承包人的预付款保函的担保金额根据预付款扣回的数额相应递减，但在预付款全部扣回之前一直保持有效。发包人应在预付款扣完后的14天内将预付款保函退还给承包人。

预付的工程款必须在合同中约定扣回方式，常用的扣回方式有以下几种：

(1)在承包人完成金额累计达到合同总价一定比例(双方合同约定)后，采用等比率或等额扣款的方式分期抵扣。也可针对工程实际情况具体处理，如有些工程工期较短、造价较低，就无需分期扣还；有些工期较长，如跨年度工程，其预付款的占用时间很长，根据需要可以少扣或不扣。

(2)从未完施工工程尚需的主要材料及构件的价值相当于工程预付款数额时起扣，从每次中间结算工程价款中，按材料及构件比重抵扣工程预付款，至竣工之前全部扣清。其基本计算公式如下：

① 起扣点的计算公式

$$T = P - \frac{M}{N} \tag{5-12}$$

式中　T——起扣点，即工程预付款开始扣回的累计已完工程价值；

　　　P——承包工程合同总额；

　　　M——工程预付款数额；

N——主要材料及构件所占比重。

② 第一次扣还工程预付款数额的计算公式

$$a_1 = (\sum_{i=1}^{n} T_i - T) \times N \tag{5-13}$$

式中　a_1——第一次扣还工程预付款数额；

$\sum_{i=1}^{n} T_i$——累计已完工程价值。

③ 第二次及以后各次扣还工程预付款数额的计算公式

$$a_i = T_i \times N \tag{5-14}$$

式中　a_i——第 i 次扣还工程预付款数额($i>1$)；

　　　T_i——第 i 次扣还工程预付款时，当期结算的已完工程价值。

二、安全文明施工费

财政部、国家安全生产监督管理总局印发的《企业安全生产费用提取和使用管理办法》(财企 [2012] 16 号)第十九条对企业安全费用的使用范围作了规定，建设工程施工阶段的安全文明施工费包括的内容和使用范围，应符合此规定。

鉴于安全文明施工的措施具有前瞻性，必须在施工前予以保证。因此，发包人应在工程开工后的 28 天内预付不低于当年施工进度计划的安全文明施工费总额的 60%，其余部分按照提前安排的原则进行分解，与进度款同期支付。发包人没有按时支付安全文明施工费的，承包人可催告发包人支付；发包人在付款期满后的 7 天内仍未支付的，若发生安全事故，发包人应承担相应责任。

承包人对安全文明施工费应专款专用，在财务账目中单独列项备查，不得挪作他用，否则发包人有权要求其限期改正；逾期未改正的，造成的损失和延误的工期由承包人承担。

三、进度款

建设工程合同是先由承包人完成建设工程，后由发包人支付合同价款的特殊承揽合同，由于建设工程具有投资大、施工期长等特点，合同价款的履行顺序主要通过"阶段小结、最终结清"来实现。当承包人完成了一定阶段的工程量后，发包人就应该按合同约定履行支付工程进度款的义务。

发承包双方应按照合同约定的时间、程序和方法，根据工程计量结果，办理期中价款结算，支付进度款。进度款支付周期，应与合同约定的工程计量周期一致。其中，工程量的正确计量是发包人向承包人支付进度款的前提和依据。计量和付款周期可采用分段或按月结算的方式，按照财政部、建设部印发的《建设工程价款结算暂行办法》(财建 [2004] 369 号)的规定：

(1) 按月结算与支付。即实行按月支付进度款，竣工后结算的办法。合同工期在两个年度以上的工程，在年终进行工程盘点，办理年度结算。

(2) 分段结算与支付。即当年开工、当年不能竣工的工程按照工程形象进度，划分不同阶段，支付工程进度款。

当采用分段结算方式时，应在合同中约定具体的工程分段划分方法，付款周期应与计量周期一致。

《建设工程工程量清单计价规范》规定：已标价工程量清单中的单价项目，承包人应按工程计量确认的工程量与综合单价计算；如综合单价发生调整的，以发承包双方确认调整的综合单价计算进度款。已标价工程量清单中的总价项目，承包人应按合同中约定的进度款支付分解，分别列入进度款支付申请中的安全文明施工费和本周期应支付的总价项目的金额中。发包人提供的甲供材料金额，应按照发包人签约提供的单价和数量从进度款支付中扣出，列入本周期应扣减的金额中。进度款的支付比例按照合同约定，按期中结算价款总额计，不低于60%，不高于90%。

（一）承包人支付申请的内容

承包人应在每个计量周期到期后的7天内向发包人提交已完工程进度款支付申请一式四份，详细说明此周期认为有权得到的款额，包括分包人已完工程的价款。支付申请应包括下列内容：

（1）累计已完成的合同价款。

（2）累计已实际支付的合同价款。

（3）本周期合计完成的合同价款：

1）本周期已完成单价项目的金额；

2）本周期应支付的总价项目的金额；

3）本周期已完成的计日工价款；

4）本周期应支付的安全文明施工费；

5）本周期应增加的金额。

（4）本周期合计应扣减的金额：

1）本周期应扣回的预付款；

2）本周期应扣减的金额。

（5）本周期实际应支付的合同价款。

（二）发包人支付进度款

发包人应在收到承包人进度款支付申请后的14天内根据计量结果和合同约定对申请内容予以核实，确认后向承包人出具进度款支付证书。若发承包双方对有的清单项目的计量结果出现争议，发包人应对无争议部分的工程计量结果向承包人出具进度款支付证书。发包人应在签发进度款支付证书后的14天内，按照支付证书列明的金额向承包人支付进度款。若发包人逾期未签发进度款支付证书，则视为承包人提交的进度款支付申请已被发包人认可，承包人可向发包人发出催告付款的通知。发包人应在收到通知后的14天内，按照承包人支付申请的金额向承包人支付进度款。发包人未按规定支付进度款的，承包人可催告发包人支付，并有权获得延迟支付的利息；发包人在付款期满后的7天内仍未支付的，承包人可在付款期满后的第8天起暂停施工。发包人应承担由此增加的费用和延误的工期，向承包人支付合理利润，并应承担违约责任。发现已签发的任何支付证书有错、漏或重复的数额，发包人有权予以修正，承包人也有权提出修正申请。经发承包双方复核同意修正的，应在本次到期的进度款中支付或扣除。

【示例4】 工程款支付申请（核准）表（表5-12）

工程款支付申请(核准)表

表 5-12

工程名称：　　　　　　　标段：　　　　　　　　　　　　　　　　　　编号：

致：＿＿＿＿＿＿＿＿＿＿＿＿＿＿＿＿＿＿＿＿＿＿＿＿＿＿＿＿(发包人全称)

我方于＿＿＿＿＿至＿＿＿＿＿期间已完成了＿＿＿工作，根据施工合同的约定，现申请支付本周期的合同款额为(大写)＿＿＿＿＿(小写＿＿＿＿＿＿＿＿＿＿＿＿＿＿)，请予核准。

序号	名称	申请金额(元)	申请金额(元)	备注
1	累计已完成的合同价款			
2	累计已实际支付的合同价款			
3	本周期合计完成的合同价款			
3.1	本周期已完成单价项目的金额			
3.2	本周期应支付的总价项目的金额			
3.3	本周期已完成的计日工价款			
3.4	本周期应支付的安全文明施工费			
3.5	本周期应增加的金额			
4	本周期合计应扣减的金额			
4.1	本周期应扣回的预付款			
4.2	本周期应扣减的金额			
5	本周期实际应支付的合同价款			

附：(略)。

造价人员：×××　　　　　承包人代表：×××　　　　　日期：××年×月×日

复核意见：
　□与实际施工情况不相符，修改意见见附件。
　□与实际施工情况相符，具体金额由造价工程师复核。

复核意见：
　你方提出的支付申请经复核，本周期已完成合同款额为(大写)＿＿＿＿＿(小写＿＿＿＿＿)，本周期应支付金额为(大写)＿＿＿＿＿(小写＿＿＿＿＿)。

　　　　　　　　　　　监理工程师：＿＿＿＿＿＿
　　　　　　　　　　　日　　期：＿＿＿＿＿＿

　　　　　　　　　　　造价工程师：＿＿＿＿＿＿
　　　　　　　　　　　日　　期：＿＿＿＿＿＿

审核意见：
　□不同意。
　□同意，支付时间为本表签发后的 15 天内。

　　　　　　　　　　　发包人(章)
　　　　　　　　　　　发包人代表：＿＿＿＿＿＿
　　　　　　　　　　　日　　期：＿＿＿＿＿＿

注：1. 在选择栏中的"□"内做标识"√"。
　　2. 本表一式四份，由承包人填报，发包人、监理人、造价咨询人、承包人各存一份。

【示例 5】　工程款支付证书

背景事件：按照发承包双方合同约定，基础工程验收工作完成后，发包人应在 2010

年 10 月 30 日前支付该工程基础分部(桩基子分部除外)的工程款。承包人于 2010 年 10 月 19 日向发包人提出支付基础工程分部部分工程款的申请,经监理审核于 2010 年 10 月 26 日提请发包人审批,发包人于 2010 年 10 月 28 日审批同意支付该项工程款。项目监理机构随后于 2010 年 10 月 29 日根据发包人审批意见向承包人签发工程款支付证书(表 5-13)。注意,项目监理机构将《工程款支付证书》签发给承包人时,应同时抄报发包人。

工程款支付证书 表 5-13

工程名称:隆翔商务大厦 编号:ZF-002(支)

致:海鸿建筑安装工程有限公司(承包人)

根据施工合同约定,经审核编号为 ZF-002 工程款支付申请表,扣除有关款项后,同意支付该款项共计(大写)人民币壹仟玖佰贰拾万贰仟捌佰零贰元整(小写￥19202802.00 元)。

其中:

1. 承包人申报款为:19937257.00 元;

2. 经审核承包人应得款为:19611038.00 元;

3. 本期应扣款为:408236.00 元;

4. 本期应付款为:19202802.00 元。

附件:工程支付款报审表(ZF-002)及附件

总监理工程师(签字、加盖执业印章)_____

2010 年 10 月 29 日

注:本表一式三份,项目监理机构、承包人、发包人各一份。

【例 5-15】 某承包人承包某工程项目,甲乙双方签订的关于工程价款的合同内容有:

(1) 建筑安装工程造价 660 万元,建筑材料及设备费占施工产值的比重 60%;

(2) 工程预付款为建筑安装工程造价的 20%。工程实施后,工程预付款从未施工工程尚需的主要材料及设备费相当于工程预付款数额时起扣,从每次结算工程价款中按材料和设备占施工产值的比重扣抵工程预付款,竣工前全部扣清;

(3) 工程进度款逐月计算。

工程各月实际完成产值(不包括调价部分),如表 5-14。

各月实际完成产值(万元) 表 5-14

月份	2	3	4	5	6	合计
完成产值	55	110	165	220	110	660

问题 1. 该工程的工程预付款、起扣点为多少?

问题 2. 该工程 2 月至 5 月每月拨付工程款为多少?累计工程款为多少?

【解】 (1) 工程预付款::$60 \times 20\% = 132$(万元);

起扣点:$660 - 132/60\% = 440$(万元)。

(2) 各月拨付工程款为:

2 月:工程款 55 万元,累计工程款 55(万元);

3 月:工程款 110 万元,累计工程款 $= 55 + 110 = 165$(万元);

4月：工程款 165 万元，累计工程款＝165＋165＝330（万元）；

5月：工程款 220－（220＋330－440）×60％＝154（万元）；

累计工程款＝330＋154＝484（万元）。

【例 5-16】　某项工程发包与承包人签订了工程施工合同，合同中含两个子项工程，估算工程量甲项为 2300m³，乙项为 3200m³，经协商合同价甲项为 180 元/m³，乙项为 160 元/m³。承包合同规定：

(1) 开工前发包人应向承包人支付合同价 20％的预付款；

(2) 发包人自第一个月起，从承包人的工程款中，按 5％的比例扣留质量保证金；

(3) 当子项工程实际工程量超过估算工程量 10％时，超过 10％的部分可进行调价，调整系数为 0.9；

(4) 根据市场情况规定价格调整系数平均按 1.2 计算；

(5) 监理工程师签发付款最低金额为 25 万元；

(6) 预付款在最后两个月扣除，每月扣 50％。

承包人各月实际完成并经监理工程师签证确认的工程量如表 5-15 所示。

承包人各月实际完成并经监理工程师签证确认的工程量(m³)　表 5-15

月份	1月	2月	3月	4月
甲项	500	800	800	600
乙项	700	900	800	600

问题 1. 预付款是多少？

问题 2. 每月工程量价款是多少？监理工程师应签证的工程款是多少？实际签发的付款凭证金额是多少？

【解】　(1) 预付款金额为 ［2300×180＋3200×160］ ×20％＝18.52（万元）。

(2) 1 月：

工程量价款为 500×180＋700×160＝20.2（万元）；

应签证的工程款为 20.2×1.2×(1－5％)＝23.028（万元）；

由于合同规定监理工程师签发的最低金额为 25 万元，故本月监理工程师不予签发付款凭证。

2 月：

工程量价款为 800×180＋900×160＝28.8（万元）；

应签证的工程款为 28.8×1.2×(1－5％)＝32.832（万元）；

本月实际签发的付款凭证金额为 23.028＋32.832＝55.86（万元）。

3 月：

工程量价款为 800×180＋800×160＝27.2（万元）；

应签证的工程款为 27.2×1.2×(1－5％)＝31.008（万元）；

应签证的工程款为 31.008－18.52×50％＝21.748（万元）；

由于未达到最低结算金额，故本月监理工程师不予签发付款凭证。

4 月：

2300×(1＋10％)＝2530（m³）；

甲项工程累计完成工程量为 2700m³，较估计工程量 2300m³ 差额大于 10%。

超过 10% 的工程量为 2700−2530＝170（m³）；

其单价应调整为 180×0.9＝162（元/m³）；

故甲项工程量价款为（600−170）×180＋170×162＝10.494（万元）。

乙项累计完成工程量为 3000m³，与估计工程量相差未超过 10%，故不予调整。

乙项工程量价款为 600×160＝9.6（万元）；

本月完成甲、乙两项工程量价款为 10.494＋9.6＝20.094（万元）；

应签证的工程款为 20.094×1.2×（1−5%）−18.52×50%＝13.647（万元）；

本期实际签发的付款凭证金额为 21.748＋13.647＝35.395（万元）。

【例 5-17】 某工程，发包人与承包人按照《建设工程施工合同（示范文本）》签订了施工合同，合同工期 9 个月，合同价 840 万元，各项工作均按最早时间安排且均匀速施工，经项目监理机构批准的施工进度计划如图 5-7 所示，承包人的报价单（部分）见表 5-16。施工合同中约定：预付款按合同价的 20% 支付，工程款付至合同价的 50% 时开始扣回预付款，3 个月内平均扣回；质量保证金为合同价的 5%，从第 1 个月开始，按月应付款的 10% 扣留，扣足为止。

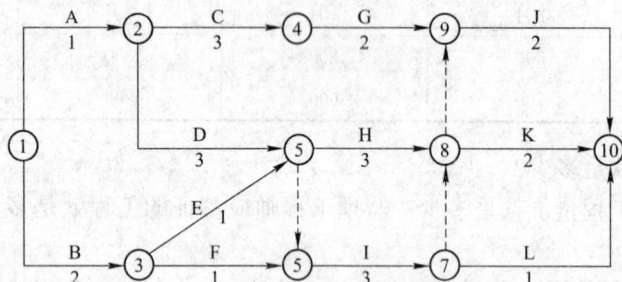

图 5-7 施工进度计划（时间单位：月）

承包人报价单（部分） 表 5-16

工作	A	B	C	D	E	F
合价（万元）	30	54	30	84	300	21

问题 1. 开工后前 3 个月承包人每月应获得的工程款为多少？

问题 2. 工程预付款为多少？预付款从何时开始扣回？开工后前 3 个月总监理工程师每月应签证的工程款为多少？

【解】 （1）开工后前 3 个承包人每月应获得的工程款为：

第 1 个月：30＋54×1/2＝57（万元）；

第 2 个月：54×1/2＋30×1/3＋84×1/3＝65（万元）；

第 3 个月：30×1/3＋84×1/3＋300＋21＝359（万元）。

（2）① 预付款为：840 万元×20%＝168（万元）；

② 前 3 个月承包人累计应获得的工程款：

57＋65＋359＝481（万元）；

481＞840×50%＝420（万元），因此，预付款应从第 3 个月开始扣回。

③ 开工后前 3 个月总监理工程师签证的工程款为：

第 1 个月：$57-57×10\%=51.3$(万元)；

第 2 个月：$65-65×10\%=58.5$(万元)；

前 2 个月扣留保证金$(57+65)×10\%=12.2$(万元)；

应扣保证金总额为 $840×5\%=42.0$(万元)；

$42-12.2=29.8$(万元)；

由于 $359×10\%=35.9$(万元)>29.8(万元)；

第 3 个月应签证的工程款为：$359-29.8-168/3=273.2$(万元)。

第七节　竣工结算与支付

工程完工后，发承包双方必须在合同约定时间内办理工程竣工结算。工程竣工结算由承包人或受其委托具有相应资质的工程造价咨询人编制，由发包人或受其委托具有相应资质的工程造价咨询人核对。竣工结算办理完毕，发包人应将竣工结算文件报送工程所在地（或有该工程管辖权的行业管理部门）工程造价管理机构备案，竣工结算文件作为工程竣工验收备案、交付使用的必备文件。

其中，项目监理机构应按有关工程结算规定及施工合同约定对竣工结算进行审核，程序如下：专业监理工程师审查承包人提交的工程结算款支付申请，提出审查意见；总监理工程师对专业监理工程师的审查意见进行审核，签认后报发包人审批，同时抄送承包人，并就工程竣工结算事宜与发包人、承包人协商；达成一致意见的，根据发包人审批意见向承包人签发竣工结算款支付证书；不能达成一致意见的，应按施工合同约定处理。

一、竣工结算编制

（一）工程竣工结算应根据下列依据编制和复核

(1)《建设工程工程量清单计价规范》GB 50500—2013；

(2) 工程合同；

(3) 发承包双方实施过程中已确认的工程量及其结算的合同价款；

(4) 发承包双方实施过程中已确认调整后追加(减)的合同价款；

(5) 建设工程设计文件及相关资料；

(6) 投标文件；

(7) 其他依据。

（二）工程竣工结算的计价原则

(1) 分部分项工程和措施项目中的单价项目应依据双方确认的工程量与已标价工程量清单的综合单价计算；如发生调整的，应以发承包双方确认调整的综合单价计算。

(2) 措施项目中的总价项目应依据已标价工程量清单的项目和金额计算；发生调整的，应以发承包双方确认调整的金额计算，其中安全文明施工费应按国家或省级、行业建设主管部门的规定计算。

(3) 其他项目应按下列规定计价：

1) 计日工应按发包人实际签证确认的事项计算；

2）暂估价应按计价规范相关规定计算；

3）总承包服务费应依据已标价工程量清单的金额计算；发生调整的，应以发承包双方确认调整的金额计算；

4）索赔费用应依据发承包双方确认的索赔事项和金额计算；

5）现场签证费用应依据发承包双方签证资料确认的金额计算；

6）暂列金额应减去工程价款调整（包括索赔、现场签证）金额计算，如有余额归发包人。

（4）规费和税金按国家或省级、建设主管部门的规定计算。规费中的工程排污费应按工程所在地环境保护部门规定标准缴纳后按实列入。

（5）发承包双方在合同工程实施过程中已经确认的工程计量结果和合同价款，在竣工结算办理中应直接进入结算。

二、竣工结算的程序

合同工程完工后，承包方应在经发承包双方确认的合同工程期中价款结算的基础上汇总编制完成竣工结算文件，并在合同约定的时间内，提交竣工验收申请的同时向发包人提交竣工结算文件。

承包人未在合同约定的时间内提交竣工结算文件，经发包人催告后 14 天内仍未提交或没有明确答复，发包人有权根据已有资料编制竣工结算文件，作为办理竣工结算和支付结算款的依据，承包人应予以认可。

发包人应在收到承包人提交的竣工结算文件后的 28 天内核对。发包人经核实，认为承包人还应进一步补充资料和修改结算文件，应在上述时限内向承包人提出核实意见，承包人在收到核实意见后的 28 天内按照发包人提出的合理要求补充资料，修改竣工结算文件，并应再次提交给发包人复核后批准。

发包人应在收到承包人再次提交的竣工结算文件后的 28 天内予以复核，并将复核结果通知承包人。若发承包双方对复核结果无异议的，应在 7 天内在竣工结算文件上签字确认，竣工结算办理完毕；若发包人或承包人对复核结果认为有误的，无异议部分按照上述规定办理不完全竣工结算；有异议部分由发承包双方协商解决；协商不成的，按照合同约定的争议解决方式处理。

发包人在收到承包人竣工结算文件后的 28 天内，不核对竣工结算或未提出核对意见的，应视为承包人提交的竣工结算文件已被发包人认可，竣工结算办理完毕。

承包人在收到发包人提出的核实意见后的 28 天内，不确认也未提出异议的，应视为发包人提出的核实意见已被承包人认可，竣工结算办理完毕。

发包人委托工程造价咨询人核对竣工结算的，工程造价咨询人应在 28 天内核对完毕，核对结论与承包人竣工结算文件不一致的，应提交给承包人复核；承包人应在 14 天内将同意核对结论或不同意见的说明提交工程造价咨询人。工程造价咨询人收到承包人提出的异议后，应再次复核，复核无异议的，应在 7 天内在竣工结算文件上签字确认，竣工结算办理完毕。复核后仍有异议的，无异议部分办理不完全竣工结算；有异议部分由发承包双方协商解决，协商不成的，按照合同约定的争议解决方式处理。承包人逾期未提出书面异议，视为工程造价咨询人核对的竣工结算文件已经承包人认可。

对发包人或发包人委托的工程造价咨询人指派的专业人员与承包人指派的专业人员经核对后无异议并签名确认的竣工结算文件，除非发承包人能提出具体、详细的不同意见，发承包人都应在竣工结算文件上签名确认，如其中一方拒不签认的，按以下规定办理：

（1）若发包人拒不签认的，承包人可不提供竣工验收备案资料，并有权拒绝与发包人或其上级部门委托的工程造价咨询人重新核对竣工结算文件。

（2）若承包人拒不签认的，发包人要求办理竣工验收备案的，承包人不得拒绝提供竣工验收资料，否则，由此造成的损失，承包人承担相应责任。

合同工程竣工结算核对完成，发承包双方签字确认后，禁止发包人又要求承包人与另一个或多个工程造价咨询人重复核对竣工结算。

发包人以对工程质量有异议，拒绝办理工程竣工结算的，已竣工验收或已竣工未验收但实际投入使用的工程，其质量争议按该工程保修合同执行，竣工结算应按合同约定办理；已竣工未验收且未实际投入使用的工程以及停工、停建工程的质量争议，双方应就有争议的部分委托有资质的检测鉴定机构进行检测，根据检测结果确定解决方案，或按工程质量监督机构的处理决定执行后办理竣工结算，无争议部分的竣工结算按合同约定办理。

三、竣工结算的审查

竣工结算要有严格的审查，一般从以下几个方面入手。

1. 核对合同条款

首先，应核对竣工工程内容是否符合合同条件要求，工程是否竣工验收合格，只有按合同要求完成全部工程并验收合格才能竣工结算；其次，应按合同规定的结算方法、计价定额、取费标准、主材价格和优惠条款等，对工程竣工结算进行审核，若发现合同开口或有漏洞，应请发包人与承包人认真研究，明确结算要求。

2. 检查隐蔽验收记录

所有隐蔽工程均需进行验收，2人以上签证；实行工程监理的项目应经监理工程师签证确认。审核竣工结算时应核对隐蔽工程施工记录和验收签证，手续完整，工程量与竣工图一致方可列入结算。

3. 落实设计变更签证

设计修改变更应有原设计单位出具设计变更通知单和修改的设计图纸、校审人员签字并加盖公章，经发包人和监理工程师审查同意、签证；重大设计变更应经原审批部门审批，否则不应列入结算。

4. 按图核实工程数量

竣工结算的工程量应依据竣工图、设计变更单和现场签证等进行核算，并按国家统一规定的计算规则计算工程量。

5. 执行定额单价

结算单价应按合同约定或招标规定的计价定额与计价原则执行。

6. 防止各种计算误差

工程竣工结算子目多、篇幅大，往往有计算误差，应认真核算，防止因计算误差多计或少算。

四、竣工结算款支付

（一）承包人提交竣工结算款支付申请

承包人应根据办理的竣工结算文件，向发包人提交竣工结算款支付申请。申请应包括下列内容：

(1) 竣工结算合同价款总额；

(2) 累计已实际支付的合同价款；

(3) 应预留的质量保证金；

(4) 实际应支付的竣工结算款金额。

（二）发包人签发竣工结算支付证书与支付结算款

发包人应在收到承包人提交竣工结算款支付申请后 7 天内予以核实，向承包人签发竣工结算支付证书，并在签发竣工结算支付证书后的 14 天内，按照竣工结算支付证书列明的金额向承包人支付结算款。

发包人在收到承包人提交的竣工结算款支付申请后 7 天内不予核实，不向承包人签发竣工结算支付证书的，视为承包人的竣工结算款支付申请已被发包人认可；发包人应在收到承包人提交的竣工结算款支付申请 7 天后的 14 天内，按照承包人提交的竣工结算款支付申请列明的金额向承包人支付结算款。

发包人未按照上述规定支付竣工结算款的，承包人可催告发包人支付，并有权获得延迟支付的利息。发包人在竣工结算支付证书签发后或者在收到承包人提交的竣工结算款支付申请 7 天后的 56 天内仍未支付的，除法律另有规定外，承包人可与发包人协商将该工程折价，也可直接向人民法院申请将该工程依法拍卖。承包人应就该工程折价或拍卖的价款优先受偿。

五、质量保证金

发包人应按照合同约定的质量保证金比例从结算款中扣留质量保证金。承包人未按照合同约定履行属于自身责任的工程缺陷修复义务的，发包人有权从质量保证金中扣留用于缺陷修复的各项支出。经查验，工程缺陷属于发包人原因造成的，应由发包人承担查验和缺陷修复的费用。在合同约定的缺陷责任期终止后，发包人应按照合同中最终结清的相关规定，将剩余的质量保证金返还给承包人。当然，剩余质量保证金的返还，并不能免除承包人按照合同约定应承担的质量保修责任和应履行的质量保修义务。

六、最终结清

缺陷责任期终止后，承包人应按照合同约定向发包人提交最终结清支付申请。发包人对最终结清支付申请有异议的，有权要求承包人进行修正和提供补充资料。承包人修正后，应再次向发包人提交修正后的最终结清支付申请。发包人应在收到最终结清支付申请后的 14 天内予以核实，并应向承包人签发最终结清支付证书，并在签发最终结清支付证书后的 14 天内，按照最终结清支付证书列明的金额向承包人支付最终结清款。如果发包人未在约定的时间内核实，又未提出具体意见的，视为承包人提交的最终结清支付申请已被发包人认可。

发包人未按期最终结清支付的，承包人可催告发包人支付，并有权获得延迟支付的利息。最终结清时，如果承包人被扣留的质量保证金不足以抵减发包人工程缺陷修复费用的，承包人应承担不足部分的补偿责任。承包人对发包人支付的最终结清款有异议的，按照合同约定的争议解决方式处理。

【例 5-18】　某工程项目由 A、B、C、D 四个分项工程组成，采用工程量清单招标确定中标人，合同工期 5 个月。承包人费用部分数据见表 5-17。

承包费用部分数据　　　　　　　　　　　　表 5-17

分项工程名称	计量单位	数量	综合单价
A	m^3	5000	50 元/m^3
B	m^3	750	400 元/m^3
C	t	100	5 000 元/t
D	m^2	1 500	350 元/m^2
措施项目费	110000 元		
其中：通用措施项目费用	60000 元		
专业措施项目费用	50000 元		
暂列金额	100000 元		

合同中有关费用支付条款如下：

（1）开工前发包人向承包人式支付合同价（扣除措施费和暂列金额）的 15％作为材料预付款。预付款从工程开工后的第 2 个月开始分 3 个月均摊抵扣。

（2）工程进度款按月结算，发包人按每次承包人应得工程款的 90％支付。

（3）通用措施项目工程款在开工前和材料预付款同时支付；专业措施项目在开工后第 1 个月末支付。

（4）分项工程累计实际完成工程量超过（或减少）计划完成工程量的 10％时，该分项工程超出部分的工程量的综合单价调整系数为 0.95（或 1.05）。

（5）承包人报价管理费率取 10％（以人工费、材料费、机械费之和为基数），利润率取 7％（以人工费、材料费、机械费和管理费之和为基数）。

（6）规费综合费率 7.5％（以分部分项工程费、措施项目费、其他项目费之和为基数），税金率 3.35％。

（7）竣工结算时，发包人按总造价的 5％扣留质量保证金。

各月计划和实际完成工程量如表 5-18 表示。

施工过程中，4 月份发生了如下事件：

（1）发包人确认某项临时工程计日工 50 工日，综合单价 60 元/工日；所需某种材料 120m^2，综合单价 100 元/m^2；

（2）由于设计变更，经发包人确认的人工费、材料费、机械费共计 30000 元。

问题 1. 工程合同价为多少元？

问题 2. 材料预付款、开工前发包人应拨付的措施项目工程款为多少元？

问题 3. 1~4 月每月发包人应拨付的工程进度款各为多少元？

问题 4. 5 月份办理竣工结算，工程实际总造价和竣工结算款各为多少元？

各月计划和完成工程量　　　　表 5-18

工程 \ 进度 \ 月份		第1月	第2月	第3月	第4月	第5月
A(m^3)	计划	2 500	2 500			
	实际	2 800	2 500			
B(m^3)	计划		375	375		
	实际		400	450		
C(t)	计划			50	50	
	实际			50	60	
D(m^2)	计划				750	750
	实际				750	750

【解】　(1) 工程合同价

分部分项工程费用：$5000 \times 50 + 750 \times 400 + 100 \times 5000 + 1500 \times 350 = 1575000$(元)；

措施项目费：110000 元；

暂列金额：100000 元；

工程合同价：$(1575000 + 110000 + 100000) \times (1 + 7.5\%) \times (1 + 3.35\%)$
　　　　$= 1983157$(元)。

(2) 材料预付款：$1575000 \times (1 + 7.5\%) \times (1 + 3.35\%) \times 15\%$
　　　　$= 262477$(元)。

开工前发包人应拨付的措施项目工程款：
　　　　$60000 \times (1 + 7.5\%) \times (1 + 3.35\%) \times 90\% = 59995$(元)。

(3) 1~4 月每月发包人应拨付的工程进度款

1) 第 1 个月承包人完成工程款：

$(2800 \times 50 + 50000) \times (1 + 7.5\%) \times (1 + 3.35\%) = 211092$(元)；

第 1 个月发包人应拨付的工程款为：$211092 \times 90\% = 189983$(元)。

2) 第 2 个月 A 分项工程累计完成工程量：

$2800 + 2500 = 5300$(m^3)；

$(5300 - 5000) \div 5000 = 6\% < 10\%$；

承包人完成工程款：

$(2500 \times 50 + 400 \times 400) \times (1 + 7.5\%) \times (1 + 3.35\%) = 316639$(元)；

第 2 个月发包人应拨付的工程款为：$316639 \times 90\% - 262477 \div 3 = 197483$(元)。

3) 第 3 个月 B 分项工程累计完成工程量：$400 + 450 = 850$(m^3)；

$(850 - 750) \div 750 = 13.33\% > 10\%$；

超过 10% 部分的工程量：$850 - 750 \times (1 + 10\%) = 25$($m^3$)；

超过部分的工程量结算综合单价：400(元/m^3)$\times 0.95 = 380$(元/m^3)；

B 分项工程款：$[25 \times 380 + (400 - 25) \times 400] \times (1 + 7.5\%) \times (1 + 3.35\%) = 199\,427$(元)；

C 分项工程款：$50 \times 5000 \times (1+7.5\%) \times (1+3.35\%) = 277753$(元)；

承包人完成工程款：$199427 + 277753 = 477180$(元)；

第 3 个月发包人应拨付的工程款为：$477180 \times 90\% - 262477 \div 3 = 341970$(元)。

4）第 4 个月 C 分项工程累计完成工程量：$50+60=110$(t)，$(110-100) \div 100 = 10\% = 10\%$；

承包人完成分项工程款：$(60 \times 5000 + 750 \times 350) \times (1+7.5\%) \times (1+3.35\%) = 624945$(元)；

计日工费用：$(50 \times 60 + 120 \times 100) \times (1+7.5\%) \times (1+3.35\%) = 16665$(元)；

变更款：$30000 \times (1+10\%) \times (1+7\%) \times (1+7.5\%) \times (1+3.35\%) = 39230$(元)；

承包人完成工程款：$624945 + 16665 + 39230 = 680840$(元)；

第 4 个月发包人应拨付的工程款为：$680840 \times 90\% - 262477 \div 3 = 525264$(元)。

（4）竣工结算时工程实际总造价和竣工结算款

1）第 5 个月承包人完成工程款：

$350 \times 750 \times (1+7.5\%) \times (1+3.35\%) = 291641$(元)；

2）工程实际造价：

$60000 \times (1+7.5\%) \times (1+3.35\%) + (211092+316639+477180+680840+291641) = 2044053$(元)；

3）竣工结算款：

$2044053 \times (1-5\%) - (262477+59995+189983+197483+341970+525264) = 364679$(元)。

第八节　投资偏差分析

在确定了投资控制目标之后，为了有效地进行投资控制，监理工程师就必须定期进行投资计划值与实际值的比较，当实际值偏离计划值时，分析产生偏差的原因，采取适当的纠偏措施，以使投资超支尽可能小。

一、赢得值法

投资偏差分析的方法很多，这里着重介绍赢得值（挣值）法。

赢得值法（Earned Value Management，EVM）作为一项先进的项目管理技术，最初是美国国防部于 1967 年首次确立的。到目前为止国际上先进的咨询公司已普遍采用赢得值法进行工程项目的投资、进度综合分析控制。用赢得值法进行投资、进度综合分析控制，基本参数有三项，即已完工作预算投资、计划工作预算投资和已完工作实际投资。

（一）赢得值法的三个基本参数

1. 已完工作预算投资

已完工作预算投资为 BCWP（Budgeted Cost for Work Performed），是指在某一时间已经完成的工作（或部分工作），以批准认可的预算为标准所需要的资金总额，由于发包人正是根据这个值为承包人完成的工作量支付相应的投资，也就是承包人获得（挣得）的金额，故称赢得值或挣值。

已完工作预算投资（BCWP）＝已完成工作量×预算单价　　　　(5-15)

2. 计划工作预算投资

计划工作预算投资，简称 BCWS(Budgeted Cost for Work Scheduled)，即根据进度计划，在某一时刻应当完成的工作(或部分工作)，以预算为标准所需要的资金总额。一般来说，除非合同有变更，BCWS 在工程实施过程中应保持不变。

$$计划工作预算投资(BCWS)=计划工作量×预算单价 \quad (5-16)$$

3. 已完工作实际投资

已完工作实际投资，简称 ACWP(Actual Cost for Work Performed)，即到某一时刻为止，已完成的工作(或部分工作)所实际花费的总金额。

$$已完工作实际投资(ACWP)=已完成工作量×实际单价 \quad (5-17)$$

(二)赢得值法的四个评价指标

在这三个基本参数的基础上，可以确定赢得值法的四个评价指标，它们都是时间的函数。

1. 投资偏差 CV(Cost Variance)

将 BCWP，即已完成或进行中的工作的预算数与 ACWP，即此工作的实际投资比较。

$$投资偏差(CV)=已完工作预算投资(BCWP)-已完工作实际投资(ACWP) \quad (5-18)$$

负值 CV 意味着完成工作的投资多于计划。即当投资偏差 CV 为负值时，表示项目运行超出预算投资；当投资偏差 CV 为正值时，表示项目运行节支，实际投资没有超出预算投资。

【例 5-19】 某工程施工至 2012 年 9 月底，经统计分析得：已完工作预算投资为 38000 元，已完工作实际投资为 48000 元，计划工作预算投资为 42000 元。

问题：该工程此时的投资偏差为多少？

【解】 BCWS=42000 元

BCWP=38000 元

ACWP=48000 元

CV =BCWP −ACWP

$\quad$ =38000−48000=−10000(元)

即项目运行超出预算投资 10000 元。

2. 进度偏差 SV(Schedule Variance)

将 BCWP，即已完成或进行中的工作的预算数与 BCWS，即计划应完成的工作的预算数比较。

$$进度偏差(SV)=已完工作预算投资(BCWP)-计划工作预算投资(BCWS) \quad (5-19)$$

负值意味着与计划对比，完成的工作少于计划的工作。即当进度偏差 SV 为负值时，表示进度延误，实际进度落后于计划进度；当进度偏差 SV 为正值时，表示进度提前，实际进度快于计划进度。

【例 5-20】 某工程施工至 2012 年 9 月底，经统计分析得：已完工作预算投资为 38000 元，已完工作实际投资为 48000 元，计划工作预算投资为 42000 元。

问题：该工程此时的进度偏差为多少？

【解】 BCWS=42000 元

BCWP=38000 元

ACWP＝48000 元

$\quad$ SV ＝BCWP －BCWS

$\qquad$ ＝38000－42000＝－4000（元）

即项目进度延误 4000 元。

3. 投资绩效指数（CPI）

投资绩效指数（CPI）＝已完工作预算投资（BCWP）/已完工作实际投资（ACWP）

$$(5\text{-}20)$$

当投资绩效指数（CPI）＜1 时，表示投资超支，即实际投资高于预算投资。

当投资绩效指数（CPI）＞1 时，表示投资节支，即实际投资低于预算投资。

【例 5-21】 某工程施工至 2012 年 9 月底，经统计分析得：已完工作预算投资为 38000 元，已完工作实际投资为 48000 元，计划工作预算投资为 42000 元。

问题：该工程此时的投资绩效指数为多少？

【解】 BCWS＝42000 元

$\quad$ BCWP＝38000 元

$\quad$ ACWP＝48000 元

$\quad$ CPI ＝BCWP/ACWP

$\qquad$ ＝38000/48000 ＝0.79

即每 1.00 元的花费实际只做了价值为 0.79 元的工作，即投资超支，实际投资高于预算投资。

4. 进度绩效指数（SPI）

进度绩效指数（SPI）＝已完工作预算投资（BCWP）/计划工作预算投资（BCWS）

$$(5\text{-}21)$$

当进度绩效指数（SPI）＜1 时，表示进度延误，即实际进度比计划进度拖后。

当进度绩效指数（SPI）＞1 时，表示进度提前，即实际进度比计划进度快。

【例 5-22】 某工程施工至 2012 年 9 月底，经统计分析得：已完工作预算投资为 38000 元，已完工作实际投资为 48000 元，计划工作预算投资为 42000 元。

问题：该工程此时的进度绩效指数为多少？

【解】 BCWS＝42000 元

$\quad$ BCWP＝38000 元

$\quad$ ACWP＝48000 元

$\quad$ SPI ＝BCWP/BCWS

$\qquad$ ＝38000/42000＝0.90

即每 1.00 元计划做的工作价值取得了 0.90 元的已完工作的价值，即进度延误，实际进度比计划进度拖后。

投资（进度）偏差反映的是绝对偏差，结果很直观，有助于投资管理人员了解项目投资出现偏差的绝对数额，并依此采取一定措施，制定或调整投资支出计划和资金筹措计划。但是，绝对偏差有其不容忽视的局限性。如同样是 10 万元的投资偏差，对于总投资 1000 万元的项目和总投资 1 亿元的项目而言，其严重性显然是不同的。因此，投资（进度）偏差仅适合于对同一项目作偏差分析。投资（进度）绩效指数反映的是相对

第五章

偏差,它不受项目层次的限制,也不受项目实施时间的限制,因而在同一项目和不同项目比较中均可采用。

在项目的投资、进度综合控制中引入赢得值法,可以克服过去进度、投资分开控制的缺点,即当我们发现投资超支时,很难立即知道是由于投资超出预算,还是由于进度提前。相反,当我们发现投资低于预算时,也很难立即知道是由于投资节省,还是由于进度拖延。而引入赢得值法即可定量地判断进度、投资的执行效果。

(三)偏差分析的表达方法

在项目实施过程中,以上三个参数可以形成三条曲线,即计划工作预算投资(BCWS)、已完工作预算投资(BCWP)、已完工作实际投资(ACWP)曲线,如图5-8所示。

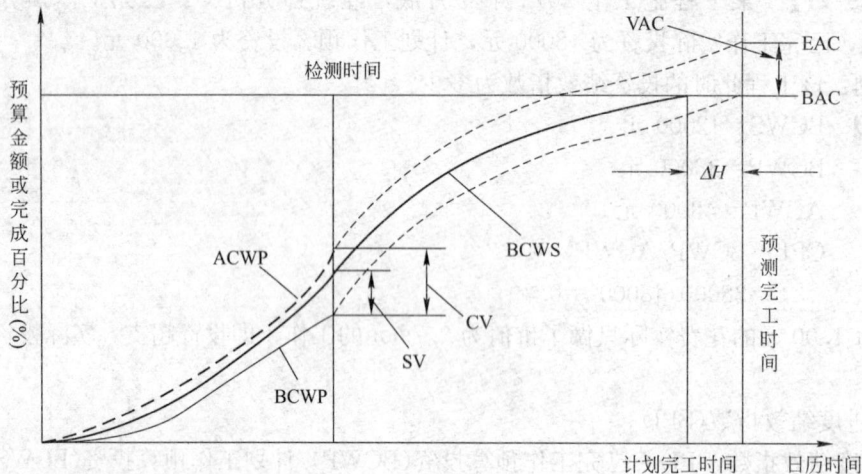

图 5-8 赢得值法评价曲线

图中:CV=BCWP−ACWP,由于两项参数均以已完工作为计算基准,所以两项参数之差,反映项目进展的投资偏差。

SV=BCWP−BCWS,由于两项参数均以预算值(计划值)作为计算基准,所以两者之差,反映项目进展的进度偏差。

采用赢得值法进行投资、进度综合控制,还可以根据当前的进度、投资偏差情况,通过原因分析,对趋势进行预测,预测项目结束时的进度、投资情况。图5-8中:

BAC(Budget At Completion)——项目完工预算,指编计划时预计的项目完工投资。

EAC(Estimate At Completion)——预测的项目完工估算,指计划执行过程中根据当前的进度、投资偏差情况预测的项目完工总投资。

VAC(Variance At Completion)——预测项目完工时的投资偏差:

$$VAC = BAC - EAC \tag{5-22}$$

【例 5-23】 某工程完工预算为 80000 元,施工至某月月底的投资绩效指数为 0.79。则在该时间节点下该工程项目预测的完工投资为多少?

【解】 EAC 的一种估算方法:

EAC=BAC/CPI

BAC=80000 元

CPI＝0.79

EAC＝80000/0.79＝101265（元）

VAC ＝BAC－EAC

　　　＝80000－101265

　　　＝－21265（元）

即该时间节点下预测的完工投资为 101265 元，根据当前的绩效，项目将超计划预算 21265 元。

【例 5-24】　某工程项目施工合同于 2003 年 12 月签订，约定的合同工期为 20 个月，2004 年 1 月开始正式施工，承包人按合同工期要求编制了混凝土结构工程施工进度时标网络计划（如图 5-9 所示），并经专业监理工程师审核批准。

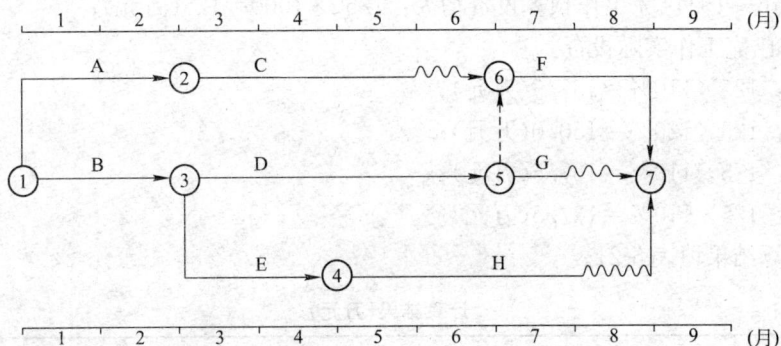

图 5-9　时标网络计划

该项目的各项工作均按最早开始时间安排，且各工作每月所完成的工程量相等。各工作的计划工程量和实际工程量如表 5-19 所示。工作 D、E、F 的实际工作持续时间与计划工作持续时间相同。

计划工程量和实际工程量表　　　　　　　　　　表 5-19

工作	A	B	C	D	E	F	G	H
计划工程量（m³）	8600	9000	5400	10000	5200	6200	1000	3600
实际工程量（m³）	8600	9000	5400	9200	5000	5800	1000	5000

合同约定，混凝土结构工程综合单价为 1000 元/m³，按月结算。结算价按项目所在地混凝土结构工程价格指数进行调整，项目实施期间各月的混凝土结构工程价格指数如表 5-20 所示。

工程价格指数表　　　　　　　　　　表 5-20

时间	2000 年 12 月	2001 年 1 月	2001 年 2 月	2001 年 3 月	2001 年 4 月	2001 年 5 月	2001 年 6 月	2001 年 7 月	2001 年 8 月	2001 年 9 月
混凝土结构工程价格指数（%）	100	115	105	110	115	110	110	120	110	110

施工期间，由于发包人原因使工作 H 的开始时间比计划的开始时间推迟 1 个月，并由于工作 H 工程量的增加使该工作的工作持续时间延长了 1 个月。

问题 1. 请按施工进度计划编制资金使用计划（即计算每月和累计计划工作预算投资），并简要写出其步骤。计算结果填入表 5-21 中。

问题 2. 计算工作 H 各月的已完工作预算投资和已完工作实际投资。

问题 3. 计算混凝土结构工程已完工作预算投资和已完工作实际投资，计算结果填入表 5-21 中。

问题 4. 列式计算 8 月末的投资偏差 CV 和进度偏差 SV。

【解】（1）将各工作计划工程量与单价相乘后，除以该工作持续时间，得到各工作每月计划工作预算投资；再将时标网络计划中各工作分别按月纵向汇总得到每月计划工作预算投资；然后逐月累加得到各月累计计划工作预算投资。

（2）H 工作 6～9 月份每月完成工程量为：$5000 \div 4 = 1250$（m³/月）；

H 工作 6～9 月已完工作预算投资均为：$1250 \times 1000 = 125$（万元）；

H 工作已完工作实际投资：

6 月份：$125 \times 110\% = 137.5$（万元）；

7 月份：$125 \times 120\% = 150.0$（万元）；

8 月份：$125 \times 110\% = 137.5$（万元）；

9 月份：$125 \times 110\% = 137.5$（万元）。

（3）计算结果填表 5-21。

计算结果（万元）　　　　　　表 5-21

项 目	投资数据								
	1	2	3	4	5	6	7	8	9
每月计划工作预算投资	880	880	690	690	550	370	530	310	
累计计划工作预算投资	880	1760	2450	3140	3690	4060	4590	4900	
每月已完工作预算投资	880	880	660	660	410	355	515	415	125
累计已完工作预算投资	880	1760	2420	3080	3490	3845	4360	4775	4900
每月已完工作实际投资	1012	924	726	759	451	390.5	618	456.5	137.5
累计已完工作实际投资	1012	1936	2662	3421	3872	4262.5	4880.5	5337	5474.5

（4）投资偏差（CV）＝已完工作预算投资－已完工作实际投资＝$4775 - 5337 = -562$（万元），超支 562 万元。

进度偏差（SV）＝已完工作预算投资－计划工作预算投资＝$4775 - 4900 = -125$（万元），进度拖后 125 万元。

在实际执行过程中，最理想的状态是已完工作实际投资（ACWP）、计划工作预算投资（BCWS）、已完工作预算投资（BCWP）三条曲线靠得很近、平稳上升，表示项目按预定计划目标进行。如果三条曲线离散度不断增加，则预示可能发生关系到项目成败的重大问题。

二、偏差原因分析

偏差分析的一个重要目的就是要找出引起偏差的原因，从而有可能采取有针对性的措施，减少或避免相同原因的再次发生。在进行偏差原因分析时，首先应当将已经导致和可能导致偏差的各种原因逐一列举出来。导致不同建设工程产生投资偏差的原因具有一定共性，因而，可以通过对已建项目的投资偏差原因进行归纳、总结，为该项目采用预防措施提供依据。

一般来说，产生投资偏差的原因有几种，见图 5-10。

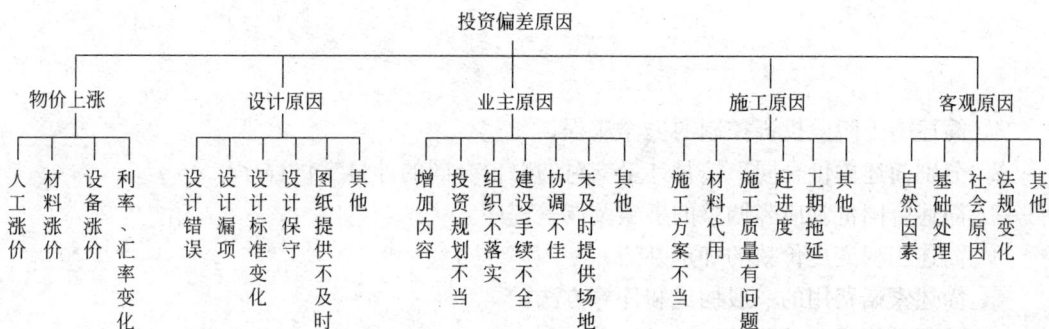

图 5-10 投资偏差原因

三、纠偏措施

（一）修改投资计划

修改投资计划就是对用于管理项目的投资文件进行修正，比如调整设计概算，变更合同价格等，必要时，必须通知工程项目的利益关系者。

（二）采取纠偏措施

对偏差原因进行分析的目的是为了有针对性地采取纠偏措施，从而实现投资的动态控制和主动控制。纠偏首先要确定纠偏的主要对象，如上面介绍的偏差原因，有些是无法避免和控制的，如客观原因，充其量只能对其中少数原因做到防患于未然，力求减少该原因所产生的经济损失。对于施工原因所导致的经济损失通常是由承包人自己承担的，从投资控制的角度只能加强合同的管理，避免被承包人索赔。所以，这些偏差原因都不是纠偏的主要对象。纠偏的主要对象是发包人原因和设计原因造成的投资偏差。在确定了纠偏的主要对象之后，就需要采取有针对性的纠偏措施。纠偏可采用组织措施、经济措施、技术措施和合同措施等。例如：(1)寻找新的、更好更省的、效率更高的设计方案；(2)购买部分产品，而不是采用完全由自己生产的产品；(3)重新选择供应商，但会产生供应风险，选择需要时间；(4)改变实施过程；(5)变更工程范围；(6)索赔等。

（三）按照完成情况估计完成项目所需的总投资 EAC

按照完成情况估计目前实施情况下完成项目所需的总投资 EAC(Estimate At Completion)，有以下三种情况：

(1) EAC＝实际支出＋按照实施情况对剩余预算所作的修改。这种方法通常用于当前的变化可以反映未来的变化时。

(2) EAC＝实际支出＋对未来所有剩余工作的新的估计。这种方法通常用于当过去的执行情况显示了所有的估计假设条件基本失效的情况下或者由于条件的改变造成原有的假设不再适用。

(3) EAC＝实际支出＋剩余的预算。适用于现在的变化仅是一种特殊情况，项目经理认为未来的实施不会发生类似的变化。

第五章

（四）整理纠偏资料，吸取教训

找出产生偏差的原因后，连同所选择的纠偏措施以及从投资控制中吸取的其他方面的教训等都要形成文字材料，作为本工程项目或者其他工程项目的历史资料，以供参考。

思　考　题

1. 简述施工阶段投资控制的工作流程。
2. 分别简述单价合同、按月计量支付的总价合同的计量支付程序。
3. 简述合同价款应当调整的事项及调整程序。
4. 简述工程变更价款的确定办法。
5. 简述索赔费用的一般构成和计算方法。
6. 简述现场签证的范围。
7. 进度款的结算方式有哪些？
8. 竣工结算编制与复核的依据有哪些？
9. 投资偏差分析的方法有哪些？
10. 投资偏差的原因有哪些？

主要参考文献

[1] 中国建设监理协会. 建设工程投资控制. 北京：知识产权出版社，2009.
[2] 王雪青主编. 建设工程经济. 北京：中国建筑工业出版社，2011.
[3] 刘国冬，王雪青主编. 工程项目组织与管理. 北京：计划出版社，2011.
[4] 王雪青主编. 工程成本规划与控制. 北京：中国建筑工业出版社，2011.
[5] 王雪青主编. 工程估价(第二版). 北京：中国建筑工业出版社，2011.
[6] 谭大路主编. 工程估价(第三版). 北京：中国建筑工业出版社，2007.
[7] 成虎，虞华. 工程合同管理(第二版). 北京：中国建筑工业出版社，2011.
[8] 规范编写组. 2013 建设工程计价计量规范辅导. 北京：中国计划出版社，2013.